PETITE FLEUR
DE MANDCHOURIE

XU Ge Fei

Petite Fleur
de Mandchourie

(Écrit en collaboration avec Patrick Marty)

récit

XO
EDITIONS

ISBN : 978-2-84563-448-0

... à mes parents, les plus riches du monde.

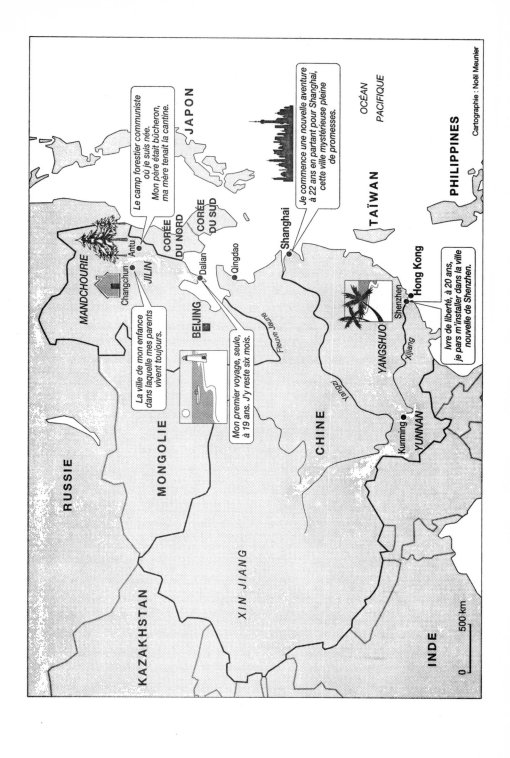

1.

Dans la langue chinoise, *shang hai* veut dire « sur la mer ». Quand on le prononce en mandarin, le son de ce mot traduit l'excitation, l'odeur de la femme, l'esprit du commerce et le plaisir qui ne s'arrête jamais.

La chaleur des derniers jours de l'été dépose une légère brume entre les hautes tours de Pudong, le quartier d'affaires de la ville. Shanghai l'industrieuse, la perle de l'Asie, la ville qui ne dort pas et accueille toujours l'étranger comme un hôte privilégié.

Au-delà de la baie vitrée du bureau où je rencontre un client allemand, les immeubles brillent de mille feux dans le rougeoiement du soleil qui annonce le crépuscule. Mon regard s'y perd, puis revient se plonger dans les yeux bleus translucides de mon interlocuteur. Je le fixe, et l'invite en anglais à contempler des graphiques qui s'animent sur l'écran de projection. Une jeune Chinoise qui maîtrise bien la langue des affaires avec ce soupçon d'intonation yankee rassure l'homme occidental. Ici, bien souvent, la langue dresse un rempart beaucoup plus difficile à franchir que la Grande Muraille de Chine.

La société française de marketing par Internet spécialisée dans la pétrochimie que je dirige en Chine attend beaucoup de ce contrat avec la grosse firme allemande que représente mon client. L'enjeu est considérable, mais aujourd'hui, la mélodie du business s'élève dans ce bureau aseptisé, sans que j'en ressente la pression. Cet air, je le joue depuis maintenant tant d'années que je le fredonne sans fausse note, telle une vieille rengaine. Je propose, il questionne. Je réponds, il écoute. Je vends, il achète. Un classique.

Et soudain, j'ai la sensation de jouer la partition à la manière d'un automate. Une partie de mon cerveau rompu à la manœuvre commerciale enchaîne les arguments selon une mécanique autonome, tandis que l'autre m'entraîne vers la baie vitrée pour admirer le paysage. Je laisse mon corps de femme d'affaires exécuter son travail, et mon esprit oisif vagabonde...

Shanghai s'étend sous mes yeux et une furieuse envie de voler au-dessus des buildings m'attire vers la paroi transparente. Ce dédoublement est étrange, troublant tant il me paraît réel. Il m'arrive de méditer parfois et de laisser mon esprit voyager sans contrainte, mais là, vais-je avoir le culot de m'échapper de ce bureau ? Je lance prudemment un pied en avant, la baie ne me résiste pas plus qu'un courant d'air, encore un pas et... je saute.

Brusquement, l'atmosphère feutrée du bureau disparaît derrière moi, et un vent chaud me happe et coule sur mon corps. Aussitôt, je prends mon envol au-dessus de la ville. Je vole si haut que la grande cité devient un amas de formes géométriques juste avant de disparaître derrière une mer de nuages. Ce paysage, que j'ai pu regarder des dizaines de fois par le hublot d'un avion, me lasse vite et je plonge pour traverser l'épaisse couche cotonneuse.

C'est une forêt que je découvre au-dessous de moi. Une immense étendue couverte d'arbres enneigés. Tout me semble si réel, je descends en piqué pour frôler la cime des arbres et commence même à sentir la fraîcheur de la neige. Je perds encore de l'altitude jusqu'à planer au-dessus d'un chemin qui mène à la vallée en contrebas. Cette sensation me grise. Soudain devant moi apparaît la silhouette d'une femme qui avance avec difficulté dans l'épaisse couche neigeuse. En un instant je suis derrière elle, tout près, je perçois son souffle, deux longues nattes lui tombent dans le dos jusqu'à mi-cuisse. Elle est emmitouflée dans une épaisse veste matelassée comme on en portait autrefois dans le nord de la Chine, des nuages de vapeur sortent de sa bouche à chacun de ses pas. Je tourne autour d'elle pour découvrir son visage, et je la reconnais.

C'est ma mère, elle a une vingtaine d'années, ses joues rosissent sous la morsure du froid et l'effort qu'elle fournit pour avancer dans la neige. Le poids de l'animal qu'elle porte dans ses bras rend sa marche encore plus pénible. C'est un tout petit cochon noir, il a une tache rose sur l'œil droit et me regarde intensément.

Tout à coup, ma mère s'arrête de marcher, reprend son souffle et me sourit. À ma grande surprise, elle me tend le petit cochon. Avant que j'aie le temps de l'attraper, la température chute d'un coup de trente degrés au-dessous de zéro.

Je suis prise d'un gigantesque frisson qui me ramène à la réalité, dans mon fauteuil du bureau de Shanghai. Le client cesse de prendre des notes, il sursaute et me regarde d'un air coupable.

— Vous avez froid ? Je suis désolé. Les collègues chinois nomment cette salle de conférence « la chambre froide » ! Une technique pour les garder éveillés… Je plaisante. Voulez-vous que j'arrête la clim quelques instants ?

— Non, non. Ce n'est rien. La chaleur est étouffante ces jours-ci. Je vous comprends.

Ce frisson m'a tirée de mon étrange rêverie avec une telle violence… Mon Dieu, que tout cela avait l'air extraordinairement réel ! Je chasse les dernières images incongrues qui polluent mon attention, et enchaîne aussitôt mon exposé, en montant d'un cran l'intensité de ma démonstration.

La mélodie reprend, l'Allemand opine du chef à tout ce que je dis. Je sens que je l'ai ferré.

Il m'arrête net, et me sonde de ses pupilles translucides. Certains de mes amis occidentaux disent que le regard des Chinois est insondable, moi je trouve que le sien est une banquise désertique en plein Midi. Beau, mais un peu glacé. J'ai soudain l'impression que ses yeux sont en rapport avec la climatisation mal réglée du bureau et ce délire qui m'a traînée jusqu'aux forêts du nord de la Mandchourie. Après un bref silence, il enchaîne :

— La semaine prochaine je dois me rendre à Munich. Pouvez-vous m'envoyer une proposition, que je puisse en discuter avec mes confrères ?

Parfait. J'essaie de respirer calmement pour ne pas trop afficher ma satisfaction. Car à cet instant précis, je viens de verrouiller le contrat de l'année ! À Paris, Bernard, mon patron à Global Chem, attend avec impatience les résultats de sa dirigeante sur le territoire chinois. Je vais redonner le sourire à mon siège parisien !

— Nous sommes jeudi… Vendredi. Lundi je suis à Pékin… Mar…

Mardi reste coincé dans mon gosier ! Mon cœur bondit dans ma poitrine. Là ! Devant moi ! Le petit cochon noir ! Avec sa tache rose sur l'œil droit. Il me regarde en frétillant du groin.

Je n'arrive pas à détacher ma vue de l'animal qui tortille son postérieur sur la moquette. Cette apparition monstrueuse me glace le sang, j'ai besoin de hurler, mais je suis tétanisée.

— C'est trop court pour vous ?

Silence. Je reste muette, bouche bée.

— Ça va, mademoiselle ?

Dix mille pensées s'entrechoquent, fusent sans cohérence dans ma cervelle bouleversée par la vision du

14

petit cochon. Il y a quelques instants c'était un rêve, mais là, dans ce bureau, c'est...

— Trop court ?! Nn... non. Certainement pas !

Manifestement mon client ne voit pas l'animal ! Et je ne pense pas qu'il soit du genre à posséder un porcelet de compagnie. Je sens monter du plus profond de mon être un frisson encore plus terrible que le précédent. En une fraction de seconde, il parvient à mon épiderme et déclenche une vague de tremblements impossibles à maîtriser. Le petit cochon m'observe, je le sens mais je n'ose plus le regarder.

— Mademoiselle ! Je vous ai fait attraper la mort ! Vous tremblez de froid !

Un cliquetis s'élève dans le bureau, horreur, ce sont mes dents ! Je me sens tellement mal devant cet homme qu'il ne me reste qu'une solution : la fuite.

— Mmmmaaaardi ! Cecece sera ppprêt mardi, dis-je en me levant.

Précipitamment, en pleine confusion, je referme mon ordinateur d'un geste sec, débranche les câbles à la hâte, et le fourre dans mon sac. Un bref regard en direction du sol, il est toujours là, le groin pointé vers moi ! Je ramasse mes documents, tends une main moite au client surpris.

— Seigneur ! Mais vous avez les mains gelées !

Je retire vivement ma main et me dirige vers la porte. Il m'accompagne en s'excusant encore. Je veux qu'il me laisse partir, je veux fuir ce bureau. Il me certifie que rien ne presse, m'assure que j'ai sa parole, et que nous allons travailler ensemble. Je saisis la poignée de la porte, me retourne une dernière fois, le cochon est au beau milieu du bureau, sa silhouette se découpe sur fond de gratte-ciel ! Je reprends mon souffle. Je salue le client d'un sourire crispé, et me précipite vers les ascenseurs, passant trop vite devant sa secrétaire chinoise qui me lance un regard étonné.

Dans l'ascenseur, les haut-parleurs qui moulinent très fin *The Girl from Ipanema* me calment un peu. Je rajuste ma tenue en attendant le tintement libérateur du rez-de-chaussée. Les portes s'ouvrent sur le grand hall de l'immeuble. Et là, au beau milieu du dallage de marbre, je découvre avec horreur le petit cochon, assis sur ses fesses, qui me regarde sortir.

Je le dépasse en faisant un crochet pour l'éviter sous l'œil incrédule des vigiles. Je franchis les baies vitrées à tambour et reçois de plein fouet la chaleur brûlante de la rue.

Un taxi s'arrête pratiquement à ma hauteur pour déposer un client. Je me précipite, ne lui laisse pas le temps de refermer la portière et grimpe. Le taxi démarre en trombe pour se glisser dans la circulation très dense à cette heure. Je regarde dans la rue, pas de cochon ! Sauvée. Je me calme et donne l'adresse de mon domicile au chauffeur, lui demande de couper la radio, et m'écroule sur le siège, tremblante, épuisée.

2.

Que m'arrive-t-il ? Mon cœur bat à tout rompre. Je me retourne pour regarder par la lunette arrière du taxi, je ne vois que le flot ininterrompu des voitures. Pas de petit cochon. Ce qui n'explique pas pour autant ce que je viens de vivre. Hallucination, apparition fantomatique ?

Un gargouillis part du creux de mon ventre. Je n'ai rien avalé de la journée. Voilà ! C'est certainement la faim. Mon estomac me joue des tours et mon cerveau délire comme dans les cartoons de Tex Avery, quand les personnages affamés fantasment sur leur compagnon d'infortune que la faim transforme en dinde rôtie. C'est bien beau d'être retombée à cinquante-six kilos, mais il faut manger, ma fille !

Je crois entendre ma mère. Tout de même, c'était dément, cette apparition. Quelle idiote ! Pourquoi ai-je fui comme ça ? En me repassant la scène, j'éclate de rire. Le chauffeur jette un œil intrigué dans le rétroviseur. Je tourne la tête sur ma gauche pour échapper à son angle de vue. Penser à autre chose... J'ai faim, et c'est bien réel.

Je souris à l'idée de retrouver mon frère Feng tout à l'heure au restaurant. Depuis qu'il a quitté Changchun et le nord de la Chine pour venir travailler à Shanghai, nous nous voyons à chacun de mes séjours. Sa présence ici, loin de nos parents, nous permet à tous deux de garder ce lien familial qui nous est cher. Allez, oublions le mauvais rêve du petit cochon dans la contemplation des voitures qui nous entourent. Berlines de luxe aux vitres teintées, taxis bicolores de la compagnie d'État, camions immenses charriant des matériaux de construction, bus bondés, voitures de sport pilotées par de jeunes et riches Chinois, tous coincés dans une circulation en accordéon.

Au bout d'une éternité, le taxi s'arrête enfin au cœur de la concession française, devant mon immeuble. Je paie ma course, saisis la facturette que crache la machine électronique et pénètre dans ma cour donnant sur la rue. Sur le trottoir d'en face, tel un phare de verre et de béton de cinquante étages, se dresse, ironie du sort, et clin d'œil de la Shanghai d'aujourd'hui à celle d'hier, une tour qui ressemble comme deux gouttes d'eau à celle de Montparnasse. C'est une ruche où s'affairent plusieurs milliers d'individus qui travaillent pour des sociétés occidentales. À cette heure-là, l'immense bâtiment est en pleine activité en raison du décalage horaire, et je bénéficie de sa lueur qui éclaire ma cour sombre. En passant la grille métallique éternellement ouverte, je salue la petite couturière courbée derrière une montagne d'habits à repriser. Plus loin, dans un recoin de la cour, le vendeur de DVD piratés me signale au passage qu'il a des nouveautés. Pas le temps, Feng déteste attendre. Je grimpe dans le noir les quatre étages qui conduisent à mon appartement. Dans ces maisons anciennes, il y a rarement des ascenseurs, et les habitants refusent de payer l'électricité pour les parties communes. C'est Shanghai. Ici, l'authenticité a un prix. J'ouvre la porte de chez moi, jette mon sac sur le gros canapé de cuir du salon et vais me faire couler un bain en espérant y oublier cette mauvaise journée. J'ajoute deux litres de lait entier et y plonge avec délectation. J'allume une bougie blanche posée sur le rebord de la baignoire, je respire profondément et… m'endors.

Je ne sais pas combien de temps s'est écoulé quand mon portable me tire de mon sommeil. C'est mon frère.

— T'es où là ?

— Dans mon bain, et toi ?

— Comment ça je suis où ?! À table, pardi !

— Mince, je me suis endormie ! Ne bouge pas, j'arrive.

— T'exagères ! Dépêche-toi, j'ai faim.

Et il me raccroche au nez. Je me dépêche de me préparer, et, une demi-heure plus tard, un taxi me dépose devant un de mes restaurants favoris près du Bund, les quais qui bordent le quartier historique du port de Shanghai. L'établissement a conservé sa décoration d'origine des années 1930 et son atmosphère boisée au charme désuet. Les serveurs évoluent autour des tables, l'un d'eux, habillé de la longue robe sombre à col droit que portaient les hommes chinois avant la révolution de 1949, me conduit à celle que j'ai réservée. Mon frère est là, avec la tête de quelqu'un qui a poireauté plus d'une heure. Il m'accueille par une bourrade que je m'efforce de lui rendre de toutes mes forces. C'est une règle entre nous, chaque fois que l'on se voit, il me gratifie de ce salut viril qui laisse souvent mes épaules endolories.

— Aïe ! Frère ! Tu me fais mal.

— T'avais qu'à arriver plus tôt.

— Calme-toi. Je t'invite.

On nous installe et je parcours la carte que Feng ne daigne même pas ouvrir. Il me fixe de ses petits yeux qui brillent, visage fermé.

— Tu ne regardes pas ?

— J'ai eu le temps d'apprendre tous les menus par cœur.

— Frère. J'ai passé une mauvaise journée. Qu'est-ce que tu veux manger ?

— Choisis, toi.

— On va prendre des *hong shao rou*...

Ce sont des petits carrés de porc caramélisés dont il raffole. Je commande ensuite des brioches au crabe, que l'on trempe dans le vinaigre avant d'aspirer le délicieux bouillon qui baigne à l'intérieur la chair du crustacé. Ça, c'est moi qui adore. Puis un plat de haricots verts sautés aux oignons et à la viande de bœuf. Une marmite d'aubergine, où le légume a cuit dans une cassolette de terre, un régal. Et la spécialité de la maison, un potage aux ailerons de requin. Deux riz blancs et sa bière préférée. Ça y est, je sens qu'il se décontracte. Il jette un œil sur la carte des boissons et sort de son mutisme.

— Soixante-huit yuans pour une bière. Ils sont malades !

— C'est une très bonne bière allemande, tu sais bien.

— On n'était pas obligés de venir manger ici, c'est hors de prix. Ce que tu viens de commander, c'est un mois de salaire de maman.

— Arrête de m'embêter, ça me fait plaisir.

On nous apporte les plats et le festin commence. Entre deux bouchées, mon frère m'observe et me demande :

— Comment ça va depuis la dernière fois ? Tu as l'air un peu fatiguée.

— Tout va bien. Je bosse comme quatre, et je viens d'obtenir une augmentation.

— Encore ?!

— Disons que je profite de la croissance du marché chinois.

— Tu n'as pas l'air contente.

— Si. C'est juste que...

— Quoi ?

Il s'est arrêté de manger, les baguettes suspendues au-dessus du plat de brioches, et attend ma réponse.

— Je... J'ai vu... Tu ne vas pas te moquer de moi, frère ?!

— Allez, vas-y. Je ne me moquerai pas de toi, promis.

— J'ai vu un cochon cet après-midi.

— Où ça ?

— Dans le bureau d'un client.

— Des cochons dans des bureaux, il y en a plein.

— Non ! Un vrai. Tu vois, tu te moques !

— Comment ça, un vrai cochon ?

— Un cochon noir, un bébé. Il était là, à me regarder sur la moquette de la salle de réunion. Paniquée, j'ai quitté le rendez-vous.

Calmement, il essuie ses mains et touche mon front. Puis il écarquille mes yeux et se penche pour les observer de plus près.

— T'as fait combien d'heures d'avion ce mois-ci ?

— Euh... Seize plus dix, plus deux et deux, ça fait trente.

— Voilà, maintenant tu sais qu'à partir de trente heures de vol par mois tu vois des cochons sur la moquette.

— Frère ! Je suis sérieuse. Il était à deux mètres de moi, ce n'était pas une illusion. Quelques minutes avant, je l'avais vu dans les bras de maman, mais en rêve.

— Dans les bras de maman ?... En rêve ? C'est pas grand-mère qui voyait des renards à la fin de sa vie ?

— Frère ! j'ai peur...

— T'es surmenée c'est tout. Au XXIᵉ siècle, quand on voit des cochons sur la moquette de son bureau, on consulte un médecin. Tu es à cheval entre la Chine et la France, ça te laisse le choix.

— Tu as raison. Je vais prendre rendez-vous dès que je rentre à Paris.

Mon frère est tout sauf un rêveur, persuadé qu'à chaque problème il y a une solution. Il tient ça de nos parents. Rien qu'à l'idée de consulter un médecin, je me sens déjà mieux.

En général, nos repas sont agrémentés des deux principaux sujets qui nous préoccupent : les parents, et les déboires sentimentaux de mon frère. Feng peine à trouver une épouse. Il passe son temps à pester contre les Shanghaiennes qui ne s'intéressent qu'à son appartement, son compte en banque ou la marque de sa voiture. Comme il partage son logement avec d'autres locataires, qu'il a un salaire très moyen et pas de berline allemande, autant dire que les prétendantes ne se bousculent pas à sa porte. Il est tellement désespéré qu'il songe parfois à remonter chez nous, à Changchun, en Mandchourie. Il trouve que les filles du Nord sont moins exigeantes et plus simples. Ce sujet le préoccupe, certes, mais nous permet de nous payer de sacrés fous rires ! Dire qu'il m'a fallu attendre si longtemps pour avoir cette complicité avec mon grand frère !

Même si nos parents se désolent de ne toujours pas avoir de petits-enfants, assurer la descendance, ce n'est pas du tout dans les priorités de mon frère, ni dans les miennes.

— Frère… Pour le cochon… Tu ne dis rien à maman, hein ?

— Non, non. Ne t'en fais pas. Repose-toi et ça ira mieux demain.

À peine rentrée chez moi, le téléphone sonne.

— Comment vas-tu, ma petite fille ?

Ma mère. Je crains le pire.

— Bien, maman. Et toi, pourquoi m'appelles-tu si tard ?

— Je viens d'avoir ton frère au téléphone… C'est quoi cette histoire de cochon ?

J'en étais sûre, mon frère n'arrive jamais à tenir sa langue. Maintenant ma mère se fait un sang d'encre pour moi, et elle ne va pas dormir de la nuit. Je peste contre mon frère.

— Quelle histoire de cochon, maman ?

— Ton frère m'a tout raconté. Qu'est-ce qui t'arrive, Fei ?

— Mais rien, maman. C'est juste un peu de fatigue. Il ne faut pas que tu t'inquiètes. Je t'assure, tout va bien.

— Il était comment ce cochon ?

— Maman ! Je te répète que ce n'est rien. Faut pas écouter Feng, tu sais bien qu'il ne dit que des bêtises...

— C'était un petit cochon noir avec une tache rose sur l'œil, c'est ça ?

— Mais ! Co... Comment tu sais ça ?!

— Parce que je le connais.

— Quoi ?! Qu'est-ce que tu racontes ?

— Je connais ce petit cochon ! Je l'ai élevé juste avant ta naissance, quand nous habitions à la frontière de la Corée du Nord. Je me souviens bien de ce petit cochon noir. Je l'avais appelé Xiao Hua, Petite Fleur, à cause de sa tache rose sur l'œil. Il pesait huit kilos quand je l'ai acheté. Je lui ai donné à manger pendant toute ma grossesse. Vous avez grandi en même temps, lui dans l'étable, et toi dans mon ventre.

— C'est incroyable ! C'est vrai ? Et qu'est-ce que vous en avez fait de ce cochon ? Vous l'avez mangé ?

— Ton père ne t'a jamais parlé de cette histoire ? Remarque, il n'a pas de quoi être fier.

Stupéfaite, j'écoute ma mère me raconter que pendant des mois elle a engraissé le petit animal en lui faisant des bouillies d'écorce de riz, trois fois par jour. Au début, mon père s'était vivement opposé à ce qu'elle l'achète, car ce petit cochon coûtait la moitié de son salaire mensuel, et ils avaient tout juste de quoi se nourrir. Mais ma mère était si déterminée que papa la laissa faire, et finit par regarder l'animal grandir avec un certain plaisir. Elle passait beaucoup de temps à glaner toute sorte de nourriture dans la forêt ou la montagne, que le cochon dévorait avidement sous l'œil envieux des habitants du camp forestier où ils travaillaient. Les ouvriers mal nourris devaient rêver toutes les nuits d'avoir comme lui trois repas par jour, et fantasmer sur ses jarrets qui enflaient. Les amis et les voisins apportaient parfois leur contribution en donnant à ma mère quelques rares déchets végétaux, car tous étaient au courant de l'espoir que Petite Fleur représentait pour ma mère. Il était destiné à être vendu au boucher du village voisin, et, avec l'argent récolté, ma mère devait acheter une machine à coudre. Ainsi équipée, elle espérait bien me confectionner des vêtements, et arrondir les fins de mois plus que difficiles, en réalisant des travaux de couture pour la communauté des forestiers. Son plan se déroula sans encombre jusqu'au jour où le cochon devint assez gros pour être vendu.

Mon père attacha la bête à une grande corde et partit seul avec l'animal pour le vendre au village. Ils traversèrent fièrement la rue du campement en récoltant les tapes amicales des forestiers, qui souhaitèrent bonne chance à Petite Fleur en espérant le revoir bien vite dans leurs assiettes. Arrivé chez le boucher, à l'issue d'âpres négociations, mon père échangea le cochon contre une petite liasse de billets roulés et tenus par un élastique. Satisfait de la transaction, il fourra sa fortune dans la poche intérieure de sa veste, au plus près du cœur, et se dirigea vers la rue principale où il s'arrêta devant le bazar du village. C'est dans cette boutique qu'il devait acheter la machine à coudre. Devant la vitrine, des passants étaient attroupés et, curieux, détaillaient une merveille de technologie au design moderne : une splendide radio, placée au centre de l'étal comme on expose une pièce rare. Dans ce trou perdu du nord de la Mandchourie, rares étaient ceux qui écoutaient la radio, encore plus ceux qui en avaient une. Alors, comparé au vieux poste en bois tout juste en état de marche que possédait le chef du camp, cet appareil, qui faisait également magnétophone enregistreur et lecteur de cassette, représentait le *nec plus ultra* du progrès en cette année 1979.

24

Mon père, bien après que le groupe eut passé son chemin, ne pouvait toujours pas détacher son regard de la radio. Sans doute le patron du bazar le remarqua, car il ne le lâcha plus. Il lui fit écouter toutes les cassettes qu'il possédait – pour la plupart des chants à la gloire du Grand Timonier ou des chansons d'amour sirupeuses des chanteuses taïwanaises dont mon père raffolait. Le vendeur ajouta qu'il pouvait lui fournir sous le manteau, et à un bon prix, des cassettes occidentales à la dernière mode, d'Elvis et de Mireille Mathieu par exemple. Mais mon père, dans un sursaut de conscience, coupa net aux boniments du marchand et le pria de lui vendre la machine à coudre qu'il était venu chercher.

Cinq heures plus tard, tout sourires, il déposa un paquet devant ma mère, qui lui sembla fort petit pour contenir la machine qu'elle attendait avec impatience. Quand mon père aperçut sa moue inquiète, il se lança dans un discours enflammé en lui promettant que c'était bien mieux que ce qu'elle espérait, c'était une machine moderne, dernier cri de la technologie chinoise de Taïwan, en un mot, c'était l'avenir.

Ma mère se leva avec peine de la chaise, encombrée par son énorme ventre, et défit le paquet pour découvrir une radiocassette qui la laissa sans voix.

Tous ses beaux projets s'évanouirent en une fraction de seconde. Adieu cochon, machine à coudre et petites économies ! Maman regarda mon père froidement et, très calmement, lui demanda de lui montrer comment se servir de la radio pour coudre les vêtements de leur bébé. Puis, d'un ton beaucoup plus sec, elle lui apprit qu'elle était vraiment très contente et soulagée de savoir que c'était lui qui allait se charger de gagner l'argent qu'elle aurait épargné en faisant des travaux de couture pour les ouvriers du camp. Et qu'elle se réjouissait déjà de le voir danser comme un crétin devant sa radio en faisant la quête !

— Neuf mois à me casser la tête pour trouver à manger à Petite Fleur, et lui l'échange contre une radio… J'étais folle. Je lui ai balancé sa radio de malheur à la figure et je ne lui ai plus adressé la parole jusqu'à ta naissance, trois semaines plus tard… Fei ?… Tu m'écoutes ?… Fei ?!

— … Mam… Maman, je… je te rappelle.

— Allô ?

— J'ai mon portable français qui sonne, c'est le boulot, je te rappelle demain !

Pourtant, à cet instant, il n'y a ni portable français qui sonne ni boulot qui tienne. Il y a juste un petit cochon assis sur le fauteuil en face de moi, qui me regarde.

Je saisis le plaid sous mes fesses, et m'emmitoufle dedans comme s'il pouvait me protéger de cette apparition. Seule et abandonnée, naufragée sur mon canapé, je ne sais pas comment reprendre pied. Je dois juste trouver une logique à ce phénomène. Ces années passées au pays de Descartes m'auraient-elles transformée à ce point ? Pourquoi suis-je si désemparée devant une banale manifestation de l'au-delà ? Je suis chinoise. En Chine le surnaturel est une dimension admise comme une composante de la vie quotidienne. Les fantômes, les porte-bonheur, les dieux protecteurs, les hôtels qui n'ont pas de quatorzième étage, parce que c'est un mauvais chiffre…

Non, je ne suis pas folle, mon frère a raison, je suis simplement épuisée par tous ces voyages. Paris, Pékin, Shanghai, New York, Honolulu, et encore Paris, comme une ronde incessante. Sept fois le tour du monde cette année, je passe ma vie dans les aéroports. La fatigue et le stress du boulot, associés aux décalages horaires que je subis chaque mois, il est peut-être normal que je voie des cochons partout.

À moins que… Et si cette hallucination sonnait le glas de ma trop courte existence ? Grand-mère n'est-elle pas morte d'une tumeur au cerveau ? Et si j'avais hérité des gènes de sa maladie ?

Quand j'étais petite, peu avant sa mort, elle racontait que souvent un renard lui rendait visite. L'animal l'invitait à lui raconter sa vie, et ma grand-mère lui parlait longuement en dévidant le fil de son existence. C'était, disait-elle, comme si elle devait ranger sa maison avant de partir pour un long voyage.

J'étais jeune quand elle est morte, mais j'ai gardé d'elle une image très nette. Je la vois, assise en tailleur, sur le grand lit qu'elle partage avec mon grand-père et qui sert la journée de canapé dans notre minuscule appartement de Changchun. Elle est vêtue de son costume Mao, ses cheveux blancs mi-longs sont impeccablement coiffés, elle sourit à peine et se tient droite, le dos plat, comme l'éducation due à son rang le lui a inculqué depuis sa naissance. Ma grand-mère était très belle, mais à des années-lumière de sa petite-fille. Sans doute était-elle trop occupée à dialoguer avec l'esprit du goupil.

Le renard, c'est une divinité bien connue des Chinois, mais le cochon ?!... Pourquoi, moi, je devrais me contenter d'un cochon ? Petite Fleur serait-il « revenu » me hanter pour me demander des comptes ? Cette réflexion stupide m'arrache un sourire et me fait trembler d'effroi. Je suis tiraillée entre l'envie d'appeler au secours et la peur que l'on m'enferme chez les fous. Je craque et j'interpelle le porcelet :

— Qu'est-ce que tu me veux ?!

— Moi ? Rien.

Je me recroqueville sur mon canapé, je ne rêve pas, il m'a répondu.

— Mais tu parles ?! !

— Ben oui.

— Mais t'es un... fantôme ! ou un renard !

— Est-ce que j'ai l'air d'un renard ?

— Je vois bien que t'es un cochon, et que je parle à un cochon en pleine nuit, et que ça me rend dingue de parler à un cochon dans mon appartement ! Mais qu'est-ce que tu me veux à la fin ?! Je vais mourir, c'est ça ?

— Chaque chose en son temps. Tant que je suis là, tu ne risques rien.

3.

Le temps et mon cœur s'arrêtent à la même seconde. Puis tout repart, j'ai l'impression d'une explosion qui m'incendie la cervelle. En un éclair, je comprends ce qu'il vient m'annoncer :

— Mon Dieu ça y est ! Comme le renard, tu viens me demander de faire le ménage avant ma mort ?! Je… Je… J'ai combien de temps à vivre ?!

— Tu le sauras à la fin du voyage.

— Quel voyage ? Pour aller où ?

— Ce serait plutôt quand.

— J'ai la même cochonnerie de maladie dans la tête que grand-mère, c'est ça ?

— Hum… En fait de cochonnerie, pour l'instant, tu as moi. Allez, il est temps de partir.

— C'est vraiment toi, Petite Fleur ?

— Ah ! les humains, vous êtes incroyables. Vous donnez un nom délicat à un animal et aussitôt après, vous lui dévorez les tripes. Enfin, oui, si tu veux, tu peux m'appeler Petite Fleur. Allons-y.

— Je vais mourir maintenant ?!

— Ne perdons pas de temps, allons à sa rencontre.

— À la rencontre de… de ma mort ?!

— Non. On va commencer par la vie, si tu veux bien. Il faut juste que tu te concentres, et que tu me racontes ta vie.

— Pour quoi faire ?

— Cesse de poser des questions inutiles. Il nous faut simplement remonter au début.

— J'ai peur.

— Je te le répète, tant que je suis là, tu ne risques rien.

Je ne risque rien. Très drôle. Cet animal se matérialise dans mon salon, m'annonce que je vais mourir et qu'il faut que je lui déballe mon existence de bout en bout, mais, à part ça, je ne risque rien.

En regardant par la fenêtre Shanghai scintillant de ces millions de vies qui s'agitent, je me sens seule comme jamais. Je n'ai pas le choix. Il me faut chercher au plus profond de ma mémoire tous les éléments qui me constituent.

Mais par où commencer ? J'en ai la nausée.

Petite Fleur change de position sur le fauteuil. Il allonge son museau sur ses pattes de devant et y repose tout le poids de sa tête. Ses grandes oreilles l'obligent à me regarder tel un homme curieux de découvrir une demeure oubliée à travers les planches d'une palissade. Il attend. Le salon est d'un calme absolu, même les rumeurs de la ville semblent avoir disparu.

Je prends une longue inspiration que Petite Fleur accueille comme un lever de rideau. Puis, dans la pénombre du salon, j'entends soudainement ma voix qui s'élève en un timide murmure :

— Je commencerais bien par l'année 1968, onze ans avant ma naissance, c'est vraiment là le début.

En 1968, papa avait seize ans, et il quittait sa famille avec pour seuls bagages le fameux « Petit Livre » de Mao et son enthousiasme, comme il dit. Après avoir voyagé jusqu'à Pékin grâce à sa carte des Jeunesses communistes, dansé et chanté avec des milliers d'autres jeunes sur la place Tian'anmen, papa aurait donné sa vie pour le camarade Mao. La capitale chinoise où les portraits du grand homme éclairaient les immenses avenues l'avait tellement enflammé qu'il rejoignit dans la foulée l'élite du prolétariat, ses camarades paysans, dans le nord de la Mandchourie. Il allait enfin travailler dans les champs et intégrer les vraies valeurs du communisme.

Grand-père, lui, se demandait ce que l'on pouvait bien apprendre au milieu des champs, mais l'autorité de Mao avait supplanté les décisions familiales, et il n'eut pas voix au chapitre. Il y avait trop de jeunes dans les villes et pas assez de travail pour eux, la campagne était toujours avide de bras, il suffisait donc d'y envoyer cette belle jeunesse inemployée dans des camps de jeunes travailleurs.

La riche et intellectuelle famille de grand-père avait été anéantie dès 1949, à l'avènement de la république populaire, et, s'il avait décidé de rester chez lui, alors que ses amis le priaient de fuir avec eux à Taïwan, c'est qu'en bon confucéen on ne quitte pas la terre de ses ancêtres. Grand-père était un homme droit et sévère, un homme d'affaires et un lettré qui jouissait d'une très bonne réputation dans la région, et il ne se doutait pas qu'on en tiendrait si peu compte. La révolution lui prit tous ses biens et lui donna en échange la noble tâche d'enseigner aux enfants du peuple.

En 1958, Mao encouragea les responsables et les intellectuels à livrer leurs réflexions sur les dysfonctionnements du système afin de le faire progresser. Grand-père ne décela pas le piège et crut faire son devoir comme un bon communiste. Il signala aux autorités qu'il était temps d'instaurer l'égalité des chances pour accéder à des postes de responsabilité grâce à des concours. Quand on ramassa les copies, lui, parmi tant d'autres, écopa de quatre ans de prison. Grand-mère fit le siège de tous les ministères pour y dénoncer cette injustice, en vain.

La mère de mon père, quant à elle, était la fille aînée d'une grande famille mandchoue de lignée royale, et à ce titre avait eu la possibilité de faire des études jusqu'au lycée. L'accès à l'université étant interdit aux filles, sa scolarité s'était arrêtée au bac, ce qui était déjà rare en Chine dans les années 1930. Elle m'a dit un jour qu'à l'époque de son mariage avec grand-père elle possédait le seul vélo de la ville. Elle écoutait des disques de musique occidentale que personne n'avait, et commandait ses robes chez les meilleurs couturiers de Shanghai. Mais sa vie de petite fille gâtée ne fut plus qu'un lointain souvenir quand elle se retrouva dans la rue, à vendre du tofu, pour nourrir ses quatre enfants en attendant que son mari sorte de prison.

Quand grand-mère regarda partir son fils pour la campagne dans son uniforme des gardes rouges, dignité ou renoncement, la princesse mandchoue ne laissa rien paraître de son désarroi.

Au bout d'un an, le bel enthousiasme de mon père s'étiola. Mais il dut attendre six longues années avant d'obtenir une mutation et d'être envoyé à la frontière de la Corée du Nord pour y devenir… bûcheron. Papa m'a toujours dit qu'il s'agissait d'une promotion. Je veux bien le croire à l'entendre raconter le travail harassant dans les champs dix à douze heures par jour, par tous les temps, et la maigre nourriture qu'on leur donnait au camp ! Quitter cet apprentissage forcé de la vie paysanne ne pouvait être que du bonheur, et considéré comme un avancement. Il allait recevoir tous les mois un vrai salaire de trente-sept yuans (dix yuans représentant un euro aujourd'hui), vingt-quatre kilos de poudre de maïs, des vêtements de travail neufs, on lui fournirait même un ciré et des gants.

À vingt-deux ans, mon père était d'une vitalité et d'une force sans égales. Toutes ces années passées à gratter la terre en chantant des airs révolutionnaires avaient fait de lui un homme vigoureux. Certes, il n'aurait pas su parler des grands classiques chinois, comme le déplorait son lettré de père, mais il devint vite le meilleur bûcheron du camp forestier qui exploitait pour le compte de l'État un bout de forêt situé à la frontière nord-coréenne. Chaque coupeur, comme mon père, devait abattre entre trente et quarante mille mètres cubes de bois par an, et travaillait six jours sur sept.

Ses camarades aimaient bien le garçon râblé, gourmand et bon buveur qu'était mon père. Simple et franc, il était fort apprécié des autres.

Papa a gardé de cette époque sa manie de finir son repas à une vitesse hallucinante. C'était, disait-il, une technique pour pouvoir ingurgiter plus de nourriture. Quand les bûcherons se réunissaient autour de la gamelle de riz et qu'ils y remplissaient leur bol à ras bord, lui ne garnissait le sien qu'aux deux tiers. Puis il se dépêchait d'avaler sa portion avant les autres. Ensuite il se précipitait pour se resservir copieusement en raclant le fond de la marmite. C'était le champion du rab toutes catégories. Il est vrai que, sur les photos noir et blanc où mon père pose avec sa tronçonneuse, il affiche un physique rondouillard qui tient plus de l'homme des bois du Grand Nord canadien que du petit Chinois sec et nerveux. C'est peut-être ce qui a séduit maman.

Il n'y avait pas beaucoup de femmes au camp. Sur la centaine d'individus qui y vivaient, trente hommes célibataires se partageaient un dortoir et le même kang, ce lit typiquement mandchou, maçonné, et sous lequel un feu de bois dispense sa chaleur. Quelques familles étaient logées avec leurs enfants dans des petites maisons individuelles comprenant une pièce unique de vingt-deux mètres carrés, et les six ou sept jeunes femmes restantes, dont ma mère, occupaient une maison commune.

Ma mère était arrivée dans cet endroit trois ans avant mon père. Elle avait seize ans. Ses parents étaient des paysans, sa mère était morte quand elle était petite. Elle n'avait pu aller à l'école que trois ou quatre années, et encore, sa scolarité était rythmée par de nombreuses absences. Son père la faisait travailler à la fabrication de boîtes d'allumettes, une activité annexe à sa condition de paysan qui leur permettait de ne pas mourir de faim. Il était rustre et la maltraitait tout le temps.

Ma mère n'était pas une intellectuelle ou une citadine qui aidait le monde paysan, suite aux directives du parti, elle était simplement pauvre et parvenait tout juste à se nourrir chez son père. Aussi, quand les recruteurs sont passés par son village pour proposer aux jeunes gens de rejoindre des camps forestiers où ils auraient du travail, à manger, et surtout l'espoir.

4.

Maman mesurait les troncs d'arbres quand elle a rencontré papa. Ils se sont tout de suite plu. Elle avait deux grandes nattes qui lui tombaient jusque derrière les mollets, et mon père un sourire ravageur. Mais ils durent tout de même respecter la distance physique dictée par la morale du parti. Les personnes qui se plaisaient devaient se tenir à dix mètres l'une de l'autre quand elles sortaient ensemble en public. Pas très pratique pour deux jeunes gens qui s'aiment. Mais le moindre rapprochement aurait été perçu comme une provocation bourgeoise.

Beaucoup d'unions étaient arrangées au camp, mais maman et papa, eux, étaient amoureux. Papa, malgré son engagement, portait la marque de son appartenance à une grande famille riche et cultivée, de « nature sale », comme disaient les gens en ce temps-là. Il reçut comme une grande faveur et un honneur le fait que maman veuille bien l'épouser. Elle venait d'une famille de paysans, et représentait pour la société de l'époque une « nature propre », c'est-à-dire ce que l'humanité avait engendré de meilleur.

Un jour – je devais avoir l'âge de commencer à m'intéresser aux garçons –, je priai maman de me raconter son mariage que j'imaginais tellement romantique. Elle, elle l'appelait son « mariage sans roses ».

Les autorités n'approuvaient pas l'union d'une femme « propre » paysanne et d'un homme « sale » issu d'une famille capitaliste. Mais cela ne les arrêta pas. Depuis leur rencontre, mes parents ont toujours trouvé une solution à leurs problèmes. Puisqu'on leur interdisait de fêter leurs noces au grand jour, ils les fêtèrent en se cachant.

De mai à septembre 1977, avec leurs cinq cents grammes de viande de porc...

— Euh... Désolée, Petite Fleur.

— Ça va. J'ai l'habitude.

— Je disais, donc, avec leurs cinq cents grammes de... protéines d'origine animale, et leurs quatre cents grammes d'huile mensuels, ils invitaient une fois par mois leurs amis, par groupes de seize, dans leur petit logement, qui s'inscrivait dans les baraquements du camp. Cet ensemble d'habitations, composé d'une suite de petites maisons basses collées les unes aux autres, regroupait des dortoirs collectifs et des logements par familles. L'ensemble des bâtiments, dessinant un rectangle, formait un semblant de village un peu austère.

Ils reçurent beaucoup de cadeaux de mariage, qu'ils utilisent encore aujourd'hui à la maison. Des grandes bassines émaillées décorées de poissons nageant en couple, des théières et des tasses, cinq housses de couette que maman garde soigneusement pour mon mariage, trente protections épaisses qui recouvrent les coussins de leur canapé, et une Thermos. Tous ces objets n'ont jamais éveillé en moi une grande curiosité, à part cette Thermos qui a fini par me révéler un secret familial.

Un soir après dîner, alors que je rêvais à je ne sais quel prince charmant, je remarquai sur la base du récipient la date de mariage inscrite. J'en fus troublée et demandai à ma mère :

— Maman, c'est normal que ta date de mariage soit le 1ᵉʳ mai 1977 et que mon frère soit né en septembre de la même année ?

Ma mère se raidit et, mal à l'aise, elle se tourna vers moi pour répondre :

— Euh... Tu es trop jeune pour comprendre ça. Va faire tes devoirs !

J'avais seize ans et, malgré mon ignorance de la féminité, je crois que j'étais une encyclopédie en comparaison du savoir de ma mère au même âge.

Maman n'ayant aucune idée du fonctionnement de son corps à dix-neuf ans passés, les nausées et l'absence de règles ne l'avaient pas alertée plus que cela. Mais, avec papa, ils comprirent vite que les dix mètres franchis illégalement une nuit de l'hiver précédent avaient provoqué des dégâts collatéraux. Pour éviter le scandale dans la communauté, ils inventèrent qu'ils s'étaient mariés en janvier, au cours d'une visite qu'ils avaient rendue à mon grand-père. Ça correspondait à la période où papa avait cru bon de présenter sa future épouse à son père qui vivait des heures sombres dans une campagne reculée de la Mandchourie, où il purgeait ses dernières années de rééducation. Personne n'éprouva le besoin de contester cette version, le compte y était, et mon frère Feng vit le jour au camp forestier fin septembre.

Grand-mère arriva de la ville une semaine avant la naissance de Feng pour assister maman, curieuse, comme le reste de la famille, de connaître le sexe du bébé. Mes grands-parents étaient inquiets, car il en allait de la perpétuation de la dynastie des Xu. Si c'était un garçon, il serait l'héritier de notre « noble » famille. Si par malheur c'était une fille, le nom s'éteindrait à jamais comme un flambeau indigne de conduire notre haute destinée. Car on annonçait l'avènement prochain de la politique de l'enfant unique.

L'accouchement eut lieu à la maison avec l'aide d'une vieille sage-femme assistée de grand-mère. Quand l'accoucheuse accueillit le bébé et qu'elle s'esclaffa en criant qu'il avait une poignée, grand-mère respira profondément, et se tourna vers ma mère avec un sourire si épanoui et si empli de gratitude que maman se sentit comme une héroïne nationale félicitée par le premier secrétaire du parti.

Maman dit toujours que c'est la naissance de mon frère qui lui a appris comment fonctionnait son organisme. Sa mère ayant disparu trop tôt, personne ne lui avait jamais enseigné quoi que ce soit sur l'anatomie féminine.

L'arrivée de Feng lui servit de leçon. Quand la grande campagne de contraception fut lancée pour répondre à la nouvelle politique de contrôle des naissances décrétée par le gouvernement central, elle prit l'option de se faire poser un stérilet. Malheureusement, cette précaution ne suffit pas. Dix-huit mois après la naissance de Feng, l'absence de règles la conduisit chez le médecin, mais le test qu'il pratiqua se révéla négatif. Deux mois plus tard, toujours sans règles, une seconde visite chez le médecin lui confirma qu'elle était bel et bien enceinte. Devant la colère de ma mère qui critiquait la rigueur de ses analyses précédentes, le médecin décréta mollement qu'il n'était pas dans le test et que, si elle voulait avorter, il lui faudrait s'inscrire sur une liste et attendre deux mois de plus.

Maman était anéantie. La loi sur l'enfant unique qui était appliquée en ville depuis un an allait entrer en vigueur dans les campagnes dès octobre 1979. Et je devais naître un peu après. Dans la salle d'attente, voyant ma mère désemparée, une vieille femme coréenne lui parla avec les trois mots de mandarin qu'elle connaissait.

— Tu as déjà un fils, lui dit-elle. C'est magnifique. Imagine que tu aies une petite fille. Un petit dragon et un petit phénix. À cause de cette loi, c'est la dernière génération où les enfants d'une même famille connaîtront le bonheur de jouer ensemble. Ne gâche pas cette chance, ma fille ! Garde ton bébé.

Maman se laissa d'abord convaincre par la vieille femme, mais, quelques semaines plus tard, en calculant que mes parents n'auraient pas les moyens de payer l'amende du deuxième enfant, elle se résolut à avorter. Cette fois-ci, c'est une pluie torrentielle, qui dura des jours et rendit les chemins de terre impraticables, qui l'obligea à renoncer à son projet.

Quand la météo fut plus clémente, et que les routes furent à nouveau carrossables, ma mère se prépara à mettre un terme à sa grossesse, mais elle sentit au creux de son ventre la vie qui avait pris forme. Est-ce mon impossibilité à rester en place qui déjà se manifestait ? Elle ne put se résoudre à se priver de ce petit phénix que la vieille Coréenne lui avait prédit et qui cherchait déjà à s'envoler en gigotant dans son nid.

Maman m'a raconté que beaucoup de femmes, cette année-là, ont avorté au septième ou huitième mois dans des conditions épouvantables. Avoir un deuxième enfant, c'était se mettre hors la loi, trahir le parti. Les parents fautifs étaient condamnés à de lourdes amendes que beaucoup de pauvres gens n'avaient pas les moyens de payer. Il ne leur restait plus que l'avortement pour éviter la sanction.

Mon père était désespéré. Sa famille n'avait pas de quoi se nourrir convenablement, pas l'argent pour l'amende du deuxième enfant – qui représentait plus d'une année de son salaire –, et en plus il allait perdre sa prime annuelle pour avoir désobéi aux directives du parti. Dans mon cocon bien au chaud, je dus entendre les disputes du jeune couple qui allait devoir bientôt affronter la terrible réalité.

C'est là que ma mère eut une idée brillante :

— Pourquoi ne pas déclarer la naissance du bébé en fonction du calendrier lunaire, comme le font tous les paysans ?! Ainsi il naîtra en août, bien avant l'application de la loi.

Mon père refusa.

— C'est un mensonge ! Et on se met hors la loi.

— Mais hors la loi, on l'est déjà ! Et le mensonge n'en est pas un, puisque ce n'est qu'une question de choix de calendrier ! Et puis, comment passer à côté des cent quatre-vingts kilos de maïs auxquels on a droit à la naissance, si le bébé naît dans les bonnes dates ?

Il n'y avait que des avantages à naître sous la comptabilité généreuse du calendrier lunaire. Papa gardait son augmentation, la famille recevait une grosse quantité de nourriture, pas d'amende à payer, et je pourrais entrer à l'école une année plus tôt !

C'est ainsi que je suis née avec la complicité de la lune un 21 août à midi, durant cette belle journée ensoleillée du 11 octobre. Le responsable du camp fit le nécessaire et officialisa ma naissance comme maman l'avait décidé.

Mais mon arrivée créa une autre surprise désagréable pour mes parents. J'étais désespérément moche ! À tel point que ma mère crut que le ciel l'avait punie pour s'être moquée d'un ami de mon père à qui je ressemblais horriblement. Chaque fois que le pauvre camarade de papa quittait la maison, ma mère ne pouvait s'empêcher de critiquer son physique ingrat qui lui donnait la nausée. Il était tout noir, avec de gros yeux qui lui sortaient de la tête, son nez était enfoncé dans son visage et sa bouche avait poussé de travers. Mon portrait craché !

Pourtant, alors que papa n'avait pris mon frère dans ses bras que vers son cinquième mois, il adora ce petit monstre qu'il considérait comme trop cuit, en raison de mon teint cuivré, dès les premiers jours.

40

Grand-mère, cette fois-ci, n'avait pas assisté à la naissance, mais elle était venue avec quatre cent cinquante œufs et une vieille poule ! Les Chinois croient que les qualités nutritionnelles d'une reine de la basse-cour sont parfaites pour une femme qui vient d'accoucher. Le gallinacé hors d'âge requinque la jeune maman, et les œufs l'aident à produire du bon lait.

Maman, qui avait souffert toute sa vie de malnutrition, me remercie encore de lui avoir permis de s'empiffrer d'autant d'œufs. Il lui arrivait d'en manger dix par repas, une trentaine par jour ! Je ne sais pas si c'était une relation de cause à effet, toujours est-il qu'elle se mit à produire du lait plus que je ne pouvais en boire. Elle en avait tant qu'elle le stockait dans des timbales de fer qu'elle déposait au frais sur le rebord de la fenêtre. Pas besoin de réfrigérateur sous ces latitudes, un bon − 30 °C ou − 40 °C vous garde une nourriture saine tout l'hiver.

Un soir en rentrant du travail, mon père découvrit le récipient sur la margelle à l'extérieur, il le prit pour un bon lait de soja qu'il s'envoya dans le gosier d'une traite. C'est peut-être à partir de ce jour-là qu'il se réconcilia avec l'odeur du lait maternel qui le faisait fuir à la naissance de mon frère.

L'année 1979 fut aussi celle de la révision du procès de grand-père où il fut enfin jugé non coupable, réhabilité comme beaucoup d'autres par le secrétaire général Deng Xiaoping. Après quatre ans de prison et dix-sept ans de travail forcé dans les champs de la campagne mandchoue, durant lesquels il avait été séparé de sa famille, quand il apprit ma naissance le même mois que sa déclaration d'innocence, il passa quatre jours à me chercher un prénom idéal.

Il remit à ma mère une liste de combinaisons savantes, qui prenait en compte les éléments, les signes, les sons, le sens et le nombre de traits de chaque idéogramme, où ses subtilités de lettré s'étaient exercées à plein régime. Ma mère, en bonne paysanne qui savait à peine écrire, posa le doigt sur celui qui lui paraissait le plus prononçable, et ce fut : Ge Fei.

En chinois, accolé à mon nom de famille, cela signifie : « Petit à petit, par la révolution, éliminer les injustices. » Tout un symbole !

Avant ma naissance, mon frère fut envoyé chez mes grands-parents qui prirent en charge son éducation dans la capitale de la province de Jilin, à Changchun. Je ne l'ai pas vu avant mes quatre ans. Pendant cette période, notre petite famille était réduite à nous trois. Nous vivions dans la forêt, mon père y coupait toujours les arbres, ma mère gérait les stocks de nourriture et faisait la cuisine pour les autres ouvriers, moi, je grandissais, emmaillotée dans son dos.

Ma mère dit toujours avec fierté que j'étais l'enfant la plus facile du camp. Je pleurais rarement, mais, quand ça arrivait, il lui suffisait de mettre une cassette de musique des chanteuses sirupeuses de Taïwan, dans la fameuse radiocassette, pour que je m'endorme dans les dix minutes qui suivaient. Les nuits étaient tout aussi tranquilles pour mes parents.

La journée, pendant qu'elle travaillait, elle m'enroulait dans une couverture carrée, et m'attachait dans son dos. J'étais calme comme un petit bouddha à qui il fallait seulement donner la tétée de temps en temps. Elle n'avait pas beaucoup de bonnes choses à manger pour elle, et les quatre cent cinquante œufs de grand-mère étaient finis depuis longtemps. Ma mère eut de moins en moins de lait pour me nourrir. Mais moi, j'avais souvent faim. Elle se massa les seins avec tant de vigueur pour en faire sortir son précieux lait, qu'elle finit par les faire disparaître. Aujourd'hui, quand je les regarde, je me sens toujours coupable d'avoir été si gourmande.

Grand-père, qui avait obtenu un poste d'enseignant dans une école à sa réhabilitation, donnait des cours de chinois, d'histoire et de géographie. Il partit en retraite peu après, en 1981, quand j'eus deux ans. Le règlement permettait à l'un de ses fils de reprendre son poste, ou d'être intégré dans un autre établissement de la ville, même comme simple ouvrier. Le frère aîné de papa travaillait déjà à Changchun, et grand-mère, fatiguée des longs voyages pour nous rendre visite dans la forêt, fit des pieds et des mains pour que son deuxième fils obtienne une place dans cette école. Quelques semaines plus tard, mon père revenait à la ville et entrait dans le personnel administratif d'une école municipale. Cette décision changea nos vies à tous.

5.

Pendant deux ans, je vécus seule avec maman dans la forêt. Mon père venait nous visiter une fois tous les trois ou six mois avec des cadeaux de la ville et, surtout, il nous apportait enfin une nourriture digne de ce nom. Le plus beau cadeau de mon enfance, je l'ai reçu de papa pour mes trois ans. Mon premier piano.

C'était un minuscule piano à queue de treize touches noires et blanches. Le son qu'il produisait était magnifique ! Ma mère trouvait que cet instrument était trop cher pour un jouet, un quart du salaire de mon père, mais il adorait m'apprendre les chansons communistes en chantant en duo avec moi. C'était magique. Ce luxe soudain dans ce petit coin de forêt oublié de tout fit de moi la reine du monde.

Quand papa n'était pas là, je passais beaucoup de temps seule à la maison. Je regardais souvent le mur, car sur ce mur il y avait une chose ronde avec deux aiguilles, une longue et une autre plus courte. Maman m'avait expliqué que, lorsque la petite aiguille arrivait sur le numéro quatre et la longue sur le douze, j'avais le droit d'aller la chercher à son travail.

Il pleuvait souvent dans la forêt. Avant de partir pour retrouver ma mère à la cantine du camp, comme elle me l'avait montré, je grimpais sur ma chaise pour atteindre un coffre plus haut que moi. Je l'ouvrais et y prenais mon parapluie rouge. Ensuite je sortais de la maison, et marchais pendant dix minutes sous la pluie pour rejoindre la cantine. J'entrais fièrement par la grande porte, au milieu de tous les ouvriers qui s'écartaient devant ce petit champignon rouge. Je me cachais derrière eux pour arriver sous le passe-plat qui servait de guichet. Je volais un ticket de cantine de la taille d'un ticket de métro parisien, et je faisais semblant, comme un ouvrier, d'acheter mon repas. Chaque fois, les collègues de ma mère, habituées à voir ma main avec le ticket sans voir ma tête, riaient et criaient : « La petite cliente est là ! »

Je les amusais beaucoup. Ce jeu me donnait le droit à quelques friandises en échange. Mes « bonbons » à moi étaient des poissons secs, blancs et un peu salés qu'on mettait dans la soupe une fois par semaine. Comme les femmes de la cuisine savaient que j'adorais ça, elles en mettaient toujours une tranche de côté. J'aimais le son de la pluie qui tombait sur la tôle de l'abri. Je restais là, en suçant mon morceau de poisson sec, à regarder ces femmes qui s'activaient en cuisine et me souriaient avec leurs yeux pleins d'amour.

J'ai lu que les oméga 3, qu'on trouve dans le poisson en grande quantité, sont excellents pour les activités cérébrales. C'est peut-être grâce à ces poissons secs que j'étais si vive quand j'étais petite.

À chaque visite de mon père, il s'amusait à m'apprendre tous les caractères chinois que je pouvais retenir. Comme il n'y avait pas d'école ni de crèche, c'était lui ma seule source de connaissances. À cause de son emploi du temps, ma mère n'avait pas beaucoup de temps à consacrer aux activités intellectuelles. C'était donc à mon père, qui y prenait un réel plaisir, de m'enseigner ces choses-là. Dès qu'il était parmi nous, il me montrait environ vingt caractères par jour. À l'âge de trois ans, je connaissais déjà cinq cents mots chinois. Quand mon père était sûr que j'avais bien retenu la leçon, il faisait le tour du village pour exhiber le génie de sa fille. Le village entier profitait du spectacle. Il me demandait également de réciter des poèmes anciens entiers dont je ne comprenais pas un mot. Mais ces jeux signifiaient surtout que j'allais avoir droit à la pomme que mon père gardait toujours avec lui en récompense de ma prestation.

La seule chose que je n'aimais pas pendant les visites de papa, c'était qu'il me serrait beaucoup trop fort dans ses bras. Nous dormions tous les trois sur le kang, et sous la couverture j'avais du mal à respirer. Maman le lui faisait souvent remarquer, mais papa voulait profiter à fond de ces quelques jours passés avec nous, et je devais me battre pour avoir un peu d'air en dormant.

À part les bonbons ou les gâteaux de la ville rapportés par mon père, notre alimentation quotidienne était des plus simples, à base de maïs. Maman s'en servait pour faire des crêpes ou des brioches aux légumes. Elle le cuisinait à la vapeur ou en potage. J'adorais les crêpes avec quelques tranches de poivron, accompagnées d'une sauce au soja, un vrai régal !

En ville, on mangeait plus souvent du riz blanc. De temps en temps, mon père en rapportait de Changchun. Maman, avec quelques centaines de grammes de riz, au lieu de le faire sauter, le faisait cuire dans l'eau pendant vingt minutes, puis le versait dans un bol et déposait à la surface une tranche de gras de... hum... de cochon. Le tout fondait en laissant sur chaque grain de riz un bon goût de viande, et nous avions la sensation de manger un grand bol de viande de porc.

— Pardon, Petite Fleur, mais ce parfum, ce goût, ce sont mes madeleines.

— ...

Quand j'y pense, la nourriture est toujours restée une préoccupation majeure chez moi. Notre peuple a si souvent souffert de la famine que ce traumatisme a dû se transmettre dans nos gènes. Les Chinois de la génération de mes parents mangent toujours comme s'il s'agissait de la dernière fois.

Un autre moment où la vie quotidienne devenait extraordinaire, c'était pendant la semaine de la fête du nouvel an chinois. Tous les habitants du camp mettaient de côté pour l'occasion un bon jambon qu'ils partageaient en famille. Il y avait des brioches de farine très blanche, avec de la pâte de haricots rouges sucrée à l'intérieur, des nems sucrés, des raviolis aux légumes avec des morceaux d'œufs sautés, et des vins de riz marinés au serpent et au ginseng. Pendant une semaine, les familles et les amis s'invitaient à tour de rôle, et offraient ce qu'ils avaient de meilleur à leurs invités. Moi, j'étais trop petite pour être à table avec les adultes, mais j'adorais les regarder parler et rire de bon cœur, trinquer et se taper dans le dos en racontant des plaisanteries. Et quand il y avait d'autres enfants, je partageais avec bonheur ces bons moments avec eux et m'empiffrais de bonbons.

Au camp, nous n'étions qu'une dizaine d'enfants. J'étais la plus petite, mais tous m'écoutaient et suivaient mes désirs comme des ordres. Je décidais de l'endroit où jouer, ce que nous allions faire, et distribuais les rôles à chacun. Comme nous n'avions pas beaucoup de jouets, il suffisait de laisser opérer la magie de l'enfance, son imagination et son inventivité. Deux bouts de bois et une vieille couverture suffisaient à construire une boutique honorable où nous jouions à la marchande avec les champignons que nous ramassions autour du camp. Notre terrain de jeu n'était limité que par la peur de la forêt, et ce monde inconnu qui commençait à sa lisière, entre les troncs des arbres sombres. Mais cela ne nous empêchait pas de bien nous amuser. Comme ce jour où nous capturâmes un petit serpent. Une fois le reptile immobilisé par mes camarades à l'aide de branchages, je courus à la maison pour chercher le saké de mon père. De retour avec cet alcool qui devait frôler les 50°, j'offris ma tournée au serpent en lui tenant la tête, le forçant à boire. Quand nous le relâchâmes, son déplacement aléatoire et laborieux nous fit tordre de rire.

Mes premières années dans la forêt se déroulèrent ainsi. Je jouais avec mes camarades dans l'insouciance et le bonheur de me sentir aimée de mes parents. Jusqu'à l'âge de quatre ans, je ne suis jamais sortie de ce camp où j'étais née. Pour moi le monde se bornait à ce périmètre, tout y était clair, pur et sans cruauté, à part celle que notre petite troupe exerçait sur la faune sauvage qui se risquait autour des baraquements.

Cet univers paisible et rassurant s'évanouit brutalement le jour où ma mère et moi prîmes le train pour Changchun.

C'est vers ma quatrième année, en 1983, que grand-mère trouva un emploi à maman dans une usine de cigarettes à côté de chez mes grands-parents. Pour la première fois, je sortis de la forêt. Je ne savais pas que ce dragon de fer qui crachait une épaisse fumée blanche allait m'emporter pour un voyage sans retour. Je n'eus pas le temps de comprendre quelle vie m'attendait dans cette grande ville qui comptait à l'époque deux millions et demi d'habitants. Mon père chargea avec l'aide de deux copains tout ce que nous possédions dans une voiture, et tous trois quittèrent le camp très tôt ce matin-là.

Un gros camion du camp nous déposa, maman et moi, à An Tu. C'était le premier gros village où le train s'arrêtait, et sa modeste gare me parut immense.

Le voyage devait durer une dizaine d'heures pour parcourir les quatre cents kilomètres qui nous séparaient de Changchun. Nous voyageâmes toute la journée. Le train était bondé, c'était en mai, en pleine fête nationale chinoise. Ma mère me confia nos bagages en me recommandant de bien les garder et de hurler au cas où quelqu'un essaierait de nous les voler. Puis elle partit à la recherche d'un voyageur qui descendrait dans les prochaines gares et voudrait bien nous céder sa place pendant le reste du voyage. Je la vis disparaître dans la foule et me sentis investie d'une mission pour laquelle j'aurais donné ma vie. Je ne sais si elle questionna les cent soixante passagers assis dans chacune des seize voitures, mais son absence me parut durer une éternité. En bon petit soldat, je m'accrochai à nos paquets en regardant avec un air farouche quiconque s'approchait d'un peu trop près. En Chine, quand on dit qu'il y a du monde dans les transports en commun, c'est qu'il y a vraiment beaucoup de monde ! Moi, je n'avais jamais été en présence d'autant d'humains rassemblés dans un espace si exigu. Les seuls êtres vivants que j'avais vus identiques et en grand nombre rassemblés dans un même endroit, c'étaient les arbres de la forêt.

Maman réapparut et félicita le petit soldat qui n'avait pas pleuré. Elle me confia une deuxième mission semblable à la première en attendant son retour, et repartit aussi sec, emportant deux gros paquets. Deux heures plus tard, un vieux monsieur nous donna sa place et nous eûmes le bonheur et la chance de voyager assises près de la fenêtre. C'est ce qui me ravit le plus pendant ce voyage. Découvrir le monde qui prenait vie à chaque entrée en gare.

Je me suspendais à cette fenêtre par laquelle les vendeurs ambulants nous faisaient passer des chips de maïs, des fruits, des noix grillées ou des pignons. Ce que je préférais, c'était les œufs bouillis aux cinq parfums de thé. Sans doute avais-je été contaminée par les surdoses d'œufs englouties par ma mère à ma naissance !

Cette avalanche de nouveautés resta gravée dans ma mémoire avec la précision d'une eau-forte.

Ce départ de la forêt, le voyage en train, les milliers de vélos qui nous frôlaient dans les rues, et cet immeuble de béton de six étages, précédaient la terrible expérience de ma première visite dans l'appartement sombre de mes grands-parents.

6.

Terrorisée, je me cachai derrière les jambes de ma mère, et découvris en me penchant le visage de mon grand-père avec sa grosse tête et ses lunettes rondes. Un petit garçon vêtu d'un costume impeccable et chaussé de beaux souliers vernis se tenait bien droit à ses côtés et me fixait d'un œil noir. Comme maman m'invitait à le rejoindre en me répétant qu'il était mon frère, il se raidit et cria :

— Partez ! Vous n'êtes que des paysannes, rentrez chez vous !

Grand-mère lui envoya une tape sur la tête et lui assena que maman était sa mère. Jusqu'à ce jour-là, je ne savais pas que j'étais une paysanne.

Désormais, mon quotidien était émaillé des bruits de la ville et de ses odeurs épouvantables. Je dus vivre dans un appartement de deux pièces avec une famille que je connaissais à peine, et un frère qui me détestait. Un jour, il prit de force mon trésor de piano et me le rendit après l'avoir massacré, privé d'un tiers de ses touches. Ici, pas de champignons sous les arbres, seulement de temps en temps dans les assiettes, et on ne donnait pas de saké à boire aux petits serpents. Les ouvriers ne jouaient plus avec moi à la cantine, j'avais perdu la complicité et le regard bienveillant des adultes. J'avais été le centre d'un monde au cœur de la forêt.

Ce nouveau territoire urbain me terrifiait, mon esprit se braqua et ne put s'adapter à ses nouvelles règles. La petite fille brillante qui connaissait cinq cents caractères et faisait le tour du village pour réciter les poèmes anciens et rendait son papa si fier n'existait plus.

Mes parents constatèrent, impuissants, que mon frère était devenu le petit protégé de mes grands-parents, qui le gâtaient ostensiblement. La famille était divisée en deux, mes grands-parents et mon frère d'un côté, mes parents et moi de l'autre et c'est ainsi que nous étions repartis pour dormir, trois par pièce. Le seul avantage que je retirais de ce partage de l'espace de vie, c'est que je retrouvais un réconfort exclusif dans les bras de mes parents enfin réunis.

Mon père avait définitivement perdu tout droit d'ingérence dans l'éducation de son fils. S'il avait touché à un seul cheveu de Feng, grand-père l'aurait corrigé à son tour. Sous le toit de la famille Xu, il ne pouvait y avoir qu'une seule autorité, grand-père régnait donc sans partage.

Dans son costume-cravate et ses souliers vernis, mon frère avait royalement investi sa place d'héritier de la dynastie, et s'y maintenait avec fierté et un certain mépris à mon égard.

J'étais trop jeune pour comprendre quel était mon rôle dans cette famille et même s'il y en avait un pour moi. Je souffrais cependant de voir que mon frère avait droit à l'unique morceau de viande à table.

Un jour, au dîner, quand j'en demandai la raison à mon père, il ne sut me répondre qu'en me caressant les cheveux pour me consoler. Avant, dans la forêt, la nourriture était toujours partagée entre ma mère et moi. Ici, l'on servait mes grands-parents, puis mon frère, ensuite mon père et moi. Ma mère passait en dernier, même si elle assurait le service, la cuisine, le ménage, la lessive de toute la famille, les courses et l'ensemble des tâches domestiques qu'imposait la bonne tenue du foyer.

Tout cela, évidemment, après une bonne journée de travail à l'usine.

Être une femme dans la famille Xu, c'était tomber sous la domination des codes les plus durs de la morale confucéenne.

Une femme avant son mariage devait obéir à son père. Après son mariage, elle obéissait à son mari. Et, si elle se retrouvait veuve et qu'elle avait un fils, c'est à lui qu'elle devait obéir. Bien sûr, elle avait le choix... celui de se remarier pour obéir à son deuxième mari !

Après la Révolution culturelle, vers la fin des années 1970, maman perdit progressivement le prestige et l'aura de l'héroïne paysanne. La différence de classe et la barrière sociale s'érigèrent à nouveau entre elle et mes grands-parents. Ses beaux-parents, même déchus, avaient retrouvé leur esprit de grands bourgeois et la traitaient comme une paysanne pauvre. Toute la considération que ma mère avait acquise en épousant mon père, un homme « sale », s'évanouit face au regard que sa belle-famille portait sur elle. Elle sentait qu'elle leur était redevable de travailler à l'usine de cigarettes et d'habiter dans la capitale de la province.

Ma mère n'avait pas beaucoup d'éducation, mais elle appliquait un principe simple : quand on vous donne un verre d'eau, vous devez rendre une rivière. Elle considérait les parents de son mari comme les siens, elle était pleine de gratitude à leur égard, et trouvait normal d'être à leur service vingt-quatre heures sur vingt-quatre. Le moindre sourire qu'ils lui accordaient était une récompense suffisante pour ses efforts.

Mes journées s'organisèrent autour des horaires de travail de mes parents. Tôt le matin, mon père se rendait à l'école où il travaillait, et ma mère, après avoir préparé pour toute la famille le lait de soja chaud, et le *you tiao*, notre croissant chinois, partait pour l'usine de cigarettes.

La plupart du temps, c'était grand-mère qui veillait sur moi. Quand je dis « veillait », ce serait plutôt comme la surveillance un peu distraite que l'on accorde à un animal domestique. Je ne comptais pas vraiment pour mes grands-parents. Je jouais dans mon coin et percevais de temps à autre les sons de leurs conversations, comme une musique lointaine et sans signification.

À midi, maman revenait de son travail pour nous faire à manger, et je reprenais vie… jusqu'à son départ qui signifiait mon retrait dans un coin de l'appartement.

Le soir, tout le monde était à nouveau réuni pour le repas que préparait maman. Nous dînions autour d'une table ronde où la place de chacun était strictement définie. Mes grands-parents faisaient face à la porte, papa était entre grand-mère et maman, puis il y avait moi. À côté de grand-père, à sa droite – la place la plus importante après celle du chef de famille –, était assis le petit prince, mon frère.

Papa donnait tout son salaire à grand-mère qui assurait la gestion du foyer. Ma mère gardait le sien, le plus faible, pour les dépenses courantes des enfants, pour les siennes et celles de son mari. Mes parents travaillaient six jours sur sept, et le dimanche mon père montait l'eau pour la semaine au sixième étage où nous habitions. Il aidait aussi beaucoup maman dans les travaux ménagers. L'hiver, il fabriquait des briques pour le chauffage avec la poudre de charbon, et s'occupait du stockage des cent cinquante kilos de pommes de terre, des deux cents kilos de choux, et des cinquante kilos de pommes, aliments que mes parents achetaient à la fin de l'automne, et qui constituaient notre alimentation quotidienne pendant la période des grands froids. Chaque famille disposait au pied de l'immeuble de sa réserve personnelle recouverte d'une épaisse couverture verte qui venait de l'armée populaire, le tout emballé dans une bâche de plastique. Mes parents

54

et leurs voisins étaient rassurés par ces provisions qui nous permettaient de ne pas mourir de faim de novembre à mars, quoi qu'il advienne. Personne n'aurait osé chaparder la moindre pomme de terre du voisin.

Le soir, parfois, quand ma mère entendait grand-père se plaindre de ses pieds qui le faisaient affreusement souffrir, sans rien dire, elle versait de l'eau chaude dans une bassine, y jetait une poignée de gros sel, et s'agenouillait pour les lui laver, avec une abnégation totale. Ma curiosité maladive, qui me poussait à observer le moindre phénomène nouveau autour de moi, était dans ce cas arrêtée par l'odeur pestilentielle des pieds de grand-père. Quand elle poursuivait sa tâche ingrate en coupant les ongles des extrémités hideuses de son beau-père, je me réfugiais écœurée à l'autre bout de l'appartement en priant que ma mère sorte indemne de ce fait héroïque.

Comme elle survivait immanquablement à ces hauts faits d'armes domestiques, les journées de maman s'enchaînaient avec la même rigueur et la même charge de travail : usine, cuisine, ménage, couture, lessives, et, si par bonheur toutes ces tâches étaient achevées le dimanche matin, nous allions tous les quatre à vélo au parc sud de la ville les après-midi d'été, nous baigner dans le lac.

Sur le chemin, nous achetions quelques saucisses, des pains au beurre, deux sodas au goût d'orange pour moi et mon frère – l'extase ! –, et quelques fruits frais. Grâce à ces après-midi exceptionnels, je reprenais mon souffle pour mes journées passées en apnée en présence de mes grands-parents.

C'est dans ce lac émeraude que papa m'apprit à nager. J'avais cinq ans, et cette sensation d'être un dauphin dès que je rentrais dans l'eau ne m'a jamais quittée.

Je revois maman qui restait sur la berge, toujours couverte d'un grand chapeau. Assise sur un paréo de couleurs vives, elle goûtait au bonheur de voir son mari et ses deux enfants barboter ainsi, riants et heureux, et devait éprouver pour la première fois la joie d'avoir une famille enfin réunie.

Quand grand-mère ne pouvait pas me garder, j'étais « obligée » d'accompagner mon père à son travail. C'était l'une de mes plus grandes joies. Nous y allions à vélo, et le trajet durait plus de quarante minutes. Mon père avait fabriqué un petit siège en bambou et l'avait installé devant lui. J'étais aux premières loges et regardais la foule que nous traversions comme un spectacle qui m'était exclusivement destiné. Il était tôt quand nous partions le matin, le soleil était bas et l'air encore frais sous les saules qui bordaient la rue. Les mains bien accrochées au guidon, encadrées par celles de mon père, je sentais la chaleur de son corps qui m'enveloppait et me protégeait de tous les dangers. J'étais une princesse chevauchant son destrier de métal, et je priais pour que ce voyage ne s'arrête jamais. Nous arrivions toujours trop tôt au travail de mon père. Il me déposait à la crèche de son école, c'était aussi les rares moments où je pouvais jouer avec des enfants de mon âge.

Les jours où mon frère n'avait pas école, il avait droit aux cours particuliers de grand-père. Le petit garçon recevait l'éducation du grand lettré comme un héritage familial. Le savoir, chez les Xu, c'était le seul reliquat de leur grandeur passée. Ils avaient tout perdu. Les mille cinq cents hectares de terre, le plus beau palais de la ville mandchoue de Yi Tong, ainsi que ses six canons et quarante gardes armés qui veillaient jour et nuit aux précieuses marchandises dont ils faisaient le commerce. Depuis le milieu du XIXᵉ siècle où notre ancêtre avait fait fortune dans les produits alimentaires, comme l'huile ou le blé, la tradition dans la famille Xu voulait que les enfants fassent des études dans les meilleures universités. Car, selon mon trisaïeul, l'argent n'était qu'un moyen d'accéder à la véritable richesse, celle qui subsiste après que l'on a tout perdu, la connaissance.

Ainsi, si les nationalistes, les Japonais et les communistes leur avaient tour à tour tout confisqué ou pillé, le savoir était resté bien ancré au fond de grand-père, comme une pierre précieuse que quatre ans de prison et dix-sept ans de travaux forcés n'avaient pu lui voler. Ce trésor sacré, il entendait bien le transmettre à la seule personne qui en était digne – c'est-à-dire, selon la tradition confucéenne, au premier et seul des garçons de la famille Xu : Feng, mon frère.

Quand mes parents étaient au travail, grand-père s'enfermait avec lui dans sa chambre, et commençait par lui rabâcher les cinq grandes vertus selon Confucius. Dans la pièce à côté, je m'asseyais sur une petite chaise et ne perdais pas une syllabe de la leçon.

La première et la plus importante des cinq vertus était le « Ren » : avoir le « Ren » dans son cœur, c'est étendre la perception et le sens de soi à tout le genre humain. C'est considérer tous les hommes de la Terre comme une partie de soi. Ainsi, être bon pour les autres revient à être bienveillant pour soi-même.

La deuxième est le « Yi ». Grand-père le décrivait comme la justice du cœur. La droiture d'un homme et sa capacité à sacrifier ses propres intérêts, ou même sa vie, au profit de ceux de ses amis. Comme le concept de l'amitié de la Grèce antique chez les Occidentaux. Enfin, un homme doit être prêt à donner ce qu'il a de plus cher pour ce en quoi il croit.

Le troisième, c'est le « Li » : rite et respect. Qui n'est pas seulement une forme de politesse entre les gens, mais un profond respect et une volonté de comprendre les autres mondes et leurs différences.

Ensuite, grand-père énonçait le « Zhi » : la sagesse et l'intelligence au service du bien commun de l'humanité. Le « Zhi » qui fait avancer la science et suscite réflexion et progrès en permanence.

Il finissait par le « Xin », qui signifiait être honnête, tenir sa promesse, être fidèle et mériter la confiance des autres.

Grand-père était si passionné quand il parlait des *Quatre Livres et Cinq Classiques*, la bible de Confucius, qu'il ne remarquait pas que l'esprit de son petit-fils était ailleurs. Oh ! il n'était pas bien loin, juste à quelques mètres de là, sur le balcon où l'attendaient ses petites voitures et ses soldats de plastique. Pour Feng, ces leçons particulières étaient une torture.

Généralement, quand grand-père l'interrogeait, mon frère était incapable de réciter la moindre vertu confucéenne, ni le plus petit poème ancien. La séance commençait donc par une correction. La baguette de bois dur de grand-père sifflait dans les airs avant de s'abattre sur la chair tendre des paumes de ses mains. Je sursautais à chaque coup sec qui tirait des pleurs à mon frère. Même s'il continuait à me détester, j'avais beaucoup de peine pour lui. Mais son calvaire ne faisait que commencer.

Un jour, grand-père se mit en tête d'apprendre à son héritier le japonais qu'il maîtrisait si bien. Ses frères et ses oncles avaient été envoyés à l'université au Japon, bien avant l'invasion de la Mandchourie en 1931. Lui n'y avait pas été, mais avait appris la langue et l'avait enseignée dans sa jeunesse. En 1985, il était très difficile de trouver un livre en chinois pour apprendre le japonais. Grand-père finit par en dénicher un dans une obscure librairie de Changchun et revint triomphant à la maison avec le précieux manuel. C'est ce jour-là que commença réellement le cauchemar de mon frère. Car, si la philosophie et les textes anciens ne se gravaient pas dans sa petite tête d'enfant de neuf ans, aucun mot de japonais n'arrivait à y entrer.

De l'autre côté de la porte où j'approchais ma chaise, je percevais très clairement tout ce qu'ils se disaient. Feng enregistrait les sons des mots qu'il gardait juste le temps de les répéter, mais, deux minutes après, il était incapable de les prononcer correctement. Et la baguette sifflait, sifflait et sifflait encore.

Un jour, le manuel de japonais disparut mystérieusement de l'appartement. Pendant trois jours, on chercha désespérément le livre, en vain. Les leçons furent suspendues, et mon frère échappa au supplice des coups de baguette. Cependant, grand-père, suspicieux quant aux circonstances de cette disparition, ne renonça pas. Une semaine plus tard, au grand désespoir de mon frère, il revint à l'appartement avec un deuxième manuel.

Pour la première fois, j'entendis mon frère répondre à grand-père. Les coups de baguette pleuvaient, Feng pleurait toutes les larmes de son corps, et, entre deux sanglots, il parvint à prier grand-père de cesser de lui apprendre cette langue bizarre dont il n'aimait ni les sons ni les gestes d'assentiment qu'elle imposait, comme de courber la tête à chaque mot. Il préférait jouer avec ses voitures sur le balcon, c'est tout ce qu'il voulait !

Cet aveu lui valut de nouveaux coups de baguette pour avoir osé contester l'enseignement de grand-père, et, dès le lendemain, l'apprentissage musclé de la langue nippone reprit de plus belle.

Au bout de quelques semaines d'essais infructueux, un matin, grand-père demanda à Feng pour la énième fois de prononcer la phrase qu'il tentait de lui faire entrer dans le crâne : « Bonjour, je m'appelle Xu, c'est notre première rencontre... » Mon frère pleurait déjà avant de commencer, car il avait oublié les mots appris trente secondes plus tôt et redoutait la punition qui allait s'abattre sur lui.

Il y eut un grand silence haché par ses sanglots, et, n'y tenant plus, je sautai de ma chaise et entrai dans la chambre.

— Grand-père, m'écriai-je, Frère ne veut pas apprendre, mais moi je sais comment prononcer ces phrases : *Aligadogosayimasga, wadaxiwa, geodias, doso...*

— Que fais-tu ici ?!

— Moi je veux apprendre, je me souviens de tous les mots de japonais que vous avez enseignés à Frère. Apprenez-moi le japonais grand-père.

— Mais ça ne sert à rien !

— Pourquoi ça ne sert à rien ?

— Tu es une fille et quand tu seras mariée, tu ne porteras plus le nom des Xu. Donc ça ne sert à rien de t'apprendre quoi que ce soit.

Ces mots sont tombés comme une sentence. Après un court instant, j'ai baissé la tête comme une condamnée et suis repartie à ma place. Dans mon dos, j'ai entendu sa voix :

— Une fille mariée est comme de l'eau répandue sur le sable. Elle ne sera plus rien pour sa famille natale.

Puis, tristement, grand-père s'est tourné vers mon frère, renonçant définitivement à lui apprendre le japonais. Il prit le livre que je convoitais tant, et le rangea sur la plus haute étagère de la maison, pour être sûr que personne, et surtout pas moi, n'irait le prendre.

Je ressentis ce geste comme une injustice qui m'était spécialement destinée. Je n'avais fait aucune bêtise, j'avais seulement émis le désir d'apprendre, mais l'on m'interdisait cela simplement parce que j'étais une fille. Jusqu'à cet instant, je n'avais pas pensé qu'être du sexe féminin était un motif de relégation. Mais grand-père avait été très clair. Les êtres de mon espèce ne comptaient guère, ni pour la famille, ni dans l'ordre du monde.

Les jours suivants, je regardai l'étagère où le manuel était perché, j'étais bien trop petite pour l'attraper et trop faible pour me battre. Mais cette impuissance suscita en moi une étrange résolution : je me jurais que, une fois parvenue à l'âge adulte, je ne me laisserai rien interdire ; quand je serais grande, je pourrais attraper tous les livres que je voudrais, sur les étagères les plus hautes du monde, et je les distribuerais à toutes les petites filles que l'on empêchait de les lire. J'avais le cœur confus et une phrase résonnait dans ma tête : « Je suis une fille, mais je veux apprendre moi aussi. »

7.

Selon l'échelle des valeurs de mes grands-parents, les filles de la famille étaient traitées différemment. Ils avaient eu quatre enfants, dont le premier était un garçon. Grand-mère avait mis une décennie pour tomber enceinte de ce premier-né, et avait failli être reléguée au rang de deuxième épouse. La puissante et traditionnelle famille Xu, désespérant de voir arriver un héritier mâle, poussait grand-père à prendre une deuxième femme, fertile. Grand-père ne céda pas, et la naissance du frère aîné de papa fut accueillie comme un vrai miracle. Mais ce fils n'eut qu'une fille, ma cousine qui naquit un an après moi. Grand-père la baptisa Kuang Fei qui se traduit par : « Petit à petit, combats les inégalités »… Là aussi, tout un programme.

Kuang Fei était beaucoup plus belle que moi, elle était le joyau féminin de la famille, et considérée comme la plus importante, après mon frère, en tant que fille de l'aîné. Dire qu'elle était plus jolie que moi n'est pas de la fausse modestie – elle a quelques années plus tard entamé une belle carrière de mannequin en Chine. Elle avait un an de moins que moi, et j'ai longtemps souffert de la comparaison dont nous faisions l'objet.

Enfant, quand Kuang Fei venait rendre visite à mes grands-parents, ils la traitaient comme une petite princesse, et mon frère et moi, pour une fois sur un pied d'égalité, n'existions plus.

Comme ce jour – je devais avoir six ou sept ans – où je vis arriver dans l'appartement ma cousine et grand-mère, les bras chargés de gâteaux, de bonbons et de boissons gazeuses. Mais ces friandises qui me faisaient rêver disparurent dans la chambre de mes grands-parents, où ils s'enfermèrent avec leur petite-fille préférée. Il était midi, mon frère et moi n'avions rien pour le déjeuner, et dans la pièce d'à côté se déroulait un festin. Ce fut la première fois qu'une trêve et une forme de solidarité s'engagèrent entre nous.

J'étais furieuse d'être sciemment écartée de ces réjouissances et privée de nourriture. J'exposai mon point de vue à mon frère et lui proposai d'aller trouver maman à son travail pour dénoncer la situation.

Ayant déjà accompagné ma mère à l'usine, je me souvenais de l'itinéraire et, tenant mon frère par la main, je le guidai à travers le quartier sous l'œil étonné des passants qui se demandaient bien où ces deux enfants pouvaient aller ainsi, seuls par les rues. La surprise des deux gardiens en uniforme qui nous virent arriver à la porte de l'usine de cigarettes fut encore plus grande. Ils s'adressèrent à mon frère, plus âgé et plus grand que moi. Mais Feng qui n'avait jamais parlé à un adulte inconnu et en uniforme prit peur et fondit en larmes, incapable de prononcer un mot. Je fis ma tête d'enfant têtue et lançai aux deux hommes :

— On est ici pour chercher ma mère, elle s'appelle Ji Shao Feng et on a très faim !

Les deux gardiens échangèrent un regard, visiblement perplexes devant cette situation incongrue. L'un d'eux me demanda, puisque j'avais l'air si dégourdie, dans quel secteur travaillait ma mère, mais je fus incapable de le renseigner. L'autre pénétra dans la loge et sa voix résonna dans toute l'usine :

— Attention, attention ! ouvrière Ji Shao Feng, ouvrière Ji Shao Feng, tes enfants t'attendent devant l'entrée principale de l'usine ! Attention, attention !...

Une dizaine de minutes plus tard, ma mère nous trouva, mon frère et moi, assis sur le trottoir, l'attendant patiemment. Inquiète, elle nous pressa de questions sur les raisons de notre venue. Je lui expliquai toute l'affaire et vis son regard se noyer dans un accès de larmes qu'elle eut bien du mal à contenir.

Refoulant sa peine, elle nous conduisit à la boutique la plus proche de l'usine et nous y acheta deux pains aux œufs et deux sodas à l'orange qui récompensèrent nos efforts et atténuèrent sensiblement notre frustration. Maman resta auprès de nous pendant que nous mangions. Mais ses sourires et ses encouragements à nous régaler ne parvenaient pas à cacher une profonde tristesse. Je le sentis à sa façon de nous serrer plus fort que d'habitude dans ses bras. Elle nous pria de faire attention aux voitures en rentrant. Puis elle franchit le grand portail de l'usine en se retournant à plusieurs reprises pour nous regarder partir. Quand, arrivée à l'angle de la rue, je tournai la tête pour un ultime salut de la main, je la vis s'essuyer les yeux, juste avant qu'elle ne disparaisse dans le grand bâtiment.

Mon père dut attendre trois ans avant d'avoir droit à un logement fourni par l'école qui l'employait, et jusqu'à mes sept ans nous avons vécu ainsi dans cet inconfort et cette promiscuité avec mes grands-parents.

Notre nouveau logement n'était qu'une pièce d'une vingtaine de mètres carrés, certes, mais c'était chez nous. Mes parents étaient très heureux de retrouver un petit nid bien à eux. En 1986, nous déménageâmes donc rapidement vers ce logis providentiel en promettant à mes grands-parents de leur rendre visite souvent. Pour ma part, j'étais folle de joie.

Curieusement, notre départ provoqua un effet inattendu sur mes grands-parents. Le vieux couple put mesurer combien notre présence avait comblé leur existence pendant trois ans. Comme par enchantement, toutes les critiques sur ma mère qui n'en faisait jamais assez, ou sur le dérangement que provoquait notre présence dans leur petit intérieur, se transformèrent en affection. Cette alchimie ne cessa pas de m'étonner, tant elle était soudaine. Les grandes personnes étaient capables de drôles de métamorphoses.

Mais c'est surtout grand-mère qui changea d'attitude envers ma mère et moi. Elle confia un jour à sa belle-fille que ses qualités étaient rares, surtout chez les nombreuses femmes bourgeoises qu'elle avait côtoyées. Elle portait désormais ma mère dans son cœur, elle qui s'était consacrée jour et nuit à ses beaux-parents, sans jamais se plaindre. Grand-mère ne rêvait que d'une chose, que nous revenions habiter chez eux. Et, si elle me parlait toujours aussi peu souvent, elle me regardait avec des yeux différents, où je crus parfois déceler quelque tendresse.

Sans doute vers la fin de sa vie grand-mère prit-elle conscience qu'avant d'être une princesse ou une paysanne l'on était une femme, et un être humain.

Des années plus tard, quand elle tomba malade, maman prit soin d'elle comme de sa propre mère. Maman ne m'a jamais dit comment il faut traiter ses parents – elle était maladroite avec les mots ; elle m'a seulement montré par son comportement envers ses beaux-parents tout le respect et la gratitude qu'on leur doit. Dans son esprit, ils étaient la source de son bonheur. Car, sans eux, elle n'aurait pas eu ce mari et ces deux enfants qu'elle aimait tant et qui la rendaient si heureuse.

Dans notre nouvel appartement, papa sépara la grande pièce en deux. Douze mètres carrés pour la chambre de mes parents et dix pour mon frère et moi. Je dormais au-dessus de Feng dans un lit superposé en fer, installé dans la pièce commune où nous prenions nos repas, et le reste du temps vivions tous les quatre.

Un objet extraordinaire fit irruption dans notre quotidien et le révolutionna. Mon père nous offrit une petite télévision noir et blanc, sur laquelle chaque soir après l'école, quand les devoirs étaient finis, nous avions le droit de regarder les séries japonaises.

Je n'aimais pas l'école.

Le matin, quand nous partions ensemble avec mon frère, les vingt minutes de marche pour nous y rendre étaient un enfer. Nous étions près de mille huit cents élèves dans cette école primaire, divisés en six niveaux comprenant cinq ou six classes. Cinquante enfants par classe occupaient vingt-cinq bureaux de bois foncé, scarifiés et érodés par le passage de milliers d'autres. Devant nous sur une estrade trônait le bureau des professeurs qui se succédaient toutes les quarante-cinq minutes pour nous enseigner la langue chinoise, les mathématiques, la morale, les sciences naturelles, mais aussi les arts plastiques, et le sport.

Seules les sciences naturelles et l'écriture des caractères chinois retenaient un peu mon attention. Les professeurs nous avaient annoncé qu'il existait plus de cent mille caractères, et que nous devions apprendre un par un les sept ou huit mille premiers idéogrammes qui nous serviraient communément.

Les cours commençaient à huit heures, s'interrompaient vers midi pendant une heure et demie, puis reprenaient jusqu'à quatre heures et demie.

Chaque matin, vers dix heures, nous avions la joie immense de nous mettre en rang pour ce qu'il faut bien appeler une récréation. Devant mille huit cents élèves, l'une d'entre nous, généralement la plus jolie et la plus douée, faisait une démonstration de gymnastique. Nous devions suivre chacun de ses mouvements, qu'elle pratiquait à la perfection.

Plus important encore que cet événement sportif quotidien, chaque lundi matin à sept heures trente se déroulait la cérémonie du drapeau chinois dans la cour principale de toutes les écoles du pays. Habillés dans notre uniforme de jeune pionnier communiste, un foulard rouge noué en triangle autour du cou, nous assistions au garde-à-vous à la montée du drapeau sur son mât, sous le regard du portrait de Deng Xiaoping. Nous chantions tous en chœur en le regardant s'élever vers le ciel :

— Debout ! Nous qui refusons l'esclavage ! Avec notre chair et notre sang, soyons une autre Grande Muraille ! La nation chinoise est en danger, de chaque poitrine jaillissent les cris, debout ! Debout ! Debout ! Nous, millions d'hommes d'un même cœur, bravons le feu de l'ennemi, en avant ! En avant ! En avant !

J'éprouvais un amour aveugle pour mon pays, étais pétrie d'admiration pour notre nation. Je récitais par cœur que ce vaste territoire riche de ses cinquante-six ethnies, Mongols, Ouïgours, Miao, Dai, Tibétains, etc. formait une grande famille : la Chine – mon pays bien-aimé.

Pour évaluer notre niveau scolaire, nous avions des contrôles tous les mois, suivis d'autres plus importants en fin de trimestre. L'ensemble des examens pour chaque discipline était noté sur cent. Il fallait obtenir une moyenne de soixante pour espérer passer dans la classe supérieure. Les résultats mensuels étaient affichés dans les couloirs et faisaient apparaître les élèves les plus méritants en tête de liste. Si l'on était dans les sept meilleurs de la classe, l'on avait droit de s'asseoir au premier rang, devant le prof. Les plus nuls étaient – et c'est logique – au dernier rang, où généralement j'étais reléguée.

En plus d'être mauvaise, j'étais petite. Ma place au fond de la classe m'éloignait considérablement du prof, et j'avais du mal à l'entendre. Quant à le voir... Souvent le groupe des nuls était constitué de grands gaillards qui me dépassaient de deux têtes, et qui chahutaient tout le temps. Dans ces conditions, accéder aux premières places relevait du fantasme. Non seulement je ne me sentais pas très intelligente, pour ne pas dire nulle, mais ce n'était rien par rapport à mon sentiment d'être laide.

Mon seul vêtement correct était l'uniforme de l'école que j'essayais de porter le plus souvent possible pour me noyer dans la masse. Mais souvent je devais m'habiller avec ce que ma mère me donnait.

Ma garde-robe était constituée des pulls de mes cousines rapiécés par ma mère, des vestes de mon frère retaillées, et de chaussures d'un petit voisin qu'on me donnait juste avant qu'elles rendent l'âme. Alors, quand je me tenais au garde-à-vous devant notre classe, habillée avec une chemise noire transparente de grand-mère, enfilée sur un vieux tee-shirt de mon frère, portant un pantalon taillé dans celui de mon père et chaussée de sandales en tissu fabriquées par maman, j'avais honte de regarder les autres, de leur parler ou même de les approcher.

Les Chinois ont toujours été fascinés par les chiffres, la numérologie, et les classements de toutes sortes. Tout est tellement nombreux dans ce pays que seuls les chiffres peuvent aider à faire le tri, identifier ou mesurer, même sa chance.

J'allais à l'école primaire numéro 2, j'étais au niveau 3, dans la classe numéro 3, et j'étais le numéro 40 sur les cinquante élèves. Mais je réussis tout de même à me faire quelques amies qui me permirent de bousculer cette suite catastrophique de chiffres dans laquelle j'étais l'éternelle perdante.

Nous étions quatre, inséparables, ce qui nous valut d'être surnommées par les autres « la bande des quatre ». Par l'âge et le mois de naissance, j'étais le numéro 3 dans notre groupe. Et quand nous nous retrouvions chez la numéro 4 pour faire nos devoirs, on passait plus de temps à discuter des garçons de la classe dont nous étions amoureuses que de problèmes d'arithmétique. Il nous arrivait fréquemment d'en pincer pour le même, mais cela ne faisait que nous rapprocher. Ce cercle d'amitié devint rapidement un refuge indispensable, comme un jardin merveilleux, au cœur du désert.

Pas seulement ma position de mauvaise élève dans la classe, ni mes vêtements de pauvre et ma tête de vilain petit canard, non, ce qui était dur c'était tout le système qui me broyait le cœur.

Chaque classe était donc divisée en sept rangs, chaque rang avait un chef qui était reconnaissable au badge blanc sur lequel figurait un trait rouge. Le même principe se déclinait ensuite avec les chefs de classe qui portaient deux traits rouges, puis les chefs de section qui en portaient trois. Il n'y en avait que six par école, et, quand ils passaient devant nous, ils imposaient le respect et l'admiration de tous. Ils représentaient l'élite de l'école, car ils avaient obtenu ce grade grâce à leur excellence dans toutes les disciplines. Ces trois traits rouges restèrent longtemps gravés dans ma mémoire comme une blessure. Durant les six ans d'école primaire, je n'obtins qu'une fois un trait rouge, qui me fut retiré au bout d'une semaine.

Il n'y avait pas de cantine à l'école. Les élèves apportaient leur déjeuner dans une gamelle en fer qui était conservée dans une étuve jusqu'à midi. L'usage était de partager sa nourriture, plus particulièrement sa viande, avec les autres, pour montrer son amitié et sa générosité. Moi, dans ma boîte, il y avait rarement de la viande et plus rarement encore du poisson. Comment pouvais-je partager mon déjeuner si je n'avais rien à offrir d'autre que des légumes et du riz ? Chaque fois que je n'avais ni viande ni poisson dans ma gamelle – et c'était souvent le cas –, je partais manger dans mon coin. Quand par bonheur j'avais deux morceaux de poisson salé à partager, c'était une grande joie de déjeuner avec mes copines. Elles n'ont jamais vraiment compris pourquoi je devenais si souvent solitaire et sauvage au moment des repas. Je crois qu'aujourd'hui encore, alors que notre « cercle magique » ne s'est jamais brisé, elles n'en connaissent pas la raison.

Le seul compliment que l'on me fit pendant ces années-là, c'était que j'écrivais bien les caractères chinois. Le reste du temps j'étais médiocre, et, quand j'arrivais à être moyenne – ce qui était exceptionnel –, ma mère ne tarissait pas d'éloges.

Mes parents s'étaient fait une raison. La petite fille brillante de la forêt n'avait pas supporté le voyage. Selon eux, cette nouvelle génération d'enfants de paysans et d'ouvriers ne pouvait pas donner des génies. La tradition des grands lettrés que la famille Xu perpétuait depuis des décennies était d'une époque révolue, et allait s'éteindre inexorablement.

Ma mère s'était résolue à me voir marcher la tête baissée, en raison de ma maigre intelligence, pensait-elle. Elle ne savait pas que j'avais peur de croiser les regards moqueurs de ceux qui se seraient attardés sur mes frusques.

Un jour, parce que j'avais honte de me retrouver sur la photo de classe dans cet accoutrement, je prévins ma mère de l'échéance comme s'il s'était agi de ma condamnation à mort. Elle perçut tout mon désarroi – il restait une semaine avant la photo – et décida sans rien dire – je le sus plus tard – de prendre trois jours de congé sans solde.

C'était au début de l'été 1986. La nuit suivante, vers quatre heures du matin, maman partit à vélo au marché aux fruits qui se trouvait très loin en banlieue. À huit heures, elle était de retour au centre-ville et étalait ses cent kilos de pêches qu'elle vendit toute la journée jusqu'à la nuit tombée. Elle répéta l'opération les deux jours suivants. Au dîner, nous nous régalions des pêches restantes – il était rare d'avoir des fruits frais à la maison ! Curieusement, maman devenait chaque jour un peu plus bronzée au point que le dernier soir, quand je la vis arriver de loin, je ne la reconnus pas tant elle avait repris son teint rouge brique de paysanne.

Le lendemain, quand elle m'accompagna au centre commercial du quartier, sa main noire qui tenait la mienne, petite et blanche, me fascina.

Cette visite au centre commercial était une première, et, si elle me réjouit, j'en fus fort étonnée. Nous longeâmes quelques boutiques où ma mère semblait chercher quelque chose avec fébrilité, quand tout à coup elle retint mon bras et me plaça juste en face d'une petite robe blanche si belle que j'en restai sans voix. Quand elle vit ma tête, elle éclata de rire, me prit dans ses bras et m'entraîna dans le magasin.

Avec les vingt-trois yuans qu'elle avait gagnés pendant ces trois jours, elle m'offrit une robe de conte de fées, toute blanche, avec des liserés rouges aux manches et une ceinture de soie de la même couleur. De retour à la maison, j'étais si heureuse et si excitée que je sautai dans tout l'appartement en riant.

Ce jour-là, je fus la plus jolie de la classe sur la photo. Je n'avais pas honte, et n'avais plus peur d'affronter le regard des autres. La tête droite, je fixai l'objectif et j'éprouvai pour la première fois un étrange sentiment : la dignité.

8.

À l'âge de treize ans, dans les toilettes du collège, je fis une découverte épouvantable. En baissant ma culotte, je vis une énorme tache de sang. J'en fus pétrifiée. Si l'on ne me sauvait pas de cette soudaine hémorragie, c'était sûr, j'étais finie.

Je m'enfuis en toute hâte de l'école, affolée, camouflant les taches de mon pantalon avec mon gros sac. Par les rues encombrées du milieu de journée, bousculant les passants, le regard perdu, je courais me réfugier à la maison.

Arrivée dans l'appartement, je me précipitai dans mon lit haut perché et m'y allongeai en attendant que mes parents rentrent, et me conduisent à l'hôpital s'il n'était pas trop tard.

Par bonheur, ce fut ma mère qui entra la première et me trouva là, attendant la mort. Je lui expliquai quel était mon malheur entre deux sanglots, et elle me rassura d'un grand sourire chaleureux en guise de bienvenue. Bienvenue ? Oui, me dit-elle. Tu n'es plus une enfant maintenant. Ma fille, tu entres au pays des femmes !

Je ne faisais pas bien le rapport entre la nécessité de saigner là, entre mes cuisses comme un goret qu'on égorge – encore pardon, Petite Fleur ! –, et mon arrivée dans cette étrange contrée peuplée de mes sœurs adultes, mais ma mère, avec ses mots, m'expliqua rapidement. Et je m'en tirai indemne, mais pas sans douleurs.

Entre deux spasmes déchirants au bas-ventre, je mesurai toute l'étendue de la galère épouvantable que j'allais subir chaque mois, quand maman, tout émue de perdre sa petite fille chérie, revint vers moi avec une énorme serviette éponge. Ainsi « protégée », je reçus toute l'affection de maman qui déroula le chapitre des recommandations concernant les règles. Il ne me faudrait pas manger de glace pendant cette période, ni de choses froides en grande quantité. Ne pas toucher l'eau glacée, ni marcher sur le sol nu-pieds. Le sport était interdit et je n'étais pas autorisée à soulever des choses lourdes. Ma mère me fit une tisane de dattes rouges avec du miel et me rassura sur la question des serviettes.

Je n'aurais pas à porter cette serviette-éponge qui m'aurait donné une démarche de canard. Elle allait acheter désormais le double de papier toilette dont elle-même se servait pour fabriquer ses propres serviettes. Quand je compris ce que cela signifiait en termes de confort et d'esthétique, je crus défaillir.

— Combien de temps ça va durer, maman ?

— Trois ou quatre jours, ma fille.

— Non. Quand ça s'arrête vraiment pour toujours ?

— Jamais. Ou plutôt quand tu seras vieille.

La perspective ne m'enchanta guère, et mon sommeil fut agité cette nuit-là. Dans mes rêves, je laissais derrière moi la fillette de la forêt sur le quai de la gare d'An Tu, la nuit où nous avions quitté la frontière coréenne pour Changchun, il y avait presque dix ans de cela. Le train s'ébranlait lentement, la fumée blanche enveloppait la petite Fei qui me regardait m'éloigner. Puis son parapluie rouge s'ouvrait telle une fleur et disparaissait comme une tache dans la nuit. Au petit matin, mon lit était inondé, j'étais horrifiée à l'idée que mon frère s'en aperçoive.

Deux jours plus tard, quand j'arrivai à l'école, mes copines m'accueillirent avec un sourire entendu. J'étais la dernière du groupe à avoir passé la frontière sanglante de l'enfance sans espoir de retour. Elles me consolèrent, je n'étais plus la seule. Et je pourrais désormais échapper aux interminables tours du terrain au cours de sport. C'était le seul gain que je pouvais tirer de cette fâcheuse contrainte, et je le trouvais bien mince.

Ces réjouissances mensuelles furent bientôt accompagnées de métamorphoses hideuses et imprévues. Des seins !

Voilà qu'il me poussait une poitrine à présent. Avec mon frère qui occupait le rez-de-chaussée de notre lit métallique, le soir, il me fallut trouver des trésors d'invention pour qu'il ne s'aperçoive pas du monstre qui avait phagocyté mon organisme et menaçait de le faire exploser à tout moment. Je résolus de m'enserrer fortement la poitrine à l'aide de bandages pour masquer mes formes naissantes.

L'opération se déroulait dans les toilettes avant le coucher et, pour être sûre qu'il n'y voie que du feu, j'accentuais ma démarche voûtée, les épaules rentrées, et me précipitais pour grimper sur mon étage comme sur un canot de sauvetage. Mon effroi fut à son comble le jour où il me fit remarquer d'un ton neutre que j'avais grossi des fesses.

Mon frère ne me méprisait plus, il se moquait de moi à présent. Il me sembla pourtant que c'était un réel progrès.

Fort heureusement, en 1993, nous reçûmes une nouvelle inattendue qui allait mettre un terme à l'étroitesse de notre logement, et à la promiscuité qui en résultait. L'école de mon père, qui nous avait parqués dans cette pièce unique pendant des années en attendant un logement de fonction décent, lui proposait enfin de devenir propriétaire d'un véritable deux-pièces dans un immeuble voisin, en lui offrant d'en payer une grande partie. Devant notre si grande joie, mon père ne put qu'accepter cette offre, pourtant loin d'être un cadeau.

Ni ses maigres revenus ni ses économies n'étaient suffisants pour payer l'appartement. Devenir propriétaire signifiait qu'il lui fallait réunir plus d'un an de salaire, alors que nous avions déjà du mal à joindre les deux bouts, donc supposait des années de privation à tous les niveaux pour rembourser les emprunts qu'il devrait contracter. Mais l'occasion ne se représenterait pas de sitôt. Devenir propriétaire, pour mes parents, était un véritable bond sur l'échelle sociale. Alors il signa.

C'était un appartement constitué de deux pièces d'environ quatorze mètres carrés, il y avait une cuisine de cinq mètres carrés, et un réduit de deux mètres carrés servant de toilettes et de salle de bains. Autant dire un palais au regard de notre pièce unique de vingt mètres carrés.

Quelle ne fut pas ma joie quand mon père m'annonça que j'y aurais ma chambre à moi. Pour arriver à cette prouesse d'architecture d'intérieur, papa plaça une cloison dans la première pièce qui allait délimiter mon espace privé. Un mètre trente de large, sur trois de long !

Il installa un rideau à l'entrée et, près du plafond, il fit une ouverture en forme de claustra afin que la lumière du jour parvienne à éclairer l'endroit. Je fus la seule à bénéficier d'une moquette sur le sol. Une chute carrée d'un mètre de côté donnée par un voisin. Papa sépara les deux parties du lit superposé que je partageais avec Feng. Il ajusta un matelas à même le sol pour moi et il coinça le lit de mon frère de l'autre côté de la très mince cloison.

Selon cette disposition, la chambre de mon frère était plus spacieuse, mais uniquement la nuit. Le reste du temps, sa chambre devenait le salon, la salle à manger, la cuisine, notre bureau pour faire nos devoirs, bref, l'espace de la vie commune pour toute la famille.

Feng ne se plaignait pas de cette situation, elle lui convenait plutôt bien. Sa seule exigence fut d'avoir une couverture pour protéger son lit qui servait de banquette et faisait face à une table ronde. Une bibliothèque complétait le mobilier de la pièce, les livres étant notre seule richesse à la maison.

C'est à cette époque, où nous avons commencé à faire chambre à part, que l'attitude de mon frère à mon égard a changé.

L'éloignement de nos grands-parents, les devoirs exécutés coude à coude sur la petite table du salon, les bêtises pour lesquelles nous avions été complices et qui nous avaient valu la même punition, tous ces moments de vie en commun avaient fini par nous rapprocher. Feng avait oublié la petite paysanne débarquée chez lui dix ans plus tôt, et, au début de l'adolescence, il se découvrit une sœur. Parfois je me demande dans quelle mesure la fine cloison qui séparait nos lits n'a pas contribué à ce rapprochement. Il nous suffisait de gratter contre la paroi de bois ou de poser cette question stupide : « Tu dors ? » pour devenir complices. Plus tard, quand Feng eut dix-neuf ans et toucha son premier salaire de l'usine automobile où il avait été embauché, il m'acheta un énorme ours rose avec lequel il m'arrive encore de dormir. Et dire que, pendant tant d'années, je l'avais appelé par son nom, Xu Yan Feng, comme n'importe quel étranger qui se serait adressé à lui ! C'est dans ce nouvel appartement que je commençai à l'appeler « Frère ».

La chambre des parents était de la même taille que le séjour mais encombrée des meubles que papa avait fabriqués et rapportés du camp forestier. Papa est très habile de ses mains, et assez malin. Suffisamment pour nous réaliser une douche dans le réduit dédié aux toilettes. Il pratiqua un pontage sur le réseau d'eau chaude, et ajusta un mélangeur couplé à l'eau froide, le tout se terminant en un pommeau de douche accroché au plafond des toilettes. Pour le bac ? Eh bien, quand nous prenions une douche, il suffisait de placer un carré de caillebotis sur l'évacuation des toilettes à la turque, et le tour était joué.

Bon, il est vrai que l'eau n'était pas toujours claire comme un torrent de montagne, mais maman trouva la parade. Pour filtrer les dépôts jaunâtres qui se glissaient dans les conduits de chauffage, elle recouvrit d'un linge le pommeau de douche.

Pour parfaire notre petit intérieur, papa peignit la cuisinette en vert, ce qui ravissait maman. Elle avait l'impression de retrouver l'atmosphère de sa jeunesse dans la forêt, elle pouvait cuisiner et stocker tous les aliments sur place, cela suffisait à la rendre heureuse, même si ses talents de cuisinière furent rapidement sous-exploités.

Car nous étions chez nous, oui, mais à quel prix ?

Papa et maman discutaient rarement des affaires de la famille en notre présence. Sans doute estimaient-ils que nous étions trop jeunes pour ces questions, ou bien voulaient-ils nous épargner leurs tracas. Ils nous dirent simplement qu'ils avaient emprunté beaucoup d'argent à leurs amis pour payer l'appartement. Et qu'il fallait se serrer la ceinture non pas d'un cran, mais de trois ou quatre supplémentaires.

La solution que papa trouva pour parer au plus pressé fut de récupérer ses congés des trois dernières années. À l'école où il travaillait, il les avait cumulés pour gagner plus, il obtint ainsi un semestre de « vacances » pour prendre un autre job. Son plan longuement mûri avec l'assentiment de ma mère était d'acheter une voiture d'occasion et de faire le taxi pendant ces six mois pour rembourser la dette. Bien sûr, il leur fallait emprunter pour acheter le véhicule mais, si leurs calculs étaient bons, ils s'en sortiraient.

Effectivement, les calculs étaient bons. Mais la voiture, elle, l'était nettement moins. Papa avait sous-estimé l'état déplorable du véhicule qui le réduisit au statut de mécanicien-esclave à mi-temps. Un jour sur deux, la guimbarde tombait en panne, et papa revenait éreinté, les mains noires, et tout son argent passait dans l'achat des pièces pour les réparations. Au bout des quelques mois qui devaient servir à combler le déficit budgétaire familial, papa, épuisé par quatorze heures de conduite quotidiennes, interrompues par les pannes de plus en plus fréquentes, le dos et l'estomac esquintés, jeta l'éponge. La voiture fut vendue, mes parents firent les comptes : opération zéro.

Il fallut chercher une autre solution, papa en trouva une.

Il reprit son travail à l'école, et s'arrangea pour passer son permis poids lourd. L'idée était simple. Il s'agissait de conduire les camions qui transportaient les voitures produites dans le nord de la Chine, jusque dans le sud du pays, parfois à plus de trois mille kilomètres de distance. Pour cela, il échangea ses week-ends d'astreinte avec ses collègues qui travaillaient à l'entretien de l'école et put cumuler quatre à cinq jours libres par mois. Et, si la durée du voyage était plus longue, il se faisait remplacer. Il lui arriva de s'absenter deux semaines durant, mais chaque jour lui rapportait deux cents yuans, c'était deux fois plus que ce qu'il touchait à l'école. Durant ces voyages, maman était morte d'inquiétude. Papa rentrait chaque fois dans un état lamentable, on aurait dit un zombi.

Pendant ces années-là, la chose la plus difficile au monde, c'était d'avoir des vêtements neufs, la petite robe de princesse et la photo de classe étant remisées depuis longtemps au placard. Mais, si les habits à la mode restaient à nous narguer derrière les vitrines, à l'inverse, il était facile de convaincre ma mère de nous acheter des livres. Elle avait bien appris la leçon incul-quée chaque jour par notre père : la seule façon de nous extraire de cette vie difficile, c'était l'éducation. Appli-quant cet axiome à la lettre, quand j'avais besoin d'un manuel ou d'un dictionnaire qui coûtait un tiers de son salaire, maman courait me l'acheter. Le revers de la médaille de cette politique familiale, c'est que le poids du dictionnaire était inversement proportionnel à celui de la viande dans nos assiettes, et multipliait par deux la quantité de choux et de patates qui la remplaçaient.

Les soirs où nous nous retrouvions à table tous les quatre, mon frère et moi devions raconter notre jour-née à l'école. C'était pour mes parents une grande source de joie, comme la récompense de tous leurs efforts.

Le laïus de papa était toujours le même, au mot près.

— Regardez, moi et votre mère, disait-il, nous n'avons pas d'éducation. Eh bien, même si on travaille comme des ânes pendant des années, on ne rapportera que des clopinettes, juste de quoi vous nourrir, et encore... Tandis que si vous faites des études, alors là, ça change tout ! Si vous travaillez bien à l'école, vous aurez une situation. Il ne faut jamais oublier que le savoir et l'intel-ligence, ce sont les véritables richesses. La plus noble des professions, c'est l'enseignement... Comme grand-père... Blablabla...

Tout son discours, répété à chaque dîner, entrait par une oreille et filait par l'autre sans nous donner le goût d'apprendre. Et il continuait :

— Moi et votre mère n'avons pas d'avenir, mais vous oui ! Si un jour vous avez besoin d'argent pour faire des études, nous sommes prêts à vendre nos os pour que vous puissiez entrer à l'université !

Papa nous l'a tellement répété que nous ne l'avons jamais pris au sérieux. On n'aurait jamais imaginé que c'était vrai.

9.

En 1992, mes années en primaire étant enfin achevées, j'entrai au collège. À Changchun, sept collèges
dépendaient de la First Automobile Workshops, la
firme automobile nationale pour laquelle travaillait ma
mère. Ces établissements complétaient les institutions
scolaires d'État en prenant en charge l'enseignement
des enfants de ses employés. C'est ainsi que je fus
affectée au collège n° 1 de la FAW, me privant de mes
trois amis du cercle magique, mes inséparables copines
qui m'avaient permis de sortir de mon isolement.

Je n'étais pas la première de la classe, certes, mais
j'avais sensiblement amélioré mes résultats scolaires
depuis l'école primaire et, m'accrochant à une petite
moyenne, je fus propulsée dans les trois ou quatre premiers rangs pendant mes années au collège.

Durant cette période, je me liais avec deux nouvelles
copines, Pan Li Hua et Yuan Yuan.

Pour tromper l'ennui de certains cours, nous copiions
des mangas pour filles, comme l'histoire de cette adolescente américaine, devenant par miracle une princesse
égyptienne qui voyage dans le temps. Elle s'appelait
Carol et son père, un chercheur, professeur d'histoire,
était mort après avoir décrypté un écrit égyptien renfer-
mant une malédiction. Ce personnage d'adolescente
blonde et bouclée nous fascinait, nous passions tous
nos loisirs à reproduire son portrait, et à imaginer les

scénarios qui auraient la faveur d'un des princes qui luttaient pour la conquérir. Je connaissais les mangas depuis l'école primaire, mais ils étaient trop onéreux pour que nous en ayons à la maison. Chez nous il n'y avait que les manhuas, des petits livres de bandes dessinées typiquement chinois, au format à l'italienne et très bon marché que collectionnait mon père. Les manhuas narraient des histoires qui se déroulaient durant la guerre contre les nationalistes, la longue marche de Mao, ou des morceaux choisis d'histoires classiques, telles que *Les Trois Royaumes*. Il n'y avait qu'une vignette par page, et les dessins étaient réalistes, aussi fins parfois qu'une gravure. Papa collectionnait également les grands classiques étrangers adaptés dans ce format, comme *Notre-Dame de Paris*, ou *Le Comte de Monte-Cristo*. Il avait aussi les aventures de Tintin dans un format réduit à neuf centimètres sur treize, la taille d'une pochette de chemise. Yuan Yuan et moi, nous préférions les mangas japonais relatant des histoires d'adolescentes plus proches de nous et de nos rêves. Nos talents de copistes s'exerçaient surtout pendant les cours ennuyeux de chimie. Grâce à ces petites bulles de liberté volées, je commençai à aimer et pratiquer le dessin.

Ce ne fut pourtant pas en chimie que j'eus des problèmes, mais en physique, où je finis par m'attirer les mauvaises grâces du professeur, à cause de ses pratiques, qui me mirent dans une position délicate vis-à-vis de mon père.

En tant que professeur principal, cette femme jouissait d'une autorité accrue sur toute la classe. Elle qui connaissait la profession des parents de chacun des élèves s'arrangeait pour sous-entendre, durant les cours, qu'elle aurait besoin qu'on lui rende tel ou tel service, et que si par hasard l'un d'entre nous avait l'occasion de remédier à son problème grâce à ses parents elle lui en serait très reconnaissante. Ces allusions étaient généralement suivies d'effet, de sorte qu'il n'était pas rare qu'un parent d'élève répare la fuite d'eau qu'elle déplorait sur le balcon de son appartement, ou repeigne gracieusement son salon, ou qu'on lui livre des légumes frais et trois cents raviolis pour fêter l'anniversaire de son mari. En contrepartie, l'élève en question bénéficiait d'un traitement de faveur et d'une hausse sensible de sa moyenne.

Un jour, elle eut besoin de modifier son installation de chauffage, et mon père se trouva être l'homme providentiel, puisqu'il exerçait ses talents de plombier au lycée technique. Le soir même, j'en informai maman.

— On va en parler à ton père ?

— Mais maman, le travail de papa ce n'est pas d'aller réparer le chauffage central de mon prof !

— Est-ce que tu vas avoir des problèmes si on ne le fait pas ?

— Je ne sais pas...

— Et si on lui offre un poulet fermier ou du ginseng à la place ?

— En fait, je m'en fiche si elle ne m'aime pas. Si je suis bonne en physique, ce ne sera pas grâce à papa, j'aurais trop honte.

La situation me paraissait injuste. La seule solution que je trouvai pour parer aux desiderata de ce professeur, ce fut de travailler d'arrache-pied ma physique. J'obtins au bout d'un trimestre un 95 sur 100 de moyenne, et la première place dans cette matière, mais le mépris du professeur fut à la mesure de mes efforts. C'est avec un suprême dédain qu'elle me lançait ma copie et me traitait comme la dernière de ses élèves. Qu'importe, j'avais gagné, et mon père n'en sut jamais rien. Il remarqua simplement que j'avais fait des progrès sensibles en physique. Mon père ne me félicitait jamais ; pour lui, critiquer c'était faire avancer. Il critiquait mes mauvais résultats, mon apparence en soulignant qu'une fille pas très jolie comme moi devait regarder les livres au lieu des miroirs. De toute ma scolarité, jamais il ne me fit le moindre compliment.

Les journées au collège se succédaient mollement. La matinée débutait par une heure de permanence, suivie de trois heures de cours, d'une heure d'intermède pour le repas, puis s'achevait par quatre heures de cours. Je n'ai de cette période du collège qu'un souvenir gris, terne et sans saveur.

Quand ses horaires à l'usine le lui permettaient, maman venait me chercher à l'école après les cours. Les soirs où je savais qu'elle m'attendait à la sortie, dès la sonnerie, je fourrais mes affaires en vrac dans le casier sous mon bureau, et filais au plus vite pour éviter la cohue des trois cent cinquante élèves se ruant en même temps dans l'étroit passage du couloir, vite engorgé. Je ne m'attardais pas, impatiente de retrouver son visage souriant parmi les autres parents d'élèves.

Nous rentrions à pied à la maison en bavardant, et cette promenade à deux allégeait ma pénible journée d'école.

Il y avait le long des rues une cohorte de petits vendeurs qui proposaient toute une bimbeloterie – stylos-billes imprimés de dessins de mangas, affiches, jouets en plastique, peignes et élastiques à cheveux – à même le trottoir sur des carrés de toile cirée ou de tissu. D'autres vendaient des œufs cuits dans des bouillons aux cinq parfums, du maïs gluant à la vapeur, des brochettes de tofu roulées arrosées de soupe de poulet à l'odeur alléchante. Sur les plates-formes des triporteurs s'étalaient des assortiments de graines de tournesol grillées, salées, au beurre, nature et sucrées, des dattes rouges, des petits melons de la province du Xin Jiang dans le nord-ouest de la Chine. Ces vendeurs à la sauvette étaient sans cesse aux aguets, car il était interdit de faire du commerce ainsi, dans la rue, sans autorisation. La police veillait, et confisquait systématiquement les marchandises durant les descentes qu'elle opérait à l'improviste. À la moindre alerte, les vendeurs saisissaient à la hâte leur étal par les quatre coins du tissu sur lequel il reposait, et s'enfuyaient avec leur balluchon sur le dos. Les triporteurs étaient plus rapides. Ils enfourchaient leur engin et disparaissaient en pédalant à toute allure pour se réfugier dans les rues adjacentes. Ils attendaient le départ des policiers pour revenir quelques minutes plus tard à l'endroit exact où ils se trouvaient précédemment. Nous assistions de temps à autre avec maman à ce jeu du chat et de la souris tragi-comique, provoquant chez les vendeurs qui en réchappaient un rire nerveux, soulagés d'avoir évité une amende et la confiscation de leurs marchandises.

Il arrivait parfois que maman fasse une petite entorse à la règle, et qu'elle m'achète pour quelques centimes de yuans un peu de pâte de maïs soufflé, le *kang le guo*. Cette friandise sucrée, au doux nom de « santé, sourire, fruit », ressemblait à des spaghettis géants, ou à des pelotes de fil grosses comme le poing, et craquait sous la dent. J'en raffolais.

Notre quartier était proche des immeubles où habitaient les ouvriers de la FAW, l'usine d'où sortit la première voiture chinoise en 1956. Derrière ces grandes barres de logements empilés sur quatre étages de briques rouges s'étendaient les ateliers de la firme.

Au carrefour avant d'arriver chez nous, un vieux monsieur vendait dans la rue des verres et des assiettes de toutes les formes et de toutes les couleurs, disposés sur un étal à la lumière d'un réverbère. En grignotant mon maïs soufflé, un soir, je m'arrêtai devant les marchandises du vieil homme, attirée par le dessin coloré qui ornait une tasse de porcelaine blanche. Je me penchai sur l'objet, le saisis pour mieux l'observer. L'illustration montrait une baie délimitée par une mer bleu turquoise, derrière laquelle une montagne ondulait comme la silhouette d'une femme allongée. Il y avait une longue plage bordée de palmiers, des bateaux étaient ancrés près des immeubles qui s'élevaient au pied de la montagne. Et des surfeurs, minuscules formes humaines, semblaient planer sur une immense vague d'écume.

Je ne parvenais pas à reposer la tasse tant cette image m'hypnotisait. Ma mère dut percevoir mon trouble, au point que, sans dire un mot, elle tendit un billet de deux yuans au vendeur. Je me tournai vivement vers elle, tellement surprise de recevoir ce cadeau inattendu que je lui sautai au cou pour l'embrasser, et faillis la renverser dans mon élan. Cet achat allait à l'encontre des économies auxquelles nous étions tenus pendant cette période, et, si ma mère était heureuse de me faire plaisir, elle était malgré tout un peu gênée par cette effusion en pleine rue.

— Maman ! C'est si beau cet endroit ! lui répétai-je tout le long du chemin.

— Arrête de rêver, ma fille, un tel endroit n'existe pas.

Ma mère m'octroyait ce petit plaisir, mais en insistant sur le fait qu'un monde pareil ne pouvait pas exister, même ailleurs, loin de chez nous, même à l'autre bout de la Terre.

Notre Mandchourie ne possédait ni palmiers, ni plages, ni climat tropical. Autour de nous, rien que de vieux immeubles qui abritaient des petits commerces, des bazars aux enseignes peintes à la main et éclairées d'ampoules blanches, çà et là rehaussées de rares néons colorés. Derrière cet alignement hétéroclite s'élevaient des barres d'immeubles de cinq étages aux crépis gris et défraîchis où les locataires se servaient des balcons fermés pour stocker la nourriture en hiver.

Les rues, de grands axes qui se croisaient à angle droit, étaient envahies par des hordes de vélos, des camions, mais les voitures étaient rares.

Les habitants de Changchun étaient coiffés pendant l'hiver de chapkas, d'épais bonnets de laine, et vêtus de vestes militaires matelassées pour lutter contre les morsures du froid qui atteignait régulièrement les – 30 °C. Il neigeait beaucoup, mais la neige ne restait blanche qu'une trentaine de minutes, avant de se couvrir d'une fine pellicule de poussière noire. Les bonshommes de neige étaient souvent gris, comme le ciel où s'élevaient les fumées industrielles sortant des grandes cheminées d'usine. Seule la nuit adoucissait ce paysage que rien n'égayait, grâce à la lumière artificielle orangée de l'éclairage public.

J'étais tentée de croire maman. Cet endroit si pur, si bleu, si vaste peint sur ma tasse n'existait pas. Mais, dans ce cas, comment pouvait-on dessiner une telle image sans connaître le lieu qui l'avait inspirée ? Je n'avais jamais vu la mer sinon sur notre téléviseur noir et blanc. Les images de ces plages, de ces palmiers, dans ce camaïeu de gris, prouvaient qu'elle existait quelque part, mais où ?

Par bonheur, les week-ends, je retrouvais mes amies du cercle magique.

L'on se rejoignait chez Zhi Hong avec Dan Dan et Xue Rui, car l'appartement de sa mère, comparé aux nôtres, était vaste et très confortable.

Mme Liu, la mère de Zhi Hong, avait monté une société de récupération de déchets. Son bureau, fait de cartons, de bois, de tôles, était installé au milieu d'un terrain vague non loin de l'immeuble où j'habitais. La seule partie en dur de cet édifice était un kang qui lui permettait de ne pas mourir de froid en hiver. Tout autour, la cabane était cernée des déchets triés qui formaient des montagnes de bouteilles de verre ou de plastique, de métaux, mais aussi de papiers parmi lesquels se trouvaient des vieux bouquins. Mme Liu connaissait mon amour pour les livres et nous laissait fouiller, Zhi Hong et moi, ces monticules à la recherche de ce que nous considérions comme des trésors. Zhi Hong, au fil des années, se constitua une grande bibliothèque avec tous ces livres récupérés, dont certains étaient des pièces rares. Mme Liu n'était pas très bien perçue dans le quartier, car, à l'époque, récupérer les déchets n'était pas considéré comme un métier très noble. Qu'importe, elle laissait dire. Cette femme toujours d'humeur égale, un peu ronde, au sourire de bouddha qui ne la quittait jamais, était généreuse et tendre, et son solide sens des affaires améliora rapidement le niveau de vie de sa famille. Car, si son bureau avait des allures d'abri de fin du monde, son appartement était à l'inverse grand, clair et accueillant. Zhi Hong avait une chambre immense qu'elle partageait avec son frère, un rideau séparait en deux cette pièce de cinquante mètres carrés où chacun avait son univers bien à lui.

Notre petite bande se retrouvait dans leur grand salon, où l'on jouait aux cartes et regardait des films sur des cassettes VHS, car, de surcroît, ils avaient un magnétoscope et des films américains – piratés pour la plupart – comme *Terminator*, ou les vidéos de Michael Jackson.

Zhi Hong était ma plus vieille amie, et j'avais la permission d'aller dormir chez elle. Elle me prêtait son pyjama rose en laine polaire, un vrai luxe, pour moi qui dormais avec les vieux tee-shirts de mon frère. Nous passions la nuit à bavarder sous les couvertures, à mi-voix pour ne pas être entendues par son frère. Cela me changeait de mes trois mètres carrés et des ronflements de Feng.

Je crois que les moments avec Zhi Hong furent les seuls de mon adolescence où j'éprouvais une joie profonde. Mais, sur mes trois années de collège, les six derniers mois m'ont laissé un souvenir particulièrement mauvais, avec des allures de sprint à la fin d'un marathon.

Mes parents me firent comprendre qu'il fallait que je me hisse parmi les premières au classement des examens de fin de collège si je voulais avoir une place dans les meilleurs lycées de la ville. Seuls ceux qui accédaient à ces établissements avaient une chance de réussir l'ultime épreuve trois ans plus tard, à la fin du cycle secondaire, pour entrer à l'université. Leur vie, leur statut social, leur carrière professionnelle seraient ainsi assurés. Papa et maman étaient formels, pour eux l'enjeu était simple.

— Si tu réussis ces examens, tu réussiras ta vie, me martela mon père. Je sais que tu n'es pas la meilleure de ta classe, mais c'est le moment ou jamais de montrer ce dont tu es capable.

Mes copines du cercle magique subissaient une pression identique de la part de leurs familles, encore amplifiée par les professeurs et les élèves de dernière année de collège, partageant tous la même conviction. Jamais de toute ma scolarité je ne dus travailler avec autant d'acharnement et de sérieux pour faire face à cette pression quasi insoutenable.

Les journées à l'école me paraissaient déjà longues, mais durant cette période elles semblaient ne jamais finir. Pendant ce dernier semestre, je commençais les cours le matin à sept heures trente et les finissais le soir à vingt heures trente.

À l'heure du dîner, vers dix-huit heures, maman venait jusqu'au collège pour m'apporter mon repas. Elle devait jouer des coudes dans la foule de parents d'élèves venus à vélo, à pied ou en voiture pour les plus riches, qui s'amassaient à la grille. Les paniers-repas valsaient, tournoyaient, passaient de main en main pour nourrir une progéniture en manque de calories. Tous les parents étaient obsédés par les tests que leurs enfants devaient passer dans les meilleures conditions.

Je souriais moins, parlais peu, comme hébétée par la lourde somme de travail scolaire à fournir, et souvent mon regard semblait égaré dans des contrées lointaines. Maman se sentait impuissante à m'alléger de ce fardeau, et sa seule réponse fut de me gaver comme une oie. Elle craignait que je manque d'énergie durant cette épreuve d'endurance intellectuelle et, chaque soir, elle m'apportait au collège une gamelle remplie de ce qu'elle pouvait trouver de meilleur pour me nourrir.

Pour y parvenir, elle dut ponctionner sévèrement le budget familial, mais chacun à la maison se rangea volontiers derrière ce choix. Feng avait raté ces examens, c'était à moi de porter le flambeau.

J'avais droit à deux œufs bouillis aux cinq parfums, un demi-litre de lait de soja, cinq cents grammes de riz, de la viande, des légumes, elle ne rationnait plus les quantités, et versait double ou triple dose d'huile de maïs ou de saindoux. Une orgie à laquelle je n'avais jamais été habituée.

En six mois, à cause de cette pression excessive associée à la nourriture de ma mère, je pris quatorze kilos.

Mes joues, mes cuisses et mes seins quadruplèrent, maman retailla à plusieurs reprises mes pantalons, et je dus porter pour la première fois un soutien-gorge, ce harnachement fait d'armatures larges comme deux doigts, des bonnets épais, inconfortables et... mauves.

Si je ne m'en sortais pas si mal dans certaines matières comme l'anglais, l'art et la physique, mon aversion pour l'école n'avait pas changé. Je travaillais donc comme des milliers d'autres élèves tête baissée pour obtenir les meilleurs résultats aux examens, mais davantage pour ne pas décevoir mes parents que poussée par la conscience aiguë que ma vie en dépendait.

Moi, ce qui m'attirait, c'était l'apprentissage des langues et le dessin, bien plus que d'entrer dans un lycée prestigieux.

Comme je n'avais pas réussi à convaincre mon père que parler l'anglais m'intéressait au plus haut point, j'essayai du côté des arts graphiques en passant le concours d'entrée des Beaux-Arts. À ma grande surprise, et à celle de mes parents, j'y fus admise. Cependant, pour couper court à mes ambitions artistiques, papa trouva un raisonnement infaillible : si j'avais été Picasso, on l'aurait su depuis longtemps. Pour mes parents, exercer un métier artistique ne cadrait pas avec la possibilité d'une réussite sociale et d'une vie accomplie. Dans notre entourage, aucun individu n'avait embrassé une telle carrière. Malgré les encouragements de mon prof de dessin, je dus renoncer à mes projets.

Plus l'examen final approchait, plus j'étais angoissée.

Ne sachant comment extérioriser mon désarroi, un week-end, sur un coup de tête – c'est le cas de le dire –, j'entrai dans un salon de coiffure et demandai que l'on me rase le crâne. Le coiffeur, étonné, observa ma chevelure qui me tombait jusqu'au milieu du dos, parut embarrassé, hésita et me demanda si j'étais sûre de vouloir subir une tonsure si radicale. Déterminée, regardant fixement mon reflet dans le miroir, je lui répétai que j'en étais absolument certaine, mais il m'invita à repasser le lendemain pour éprouver la solidité de cette décision.

Le lendemain, j'étais dans son salon à la première heure. Il avait raison. Je lui avouai que mon désir de ressembler à un bonze s'était mué en une volonté moins stricte, et je le priai d'exécuter une coupe qui me permettrait de me dissimuler derrière un rideau de cheveux. Il entreprit de me raser la nuque haute, et de laisser deux grandes mèches ramenées vers l'avant et taillées en pointe, qui formaient une sorte de casque derrière lequel mon visage, si je le penchais vers l'avant, pouvait disparaître presque entièrement.

— Un peu comme tes grandes oreilles qui couvrent tes yeux, Petite Fleur. Ça me donnait vraiment un air de tête de cochon…

— Moi c'est naturel.

C'est vrai. Mais ce fut le seul moyen qui me permit de me soustraire aux exigences d'un monde hostile qui m'encerclait et resserrait son étreinte, avec cette parade, j'avais la sensation de pouvoir m'en échapper.

Quand je rentrai à la maison avec ma nouvelle coiffure, heureusement pour moi, mon père revenait d'une partie de mah-jong où il avait perdu. Il jouait beaucoup avec ses collègues, gagnait souvent, mais perdre le rendait muet. Ma mère, elle, d'une moue un peu triste, m'avoua qu'elle regrettait de ne plus pouvoir me coiffer, mais ses commentaires s'arrêtèrent là.

À la fin du semestre, les résultats tombèrent enfin. Tout le monde fut soulagé à la maison, sauf moi. J'étais admise au lycée, pas dans le meilleur de la ville, mais dans un établissement à la réputation et au niveau tout à fait honorables. Beaucoup disaient que les examens du collège n'étaient rien comparés à ceux pour entrer à l'université, et je fus terrifiée à l'idée qu'il me faudrait revivre ce cauchemar trois ans plus tard.

Aussi, quand je déclarai à mes parents que je préférais mourir plutôt que d'aller au lycée, papa et maman furent sous le choc, ne comprenant pas ma réaction, surtout après que j'avais fourni un tel effort.

Comme ils me questionnaient sur mon avenir, je tentai de leur faire admettre à nouveau l'idée que j'aille aux Beaux-Arts, mais ce choix leur parut toujours aussi saugrenu et n'eut pas plus de succès que la première fois.

Je me rangeai à leur avis, et baissai la tête devant cette fatalité que grand-père m'avait fait toucher du doigt quelques années auparavant, lorsque petite fille je voulais apprendre le japonais. Étudier l'anglais ou les arts plastiques prenait d'un coup le goût amer d'un combat perdu d'avance.

Face à mon refus d'aller au lycée généraliste, papa me proposa d'intégrer un cours de comptabilité et d'informatique au lycée technique où il travaillait à l'entretien des bâtiments.

— C'est un vrai métier, me dit-il. Qu'importe ce que tu feras dans le futur. Avec cette formation, tu trouveras toujours du travail et tu ne mourras jamais de faim. Tu fais ta mauvaise tête parce que tu es jeune. Mais tu verras, plus tard, tu comprendras que j'avais raison.

Cette solution de repli n'était pas glorieuse, mais elle me permettait de me distinguer de la plupart des élèves. Une course sourde aux désirs et aux aptitudes les plus basiques, ce n'était pas pour moi. La comptabilité et l'informatique étaient très éloignées de mes rêves, mais cette voie me donnait l'impression d'échapper à un enfer scolaire que je redoutais plus que tout.

10.

Je fis ma rentrée à l'automne 1995 dans le lycée technique où je connaissais tous les professeurs, souvent voisins et parfois amis de mon père. Papa avait le même succès dans son travail qu'avec ses anciens camarades forestiers. À la différence qu'il n'était pas apprécié pour ses qualités de bon buveur, et de travailleur de force, mais pour sa gentillesse et sa débrouillardise. Comme à la maison, il trouvait une solution à tous les problèmes.

Les grands bâtiments gris du lycée technique, hauts de quatre étages, cernaient une cour d'une centaine de mètres de côté où se déroulaient les activités sportives. L'école n'était pas très moderne, voire était vétuste, elle datait de 1958 et papa avait beaucoup de travail pour l'entretenir. La peinture dans les couloirs s'écaillait par plaques larges comme la main, et le sol en ciment, recouvert de carrelage par endroits, portait les stigmates du passage des milliers d'élèves qui s'étaient succédé dans l'établissement.

Dans les classes aux murs défraîchis, les bureaux de bois brut étaient marqués par des années de scarifications qui formaient une sorte de lèpre brune sur leur surface rugueuse, rien n'y invitait la nouvelle élève de seize ans que j'étais à s'épanouir dans l'apprentissage de la comptabilité, mais j'acceptais mon sort. Après tout, mes parents avaient avalisé ce compromis sans trop de difficultés. J'accédais aux désirs de mon père qui voulait me voir apprendre un métier, et moi j'échappais à des études dont je ne voyais pas la finalité.

J'entamai ce nouveau cycle, comme tous ceux de cette première année, par deux semaines de formation militaire. Passage obligatoire pour les élèves entrant au lycée. On nous distribua des treillis, et, habillée en soldat, sous un soleil de plomb, je dus me plier dans la cour de l'école à un entraînement physique plus qu'éprouvant.

De sept heures trente jusqu'à dix-sept heures trente, pendant quinze jours, après une course d'une heure, on nous apprit à marcher au pas, par équipes, en ligne. Lorsqu'on s'arrêtait pour se reposer quelques minutes, le professeur responsable de notre formation nous inculquait les règles élémentaires de la discipline, fondement de la cohésion du groupe. Pour se faire entendre, il nous réunissait au centre de la cour, souvent à l'heure la plus chaude de la journée. Entre les exercices de marche au pas, les garçons faisaient des pompes, et les filles des abdominaux, toujours en écoutant le professeur qui nous enseignait que l'esprit de corps était le plus important, et que l'individuel devait passer après le collectif. À la fin des deux semaines de formation, nous étions très fiers de savoir marcher au pas, nous avions appris à obéir aux ordres, assimilé la notion et l'importance du groupe qui primait sur l'individu.

Puis nous avons quitté l'uniforme pour nous asseoir devant un ordinateur. La salle d'informatique était équipée d'une vingtaine de machines d'une célèbre marque américaine pourvues des systèmes Dos et WPS, que devaient se partager les mille cinq cents élèves.

Le clavier était également américain avec des signes chinois apposés sur chaque lettre. Il fallait pour écrire un caractère chinois environ 2,6 lettres d'alphabet latin. Pour s'entraîner à la maison à manier ce nouvel instrument, chaque élève dessina un clavier en carton reproduisant l'original.

Les six premiers mois ne me déçurent point, et je m'amusai même à me servir d'un clavier. Considérant cet exercice comme un jeu, j'appris à taper le plus vite possible, jusqu'à taper deux cents signes par minute. Avec mon amie Zhi Hong, qui par bonheur m'avait suivie dans ce lycée, nous faisions des concours de vitesse sur clavier et de comptage manuel des billets de banque.

La moitié de la classe était composée d'enfants de paysans des campagnes environnantes, beaucoup plus motivés que les jeunes citadins. S'ils étaient mal habillés, issus d'un milieu parfois plus modeste que le mien, ils étaient là par leur seul mérite et grâce aux sacrifices de leurs familles qui faisaient tout pour qu'ils sortent de leur condition. Une année d'inscription aux cours de ce lycée représentait pour eux un an de revenu familial. Toute la classe, au moment de l'apprentissage du comptage des billets, bruissait du son de la fausse monnaie glissant sous des doigts habiles, en rêvant qu'elle soit vraie.

Mais la seule discipline qui me passionnait vraiment était l'anglais. Malheureusement pour moi, nous n'avions que deux heures de cours par semaine.

Nous étions quarante-huit élèves par classe et redoutions tous de passer au tableau pour parler, car nous étions d'un niveau très faible, et dormions en classe la plupart du temps, ou séchions les cours. Il faut dire que notre professeur passait de longs moments en classe à monologuer, semblant ignorer même qu'elle se trouvait devant un parterre d'élèves.

Quand j'entrai au lycée technique, tout ce que je savais dire était : « *How are you ? Fine, thank you and you ?* », que je prononçais sans reprendre mon souffle, et qui donnait à peu près cela : « *Howareyoufinethankyouandyou ?* »

Le seul endroit où je pouvais pratiquer mon oral, c'était à un rendez-vous que l'on appelait « *English Corner* ». Chaque samedi soir à vingt heures, dans le parc des Jeunes Communistes de Changchun où étaient organisées diverses activités, se réunissait un petit groupe de personnes qui désiraient parler anglais. Dans ce lieu agréable, le long des allées ombragées qui menaient à des aires semées de gazon ou de terre battue, l'on jouait au mah-jong sur des tables de béton ou de bois, les plus sportifs faisaient du badminton, de la gym, du tai-chi, ou dansaient en couple au son des radio-cassettes. Ce jardin public grouillait de monde, et maman, qui avait peur que je me fasse dévorer toute crue par les garçons, me chaperonnait, avec l'impression de participer à une sortie culturelle en compagnie de sa fille.

En fait de conversation, mes échanges avec les autres anglophiles du parc se bornaient à : « *How do you do ?* » « *My name is Fei.* » Et : « *Rome wasn't built in a day.* » Cela suffisait à impressionner ma mère, bluffée par mon accent et ma capacité à échanger trois mots dans une autre langue.

Très vite je m'ennuyai dans ces réunions où je ne rencontrais que des Chinois, et pas l'ombre d'un vrai gentleman anglais. De plus, les trois ou quatre garçons et filles qui parlaient correctement préféraient dialoguer entre eux, de sorte que je finis par me sentir exclue. Il me fallait coûte que coûte trouver un moyen de pratiquer cette langue étrangère ailleurs.

J'en eus l'occasion quand un beau jour du printemps 1996, en rentrant du lycée, je vis un homme blanc sortant d'un parc. Il était rare d'apercevoir des Occidentaux à Changchun. La plupart étaient allemands et travaillaient dans l'industrie automobile en collaboration avec la FAW en tant que techniciens des filiales germaniques. En mission à Changchun pendant plusieurs mois, ils passaient quasiment tout leur temps entre les usines et leur hôtel, car la barrière de la langue ne les incitait pas à se balader en ville.

L'allure décontractée du jeune homme, que je m'étais mise à suivre presque malgré moi, me persuada qu'il devait être anglo-saxon, ou du moins parler anglais. L'envie de l'aborder et de converser avec un étranger me saisit comme une vague brûlante, mais j'étais terriblement paniquée à l'idée de lui adresser la parole.

Ce fut l'arrivée à proximité du *Garden Hotel* qui me décida. Je forçai l'allure, le dépassai et, rouge de honte, lui barrai la route.

— *Excuse… Excuse me sir ?!*

— *Yes ?* me répondit-il poliment.

— *I want to speak… a moment you.*

— Pardon ?

Après cinq minutes d'un dialogue surréaliste, le jeune homme, qui était allemand, finit par comprendre que je voulais simplement bavarder en anglais avec lui. Toujours très poliment, il me fit entendre qu'il n'était pas disponible dans l'instant, mais il me fixa rendez-vous le samedi suivant devant l'hôtel. Je le remerciai du fond du cœur avec mon anglais tout cabossé, et je courus chez moi pour l'annoncer à ma mère.

— Maman ! maman ! j'ai parlé avec un étranger !

— Quel étranger ?

— Dans la rue, je lui ai parlé en anglais, et il m'a donné rendez-vous pour discuter samedi !

— Pour discuter de quoi ?!

— Mais maman, pour parler anglais !

— Mais il est comment ?

— Il est très grand, et il est tout blond avec beaucoup de poils !

Ma mère me recommanda de bien rester devant le hall de l'hôtel où il m'avait donné rendez-vous, et de ne pas le suivre s'il me le proposait. Elle avait peur, comme la plupart des Chinois qui n'étaient pas familiers avec les Occidentaux, de leur aspect physique et de leurs habitudes alimentaires. Elle les voyait comme des monstres, beaucoup plus grands que nous, avec des yeux bleus, des cheveux clairs et un système pileux qui lui semblait une aberration de la nature. Moi, au contraire, ces différences me fascinaient. Elle était inquiète, mais m'accorda la permission d'honorer ce rendez-vous à la condition de respecter ses mises en garde. J'étais dans un tel état d'excitation que j'en perdis le sommeil, et ne dormis pas plus de trois heures par nuit jusqu'au samedi matin. Mais qu'allais-je lui dire ?! J'appris à la hâte tout ce que je pouvais assimiler comme vocabulaire courant et me rendis devant le *Garden Hotel* la tête en feu.

J'arrivai avec une demi-heure d'avance, le jeune homme, lui, fut ponctuel. Il sortit du hall de l'hôtel à onze heures précises, et se dirigea vers moi avec un grand sourire. L'endroit n'était pas propice à la conversation, pas un banc à l'horizon, ni même un muret pour s'asseoir. L'embarras de se retrouver face à face sans avoir rien de précis à se dire ne fit qu'augmenter ma gêne, alors, surmontant ma timidité, je me lançai avec une ou deux formules de politesse, mais sans grand succès. Les phrases apprises les jours précédents ne me servirent à rien. Car que pouvait répondre mon interlocuteur à : « Ne trouvez-vous pas que le soleil brille de mille feux aujourd'hui ? » alors que la grisaille de Changchun nous entourait ?

Cet entretien ne fut pas vraiment comme je me l'étais imaginé, mais la bonne volonté du jeune homme, sa grande gentillesse et ces quinze minutes passées en sa compagnie à tenter de dialoguer sans que nous arrivions à avoir une conversation digne de ce nom transformèrent ce rendez-vous en un moment historique.

Jusqu'à ce jour, j'avais considéré l'anglais comme un jeu, sans mesurer les occasions de rencontre qui pouvaient en résulter. J'avais appris des bribes de cette langue comme on apprend à chanter mais, après avoir échangé trois mots avec un étranger dans une autre langue que la mienne, ma volonté de parler anglais prit une autre dimension. Quand mon père me demanda le soir à table comment s'était passée mon entrevue, et que je lui répondis que j'avais conversé avec le jeune Allemand pendant quinze minutes, il posa son bol de riz, me regarda fixement et me lança :

— Ça fait combien de temps que tu apprends cette langue d'oiseau là ?

— Depuis le collège, deux ans et demi...

— Deux ans et demi, et tu ne peux pas tenir un dialogue de plus de quinze minutes ?

J'en restais bouche bée.

— C'est déjà pas mal, je trouve. Mange, Fei, dit ma mère en me versant une grosse louche de soupe de tofu.

Le lendemain, maman m'apporta le *China Daily*, un journal chinois en langue anglaise, qu'elle décida de m'acheter toutes les semaines. J'enregistrais chaque nouveau mot avec avidité, avec la sensation de découvrir un autre monde. Un ailleurs qui continuait à m'envoûter quand je regardais cette image de l'océan peinte sur ma tasse. Je m'imaginais sur cette plage, parlant l'anglais avec ces petits personnages qui surfaient sur les vagues. Quand je partais dans ces rêveries, il fallait plus qu'une bourrade de mon frère pour m'extirper de mon voyage. Feng étudiait le métier de tourneur-fraiseur dans un lycée technique, il ne comprenait pas toujours ma passion pour les langues, mais il s'amusait de me voir rêver ainsi.

Plus le monde qui s'étendait au-delà des limites de Changchun et de ma Mandchourie natale m'attirait, plus celui que je côtoyais au lycée technique me paraissait terne et sans intérêt. Je trouvais la force de m'y rendre chaque jour uniquement parce que mes parents faisaient des sacrifices pour nos études et payaient cher cette scolarité qui représentait six mois de salaire de mon père. Je m'étais glissée sans heurt dans l'apprentissage du métier de comptable, car je n'avais rien trouvé de mieux, l'anglais étant ma seule fenêtre ouverte sur un monde différent.

Ce fragile équilibre fait de compromissions et de petites joies se brisa un soir de l'été 1996. Ce jour-là, je me rendis à l'usine de ma mère pour prendre une douche correcte. L'installation bricolée par papa n'était pas toujours performante, et l'eau des circuits de chauffage prenait trop souvent des teintes jaunâtres, pas toujours saines pour la peau. De plus, elle ne fonctionnait pas en été. Il était admis et fréquent à l'usine où travaillait maman que les ouvrières y amènent leurs enfants pour profiter des installations sanitaires.

Après trois quarts d'heure de trajet à travers la banlieue qui n'était que le prolongement de notre quartier, le bus me déposa devant l'entrée de l'usine. Habituée des lieux, je saluai d'un geste de la main les gardiens dans leur loge vitrée, qui ne me demandaient plus depuis longtemps de décliner mon identité. Je franchis les huit cents mètres qui me séparaient de l'atelier de ma mère. La grande esplanade goudronnée sur laquelle je m'avançais était bordée à gauche par les hauts bâtiments de briques rouges des ateliers qui s'étendaient sur près de trois kilomètres et, à droite, par les milliers de vélos des ouvriers, abrités sous une toiture arrondie de plastique vert translucide. Les lieux étaient d'une propreté exceptionnelle, pas l'ombre d'un papier dans cet espace tiré au cordeau. Seul le son assourdissant des presses et des machines-outils résonnait dans le crépuscule éclairé par la faible lueur orangée des réverbères.

Je poussai les lourdes lames de plastique de l'entrée du hall où travaillait ma mère, et le traversai, au milieu du vacarme qui rebondissait sous la voûte de tôle. Les ouvriers étaient tous vêtus de l'uniforme bleu de l'usine, et portaient leur casquette à visière carrée sur laquelle était brodé le sigle de la FAW Motor II. Ma mère était reconnaissable à sa silhouette, grande et mince, à ses larges épaules, et à sa mâchoire carrée. Je la retrouvai à son poste, face à un banc qui charriait de gros blocs-moteurs suspendus à des palans. Je la hélai pour couvrir le bruit des cliquetis, et son visage s'illumina quand elle m'aperçut de l'autre côté de la chaîne de montage.

Elle se retourna et fit signe à une ouvrière assise derrière elle qu'elle pouvait la remplacer, puis elle me rejoignit au bout de l'allée. J'étais un peu en retard, et ma mère fut soulagée par mon arrivée qui la délivra de son travail. Elle avait trouvé la journée anormalement longue, et ma venue la réjouissait.

Nous sortîmes du hall en bavardant pour rejoindre les bâtiments des vestiaires et des sanitaires, derrière les ateliers.

Nous ôtâmes nos vêtements dans les vestiaires, cette salle alignant casiers et armoires métalliques à perte de vue, puis nous pénétrâmes dans une grande pièce, carrelée jusqu'au plafond, avec une trentaine de douches contre les murs. La lumière des néons, mélangée à la vapeur d'eau, enveloppait les corps d'un halo scintillant. Dans cet espace empli de clarté, seules les rigoles du centre de la pièce charriaient par intermittence un jus grisâtre, témoignage de l'univers crasseux des ateliers qui déposait ses stigmates sur la peau des ouvrières.

Ma mère et moi, comme ces femmes accompagnées de leurs filles, prenions le temps de nous frotter vigoureusement le corps, et de savourer le plaisir de nous laver les cheveux sans avoir peur de manquer d'eau.

Il était bon de se retrouver dans cet endroit douillet où l'eau chaude et limpide n'était plus un luxe. Les mères prenaient soin de leur fille, leurs corps se noyaient dans les volutes de vapeur, et les rires et les jeux des enfants achevaient de donner à ces grandes douches collectives une atmosphère chaleureuse et paisible.

Cette parenthèse aquatique passée, nous rentrâmes en prenant le bus de l'usine qui nous déposa non loin de chez nous. J'avais pris l'habitude de m'arrêter devant le vendeur de livres qui étalait ses richesses sur le trottoir, à proximité de l'arrêt. Et maman, connaissant ma curiosité, me laissait fureter dans les piles de bouquins qui jonchaient le sol.

Ce soir-là, elle me permit d'acheter un livre, qui, je ne sus pourquoi, m'intrigua dès que je portai le regard sur sa couverture. Il était traduit du norvégien, c'était bien sûr une copie piratée comme tous les best-sellers en Chine. Sans que j'en connaisse le contenu, son titre, *Le Monde de Sophie*, m'invitait à la découverte d'un monde différent du mien, et cela suffisait amplement à susciter ma curiosité. Qui était cette Sophie ? Et quel était ce monde dans lequel elle vivait ?

Ce livre trouvé par hasard sur l'étal d'un marchand d'un quartier ouvrier de Changchun fit l'effet d'une bombe dans notre famille, bouleversant ma petite vie et celle de mes parents.

11.

Je ne comprenais pas la signification du mot « philosophie », ni à quoi cela pouvait bien servir, mais, tout ce que je voulais, après une semaine de lecture frénétique, c'était des réponses à la multitude de questions qu'avait soulevées cet ouvrage. C'est là que commença une terrible période pour tout le monde à la maison.

J'achevais la lecture du *Monde de Sophie* un soir chez nous et, dès que j'en refermai la dernière page, je me jetai sur ma mère en lui criant :

— Maman pourquoi on vit ?!

— Quoi ?! dit-elle, en balançant les légumes dans l'huile chaude du wok.

— Je te demande pourquoi on vit ! hurlai-je au milieu d'un bruit de frichti.

— Va mettre la table ! Ton père va arriver ! me lança-t-elle pour toute réponse.

Mais, à table, je ne désarmai pas. Je relançai le débat et priai tous les membres de la famille de me répondre en les bombardant de questions.

— La table est en bois. Le bois vient de l'arbre et l'arbre a poussé d'une graine. Mais, la première graine, d'où vient-elle ? Et le sable ? Et les océans ? Maman, qui suis-je ? Et toi, qui es-tu ? Quelle est la différence entre le *moi* d'aujourd'hui et le *moi* de ma naissance ? Maman, qui es-tu ?

— Mais je suis ta mère, voyons !

— Nous allons tous mourir, n'est-ce pas ? Alors, si tout ce que j'apprends, tout ce que j'écris va disparaître avec moi, pourquoi j'apprends ? Et pourquoi j'écris si ça ne sert à rien ?!

— On vit, c'est comme ça ! répondit ma mère qui cherchait par tous les moyens à changer de sujet.

Agacée, elle ajouta :

— Mes parents ne m'ont expliqué ni pourquoi ni comment !

Mon père, jusque-là muet, estima qu'il était temps d'intervenir.

— Oui, on va tous mourir, mais il faut quand même continuer de vivre. Et, pour rester vivant, il faut manger, et pour avoir des choses à manger et nourrir ses enfants il faut travailler et gagner de l'argent. Pour gagner de l'argent et profiter de la vie, il faut être intelligent et donc bien travailler à l'école. Compris ?

Mais non, je ne comprenais pas. Je ne comprenais pas l'importance de la nourriture, de l'amour, de la richesse si on ne parvenait pas à m'expliquer pourquoi on vivait. Pourquoi une pierre dont l'existence était plus longue que la mienne avait moins d'importance que moi ?

Ces questions lancées en rafale finirent par exaspérer mes parents. N'y tenant plus, un jour, ma mère s'écria :

— Pourquoi es-tu une enfant si difficile ? Avant, dans la forêt, tu étais si facile. Je ne sais pas, moi, pourquoi tu vis ! J'étais enceinte et tu es là !

Mais, au lieu d'accepter ces paroles qui voulaient couper court à mes questionnements épuisants, je renchéris avec encore plus d'agressivité.

— Alors pourquoi tu me donnes la vie, et pas le sens ?! Qui t'a permis de faire de moi ce que je suis aujourd'hui sans connaître le sens des choses ?!

J'étais hors de moi et l'interpellai avec une telle hargne que ma mère me regarda sans me reconnaître.

— Je suis désolée, ta mère ne sait pas... Je suis vraiment désolée, me répondit-elle en larmes.

C'était la première fois que je voyais ma mère pleurer. Mais ma colère était telle, j'étais si remontée contre ces parents incapables de répondre à mes questions, qu'à partir de ce jour-là je refusai d'aller à l'école et restai chez moi à me morfondre avec mes questions sans réponses.

Mon père finit par m'obliger à retourner en cours, mais je n'y allais pas. Je partais le matin, avec la complicité de Feng, et passais devant le lycée sans y entrer. Je déambulais dans les rues de Changchun, l'esprit torturé, m'adressant aux passants souvent ahuris. Je questionnais même les arbres du parc des Jeunes Communistes, mais n'obtenais aucune réponse. Je devins soudainement détachée de tout. Je commençai à ne plus m'alimenter correctement, à perdre du poids, mon teint pâlit et je me sentais ravagée par un feu intérieur qui ne me laissait jamais en paix. Mes propos devinrent de plus en plus abscons, décousus, et dépourvus de sens. Mes parents hésitaient à recevoir leurs amis à la maison, tant mon attitude était dérangeante. J'étais capable de dire à un oncle ou un voisin que je n'étais rien, car je vivais moins longtemps qu'un arbre et que tout ce que l'on possédait allait disparaître. Je leur demandais de me prouver qu'ils existaient vraiment. Et je voulais connaître la différence entre un chat et moi, car le chat, s'il était vivant comme moi, il ne faisait pas de gymnastique collective à l'école...

Au bout de six mois de cet enfer, j'entendis mes parents évoquer l'idée de consulter un docteur pour les problèmes de la tête, mais c'était trop cher. Désemparés, ils renoncèrent à m'envoyer à l'école, craignant que cela n'aggrave la situation, et, impuissants, me laissèrent vivre chaque jour selon ma volonté. Il n'y avait pas vraiment d'endroits ou de gens pour traiter mon cas. Feng me regardait comme une bête curieuse, et n'osait plus chahuter avec moi, ni même tenter la moindre plaisanterie.

Désormais, je passai le plus clair de mon temps à la bibliothèque de la ville, à lire avec frénésie tout ce qui aurait pu répondre à mes interrogations. Pendant des jours, des semaines entières je parcourus tous ces livres sans jamais trouver de réponse, jusqu'au jour où le miracle eut lieu.

À la bibliothèque, par un bel après-midi ensoleillé de cet automne 1996, je tombai sur un ouvrage où il était écrit : « Dieu a deux mains. Sur l'une il a écrit : "Tu n'es rien pour moi – pas plus important qu'un grain de poussière." Et sur l'autre il a écrit : "Mais j'ai créé ce monde pour *toi*." »

Je ne croyais pas en Dieu. Pas comme l'entendent les Occidentaux, avec un pouvoir suprême qui nous crée et nous juge après notre mort pour nous envoyer en enfer ou au paradis. Je comprenais qu'il pouvait y avoir un immense « TOUT » qu'on aurait pu nommer Dieu, à la rigueur. Mais cette phrase, loin de me convertir à une religion quelconque, eut malgré tout la fulgurance d'une révélation. Je ne pus lire un mot de plus. Mon regard se porta vers la fenêtre éblouissante de clarté, et j'y lus tout ce qu'il me fallait comprendre. Les yeux baignés de larmes, je formulai cette phrase :

— Je ne suis rien pour le monde, car *je suis* le monde.

À partir de cet instant tout rentra dans l'ordre, les choses, les êtres et leur sens.

Le soir même, je m'assis à table avec mes parents et les priai de m'écouter.

— Papa, maman, je sais que vous avez déjà payé mes études de comptabilité au lycée, et combien ce sacrifice est grand pour vous. Je sais aussi quelle importance vous accordez à l'éducation et aux chances que les diplômes et les études nous donnent pour réussir notre avenir…

Ils échangèrent un regard. Ils avaient quitté le matin une adolescente perturbée proche de la schizophrénie, et ce soir-là devant eux s'exprimait une jeune fille responsable, à l'esprit clair, qui exposait la situation en toute quiétude. Ils n'en croyaient pas leurs oreilles. Je continuai sur le même ton :

— C'est pour cela que je vous propose un marché. Je vais apprendre ce métier de comptable, et même à un niveau plus élevé, mais pas à l'école. Je vais l'apprendre ici, à la maison, et passer les examens en autodidacte, à une condition, c'est que vous me laissiez apprendre l'anglais comme je l'entends.

Ce fut un énorme soulagement pour mes parents. Papa aurait préféré que j'apprenne quelque chose de plus sérieux comme les auteurs classiques chinois, au lieu de cette langue d'oiseau, comme il disait toujours, mais il était tellement heureux de retrouver sa fille saine d'esprit et voulant continuer ses études de comptabilité qu'il aurait cédé à n'importe quel chantage.

Quant à ma mère, elle était si heureuse de me voir à nouveau sourire, et surtout que je ne la torture plus avec mes questions, qu'elle n'en demanda pas plus.

J'ai donc quitté l'école à dix-sept ans, enfin libre d'apprendre.

Si je ne remettais plus les pieds au lycée technique, je continuais néanmoins à voir mes copines du cercle magique, dont Zhi Hong qui me faisait des rapports précis de tous les potins du lycée.

Je revoyais également l'une de mes amies du lycée technique, Wu Dan. Elle était issue d'une famille beaucoup plus riche que la nôtre, portait toujours de beaux vêtements à la mode, et souvent son père venait la chercher dans sa grosse berline noire devant l'école. Elle m'avait fait cadeau de ce poster de Michael Jackson que j'avais placardé sur mon bureau.

La première fois que je suis allée chez Wu Dan, c'était à l'été 1997, conduite par son père dans sa belle et luxueuse voiture.

Ils habitaient un quartier huppé du centre-ville, leur résidence était gardée et, pour y accéder, l'on devait passer un poste de contrôle, occupé par deux gardiens en uniforme. L'enceinte était délimitée par de hautes grilles de fer forgé, et de grands parkings accueillaient les nombreuses voitures haut de gamme des résidents. J'étais très impressionnée par ces espaces où la végétation était entretenue avec minutie. Les bâtiments n'excédaient pas quatre étages, tout y était d'une propreté et d'un silence qui me transportaient dans un monde à des lieues du mien. La résidence s'appelait : *Les jardins de Fu Hao*, « richesse et prospérité ».

Je fus charmée par leur appartement, un duplex lumineux, avec dans l'entrée un immense tapis de laine épaisse. Mon premier réflexe fut d'enlever mes baskets pour ne pas le salir, mais je vis Wu Dan jeter nonchalamment son sac sur le canapé de cuir et marcher tout droit sur cette merveille, comme si elle eût traversé la cour de l'école. Figée dans l'entrée, je l'entendis depuis la cuisine me demander quel soda me ferait plaisir, puis, réapparaissant dans l'encadrement de la porte, étonnée de me voir encore dans le hall, elle me tira par la manche jusqu'au salon et m'invita à m'y installer avant de retourner dans la cuisine. Je remarquai immédiatement un énorme meuble qui ressemblait au petit piano que mon père m'avait offert quand nous habitions dans la forêt. Mais la différence entre les deux objets était de taille. Celui-ci était vingt fois plus gros ! Je demandai à Wu Dan la permission de m'en approcher et m'assis sur le tabouret recouvert de cuir noir qui lui faisait face. J'ouvris le lourd volet de bois qui protégeait le clavier, mes yeux s'agrandirent démesurément.

— Qu'est-ce que c'est ? demandai-je.

— Ben, un piano, Fei, tu vois bien, me répondit Dan.

— Mais il est... il est tellement grand !

— Ah bon, tu trouves ? dit-elle, un peu étonnée.

Je ne pus résister à l'envie d'appuyer sur une touche. Mon doigt s'alourdit sur la douce surface blanche, et un son venu du paradis emplit le salon et me transperça de part en part.

Le même jour, je fis une autre découverte. Sur la table de leur salon, il y avait des roses dans un vase. Je m'approchai pour les effleurer et remarquai que l'une d'elles était fanée. Au toucher, sa texture m'apparut étrange.

Dan, me voyant fascinée par le bouquet, me questionna :

— Tu aimes les roses, Fei ?

— Ce sont des vraies ?!

C'était la première fois que je touchais ces fleurs de conte de fées. Jusque-là, les seules roses que j'avais vues dans ma vie égayaient les tables des banquets et des cérémonies officielles à l'école ; elles étaient faites de tissu parfumé avec des essences synthétiques. Les fleuristes étaient encore fort rares à Changchun.

Cette senteur naturelle me transporta quelques années en arrière dans la forêt de mon enfance, me rappelant la fraîcheur et la senteur des résineux autour de notre camp.

12.

Après avoir appris le métier de mécanicien tourneur-fraiseur au lycée technique, Feng fut embauché à la FAW, six mois après que j'avais entamé mes études en autodidacte à la maison. À dix-neuf ans, Feng et mon père se ressemblaient comme deux gouttes d'eau au même âge. Mais la forêt qu'avait fréquentée papa n'avait pas la même odeur. Travailler à la FAW signifiait que l'on faisait partie des cent cinquante mille salariés de cet univers métallique qui se dressait dans un paysage de bâtiments industriels s'étendant à perte de vue. Nous étions une famille parmi les quatre cent mille citoyens de Changchun à dépendre de ce gigantesque atelier automobile.

Le matin, maman se réveillait à six heures trente et sortait chercher le lait de soja sucré et le *you tiao* – une brioche aux légumes –, ou parfois nous faisait un potage de riz. C'était elle qui se levait la première, en raison du trajet qu'elle avait à faire jusqu'à son usine. Puis mon père avalait son petit déjeuner en moins de trois minutes et partait pour le lycée. Quant à Feng, comme il dormait dans la salle à manger, il subissait les rudoiements de mon père qui le forçait à se réveiller avec moins de douceur que maman. Feng avait intégré une unité de construction non loin de notre quartier, et il profitait de cette proximité pour grappiller quelques minutes de sommeil en plus. Moi, quand tout le monde était parti, je m'installais à la table ronde de la pièce commune et commençais une longue journée de travail scolaire et solitaire, plongée dans mes livres de comptabilité. Je ne m'octroyais qu'un petit plaisir de temps en temps en lisant le *China Daily*. Mon vocabulaire en anglais s'était considérablement enrichi. Mais, si je parvenais à lire mon journal avec plus de facilité, les cours de langue et la pratique me manquaient cruellement. Comme la plupart des cours privés étaient beaucoup trop chers pour mon père, qui avait déjà payé pour une école où je ne mettais plus les pieds, je me mis en quête d'un enseignement gratuit.

J'appris par mon frère que son usine offrait des cours du soir aux ouvriers désireux d'apprendre l'anglais. Ces cours n'étaient ouverts qu'aux ouvriers de la FAW, bien sûr, mais, grâce à Feng et à un petit subterfuge, je parvins à m'infiltrer parmi les étudiants.

Je demandai à Feng de s'inscrire, et, deux fois par semaine, après avoir revêtu son bleu de travail siglé des prestigieuses initiales de son entreprise, je prenais place dans la salle de classe comme une bonne petite ouvrière motivée. Les cours du soir étaient dispensés dans notre quartier, proche de l'atelier où travaillait mon frère. Le professeur ne prêta pas attention au fait que mon nom ne figurait pas sur sa liste, car je fus une élève si assidue que, s'il eut quelque soupçon, il finit par laisser ses doutes de côté. Comme j'étais une étudiante attentive, il m'accorda un intérêt tout particulier en corrigeant mes fautes et en reprenant ma prononciation. Il nous apprit le discours de Martin Luther King « *I have a dream…* », qu'il déclamait en y mettant tout son cœur, et des chansons comme « Edelweiss » du film *La Mélodie du bonheur*.

J'étais aux anges d'avoir trouvé un tel professeur. Il avait une cinquantaine d'années et un strabisme divergent qui lui donnait un regard très déstabilisant pour ses interlocuteurs, car jamais nous ne savions à qui il s'adressait véritablement. Au bout du deuxième ou troisième cours, je repérai son angle de vue et me plaçai juste face à cet œil qui avait l'air de me fixer moi, et moi seule, comme son auditrice privilégiée.

Grâce à ce professeur, je progressai à grands pas.

À la fin du semestre, des cinquante élèves de cette classe, y compris mon frère qui se persuada définitivement qu'il n'était pas doué pour l'anglais, nous n'étions plus que six. Un bon ratio qui me permettait d'apprendre mieux et plus vite cette langue jugée trop difficile par la quarantaine d'ouvriers découragés, et sans doute moins motivés et plus fatigués que moi après leur journée de travail à l'usine. Malgré ces quelques mois de pratique fructueuse, je ne me sentais pas comblée. Je voulais aller plus loin, connaître non seulement la langue, mais aussi la culture anglo-saxonne.

Je finis par trouver un organisme privé qui dispensait des cours du soir pour des autodidactes désireux d'atteindre un bon niveau d'anglais. Mais il était payant, et là, l'uniforme de mon frère ne m'était d'aucune utilité. Il devait pourtant bien y avoir une solution et je me rendis sur place pour tenter ma chance.

Les cinquante-cinq minutes de bus qui m'emmenèrent jusqu'au centre-ville furent éprouvantes. Les bus qui assuraient cette ligne comptaient dix-sept places assises, mais il y montait plus du double de voyageurs qui s'entassaient jusqu'à l'asphyxie. Ces véhicules étaient la propriété de particuliers qui exerçaient le métier de taxi de groupe, généralement en famille, l'homme au volant, la femme à la vente des billets, avec un tarif unique pour tous les trajets, un yuan, que l'on fasse cent mètres ou dix kilomètres. De fait, plus il y avait de passagers, plus c'était rentable. Durant le trajet, la femme qui tenait la caisse saisit en plein carrefour, sans que le véhicule ne s'arrête, le bras d'un voyageur pour le hisser dans le bus déjà bondé et le propulsa dans le dernier espace disponible, coincé entre les portes à soufflet.

Arrivée à la place du Peuple, le dernier arrêt, je fus éjectée avec la masse des voyageurs et pus respirer de nouveau. Je n'eus pas trop de difficultés à trouver le centre de formation, situé dans un ancien bâtiment en briques rouges du centre-ville, vestige des immeubles du début du siècle qui avaient été rasés pour ériger des buildings professionnels modernes.

En pénétrant discrètement dans les lieux, je constatai qu'un vieux gardien se tenait devant la salle de cours et vérifiait l'identité des inscrits. Je revins trois soirs de suite et ne trouvai pas de solution pour entrer sans me faire remarquer, mais je constatai que, vingt minutes après avoir contrôlé l'identité des étudiants, le vieux gardien filait dîner dans le local du personnel de surveillance de l'établissement, et laissait la porte de l'amphithéâtre du cours d'anglais grande ouverte. Je me résolus donc à jouer les étudiantes perpétuellement en retard, et arrivais en catimini tous les jours après dix-neuf heures vingt. Je me plaçais au fond de la salle, avec tout de même l'inconvénient de me trouver à vingt mètres du tableau et derrière les cent cinquante ou deux cents étudiants. Qu'importe, on était loin du petit cours d'anglais pour les ouvriers de la FAW. Ici, l'on donnait des cours de littérature anglaise et américaine, de linguistique, et l'on était formé au métier de traducteur.

Pendant plus d'un an, je volai ces cours avec une délectation et un enthousiasme jamais en berne, même s'il me fallait de temps en temps jouer à cache-cache avec le vieux gardien qui avait fini par me repérer. Mais, au bout de quelques semaines, las de me courir après avec ses vieilles jambes, et peut-être touché par mon entêtement, il décida de fermer les yeux.

Grâce à lui, ces soirs-là, je faisais connaissance avec des écrivains comme Thoreau, voyageais dans la forêt avec Mark Twain et tombais amoureuse des personnages de Jane Austen. Quand le professeur nous parlait d'un auteur avec passion, je courais à la bibliothèque pour emprunter un de ses ouvrages, ou fouillais chez les petits vendeurs des rues. Et les ouvrages difficiles à trouver dans les bibliothèques, je m'arrangeais pour les lire dans les librairies, en m'asseyant à même le sol, comme beaucoup d'étudiants fauchés. Je constituai peu à peu, dans mon jardin secret, une allée du savoir que je gardai comme un trésor. Rapidement, mon niveau d'anglais s'améliora de façon considérable, notamment grâce aux rencontres que je fis dans ces cours. Les étudiants anglophiles échangeaient volontiers des informations entre eux pour parfaire leurs connaissances. Je sus ainsi que, tous les lundis et mercredis soir à vingt-deux heures quinze, il y avait un cours de chant en anglais à la radio.

Le speaker, avec beaucoup d'humour, décortiquait et commentait les paroles des chansons, et invitait les auditeurs à les répéter et à chanter avec lui.

Deux fois par semaine, je pris l'habitude de m'enfermer dans la cuisine avec la radio de papa.

— On peut dire que c'est grâce à toi que j'ai appris l'anglais, Petite Fleur.

Été comme hiver, pendant deux ans et demi, j'appris plus de deux cents chansons des Beatles, de Cat Stevens, ou d'Elvis…

Si ma mère était en admiration devant mes progrès en anglais, mon père n'approuvait toujours pas ma passion pour cette langue étrangère.

— C'est bien d'apprendre des choses, mais ça t'avance à quoi si tu n'as pas de vrais diplômes ? me disait-il.

— Avec ou sans diplôme, si je parle bien la langue je peux devenir traductrice.

— Toi ?! Traductrice ? C'était quand la dernière fois que tu as parlé avec un étranger ?

Que pouvais-je répondre ? Il s'était écoulé deux années depuis ma conversation avec cet Allemand devant son hôtel.

Ce désaccord entre nous atteignit son paroxysme à la suite du concours d'anglais organisé par mon lycée technique d'où je n'étais pas officiellement renvoyée, grâce au directeur qui appréciait particulièrement mon père.

Quand je vins chercher les résultats, je fus stupéfaite de découvrir mon nom écrit sur une grande affiche rouge qui ornait l'entrée du bâtiment. J'étais la première sur mille cinq cents élèves !

Je courus jusqu'à l'atelier où travaillait mon père pour lui annoncer la bonne nouvelle. C'était l'heure de sa pause, et je le trouvai assis en compagnie de deux autres professeurs à la retraite en pleine partie de mah-jong.

— Papa, papa ! Je suis la première ! Je suis la première au concours d'anglais !

Il a d'abord souri, puis il m'a demandé :

— Bien. Combien de points tu as ?

— Soixante-sept sur cent. Ces tests sont très difficiles, ils sont du niveau universitaire…

— Pourquoi tu as perdu trente-trois points ? Tu peux mieux faire que ça, non ?!

J'avais une telle soif de compliments venant de mon père que sa réflexion me glaça, et me fit redescendre sur Terre à la seconde. Mon père retourna à sa partie de mah-jong et je sortis de l'atelier sans qu'il ne fasse d'autre commentaire.

Les larmes aux yeux, le ventre noué, je marchai jusqu'à chez nous, et m'arrêtai dans la cour de l'immeuble pour y attendre ma mère et mon frère, qui eux m'accueillirent comme une héroïne. Mon frère me tapa l'épaule en me gratifiant d'un : « T'es forte, toi ! » Ils étaient très fiers de moi. Maman courut au marché acheter deux kilos de… porc…

— Ce n'est pas la peine de t'excuser chaque fois, Fei. Continue…

— Bien… Non, rien de plus, nous fîmes un repas de roi, tous les trois, sans mon père qui rentra fort tard ce soir-là.

À cette époque-là, au milieu des années 1990, je n'étais pas éternellement penchée sur mes bouquins d'anglais ou de comptabilité. Chaque jour, je consacrais au moins une heure à la lecture des romans d'un écrivain célèbre de Taïwan, Qiong Yao. Comme je n'avais pas les moyens de m'acheter tous ses livres, je les louais pour quelques centimes de yuan, chez des particuliers qui avaient aménagé leurs appartements en boutique de location au rez-de-chaussée des immeubles du quartier. Une grande partie de ces romans ont été adaptés à la télévision sous forme de séries. *Rêves derrière un rideau de cristal* était l'une de mes préférées. Toutes mes amies du cercle magique étaient elles aussi complètement fans de ce feuilleton, qui racontait l'histoire d'une famille bourgeoise de Taïwan dont les deux jeunes sœurs étaient amoureuses du même garçon. L'une, parfaite, réussissait tout : danseuse classique accomplie, brillante dans ses études, alors que la sœur cadette, pas très belle, ayant échoué à son examen d'entrée à l'université, apparemment sans avenir, faisait figure de canard boiteux.

La cadette, comprenant qu'elle ne parviendrait pas à conquérir le cœur de ce jeune garçon qu'elle aimait passionnément en secret, décidait de laisser la place à sa sœur qui avait tous les atouts pour faire de ce jeune homme exceptionnel l'être le plus heureux du monde. Pour oublier l'amour de sa vie et son malheur, ce cœur pur fuyait vers la destination la plus romantique qui soit : Paris !

La jeune Chinoise triste et inconsolable débarquait seule dans la capitale française, mais, heureusement, elle rencontrait rapidement l'amour, le vrai, sous les traits d'un homme d'affaires taïwanais, d'âge mûr, beau, riche et parlant la langue de Molière. Cet homme providentiel lui faisait découvrir la France, ses châteaux, sa gastronomie et son savoir-vivre, puis, pour plaire à la jeune femme dont il s'était épris violemment, il

l'emmenait en voyage autour du monde. À leur retour
à Taïwan, ils découvraient que la sœur parfaite avait eu
un terrible accident de la route, que ses belles jambes
de danseuse étoile avait été subitement paralysées, elle
était devenue aigrie et intraitable avec son entourage.
Le jeune amoureux du début se détournait de la jeune
femme paralysée pour revenir vers le vilain petit
canard, et lui avouait qu'il l'aimait depuis le premier
jour. Mais il était trop tard...

Des nuits entières, j'ai rêvé d'un prince charmant
rencontré au pied de la tour Eiffel. Beau, riche, cultivé,
épris d'un amour immense et fidèle. J'étais prête à
croire qu'un tel homme débarquerait dans ma vie sans
relief et déposerait le monde à mes pieds. Puisque
c'était arrivé à un vilain petit canard sans diplôme,
pourquoi pas à moi ?

— Mon prince charmant à moi, je le rencontrai
l'année de mes seize ans, en écoutant la radio que papa
avait achetée en te vendant au village, Petite Fleur.
— C'est grâce à moi alors que tu as rencontré un
prince charmant... Comment s'appelait-il ?
— Il s'appelait Xue Feng.
Un soir où nous rangions les affaires d'été pour sortir celles d'hiver, dans la chambre de ma mère, une
voix très douce m'est parvenue de la radio que nous
écoutions en fond sonore. C'était une nouvelle émission
où un jeune DJ proposait aux adolescents d'intervenir
à l'antenne pour y exposer leurs problèmes. Une hot-
line en direct pour ados, animée par un ado, c'était un
concept très neuf à Changchun en 1995. Les adolescents, en grande majorité enfants uniques, éprouvaient
– et c'était nouveau – le besoin de se confier en dehors
du cercle familial. Peut-être était-ce également dû aux
influences musicales et culturelles venues de l'Ouest
qui commençaient à toucher notre jeunesse. J'étais
devenue une fan inconditionnelle de Michael Jackson,

au point de porter un anneau de sparadrap blanc à l'annulaire et au petit doigt comme le chanteur dans *Black or White*.

J'étais fascinée par la mode occidentale et la musique pop de plus en plus présente autour de nous, grâce au piratage systématique de ces produits que je retrouvais chez mes copines plus fortunées que moi.

Ce soir-là, c'était le lancement de cette nouvelle émission de radio. Juste après que ce jeune DJ eut annoncé le numéro de téléphone de la station, je priai ma mère de me laisser l'appeler.

— Pour quoi faire ? me demanda-t-elle, étonnée et légèrement inquiète.

— Je ne sais pas, je n'ai jamais fait ça, appeler une émission de radio.

Ma mère y consentit, rassurée par mon ton désinvolte. Car maman était encore sur le qui-vive avec moi, redoutant à tout moment un séisme familial comme celui qu'avait déclenché la lecture du *Monde de Sophie*.

Le dialogue en direct avec le DJ fut très court, mais il me laissa son numéro hors antenne afin que je le rappelle. Je lui téléphonai le lendemain, et, à ma grande joie, il se souvenait de moi. Sans doute parce que j'avais été la première auditrice à lui parler la veille. Il se présenta, me dit qu'il s'appelait Xue Feng, « Sommet de la montagne enneigée ». Il avait dix-sept ans. Cette conversation téléphonique fut la première d'une longue série qui fit frémir ma mère, inquiète de recevoir une note de téléphone épouvantable. Je la rassurai, c'était lui qui appelait.

Au début, assez timide, je parvins tout de même à savoir qu'il mesurait un mètre quatre-vingts, qu'il était plutôt beau, et qu'il poursuivait des études à l'école de l'administration fiscale. Son père était un haut responsable du bureau des impôts qu'il intégrerait une fois son diplôme en poche.

Après quatre mois d'un échange épistolaire assidu au rythme d'une lettre par jour, et de deux heures de conversation téléphonique quotidiennes, j'étais toujours si étonnée qu'un garçon intelligent, sensible et mystérieux puisse entretenir une relation avec une fille comme moi, plutôt quelconque et sans intérêt. Plus je passais de temps avec lui au téléphone, plus Xue Feng me plaisait, et plus j'étais effrayée à l'idée de le rencontrer. C'est au retour de ses vacances dans le Sud, sur l'île de Hainan avec ses parents, que nous avons pris la décision de nous voir enfin. Il m'avait écrit tous les jours, et j'avais fini par penser que ce que l'on appelait l'amour devait ressembler à ça.

Maman suivait de près cette idylle naissante, et y adhérait pleinement. Je ne lui cachais rien et j'échangeais avec elle bien des interrogations que ces sentiments faisaient naître en moi. Elle s'était enquise de la famille de ce garçon, et se sentait rassurée de le savoir fils d'un fonctionnaire important de la ville. C'est avec sa bénédiction que je pus me rendre à ce premier rendez-vous, en bas de notre immeuble. Papa, lui, restait vaguement indifférent après avoir écouté nos conversations d'une oreille distraite, mais j'étais sûre que maman lui faisait un rapport détaillé de mes affaires de cœur. Jamais il ne me fit la moindre réflexion. Ils avaient dû, maman et lui, décider de s'en tenir à leurs rôles respectifs. Papa dans sa discrète retenue, maman en porte-parole et chaperonne.

Ce soir-là, sous la douce lumière d'un réverbère, je découvris son visage d'enfant au nez régulier et aux yeux brillants d'intelligence. Il était grand, sportif et, comme moi, d'une timidité maladive. L'aisance acquise au téléphone s'évanouit dès l'instant où nous fûmes face à face. Deux heures de marche sous la lune nous permirent de nous sentir à nouveau proches. Quand il me quitta vers vingt-deux heures devant ma porte, et qu'il me demanda si nous pouvions nous revoir, il s'en fallut de peu que je ne m'évanouisse. Je remontai chez moi à la vitesse de la lumière et sautai dans les bras de ma mère.

— J'ai vu Xue Feng ! Maman, j'ai vu Xue Feng !

— Alors il est comment ? me demanda-t-elle, aussi excitée que moi.

— Il est génial, différent de ce que je m'étais imaginé, mais génial ! J'espère qu'il ne me trouve pas trop moche…

Apparemment non. Il me trouvait très spéciale, m'avoua-t-il. Sans jamais parler d'amour, nous continuâmes à nous téléphoner, nous écrire et nous balader pendant des heures le soir, des mois durant.

Quand les deux heures officielles autorisées par ma mère ne suffirent plus à nos conversations et au désir d'être ensemble, nous prîmes l'habitude de nous retrouver souvent la nuit.

Nous décidâmes que Xue Feng m'attendrait en bas de chez moi, et que je ferais le mur en m'évadant par la fenêtre. La manœuvre était relativement aisée vu que notre appartement se situait au niveau de l'entresol. Ainsi, un soir sur deux, nous nous promenions par les rues de Changchun, en évitant de nous tenir par la main, mais sans cesser de bavarder. Parfois on trouvait des jeux qui mettaient notre courage ou tout au moins notre petite bravoure à l'épreuve. Comme un de nos sports favoris, qui était de sauter par-dessus la palissade de la piscine du quartier pour aller nager sous la lune.

Le matin, ma mère avait un mal fou à me réveiller, mais ces nuits magiques laissaient la trace indélébile du bonheur sur mon visage.

Je ne pus cacher longtemps à mes amies du cercle magique que j'étais follement amoureuse. Cependant, si elles embrassaient leurs petits copains, Xue Feng, lui, ne me donnait la main que pour m'aider à franchir le mur de la piscine. J'en conçus quelque doute. Pourquoi ne voulait-il pas m'embrasser ? Certes, cet amour

120

pur et platonique me ravissait, mais... Le fantôme du vilain petit canard ressurgit au bout de quelque temps. Car, en y réfléchissant bien, être si proches, parfois en maillot de bain, sous la lune, seuls, et ne jamais avoir de contact physique relevait de l'engagement religieux, ou du dégoût total pour ma personne. Comme il ne se destinait pas à être moine, j'en conclus que je n'étais pas assez belle pour lui. Mais je ne parvenais pas à comprendre pourquoi il faisait une heure trente de vélo pour venir me voir. Pourquoi passait-il ses nuits en ma compagnie ? Qu'y avait-il chez moi qui l'attirait tant pour qu'il ne puisse se passer de me voir plus de quarante-huit heures ?

Au bout de trois années de cette relation magnifique mais déconcertante, ces doutes finirent par fissurer le fragile et tout neuf édifice de mes sentiments. Je me résolus donc, un soir, à lui offrir mon premier baiser dans la pénombre du couloir de mon immeuble.

Je m'approchai paupières closes, lèvres légèrement entrouvertes, impatiente de connaître l'effet du velours de ses lèvres sur les miennes, quand j'entendis sa voix empreinte d'une terrible panique.

— Excuse-moi, Fei, il faut que j'y aille. Je reviendrai dans quelques jours. Excuse-moi, *bye* !

J'ouvris les yeux, il avait fui. Je restais là, face au mur, confuse et me débattant avec un énorme sentiment d'humiliation.

Pendant trois ans, j'avais rêvé de ce moment-là. Je m'étais persuadée que je devais suffisamment lui plaire pour qu'il accepte au moins un baiser sur la bouche. Étais-je si peu attirante que ça ?

Les nuits suivantes, je ne parvins pas à fermer l'œil. Je cherchais vainement à comprendre pourquoi ce garçon ne voulait pas me toucher, et retombais inexorablement sur le spectre du canard boiteux.

Les deux jours qui suivirent furent les plus sombres de cette année 1998. J'avais honte. Honte de me dire que le seul garçon qui m'avait approchée en dix-huit ans d'existence avait fui alors que je lui offrais mes lèvres.

Le troisième jour, Xue Feng réapparut, comme il me l'avait promis. Il était en pleine forme, radieux, il me prit dans ses bras et se jeta sur moi en m'embrassant goulûment. Je fus tellement surprise que je ne me rappelle même pas la saveur de ce baiser. Quand il me laissa enfin reprendre mon souffle, Xue Feng me déclara qu'il avait autant envie que moi de m'embrasser la dernière fois, mais qu'il s'était abstenu parce qu'une maladie courait dans son école à cette époque-là, et qu'il ne voulait pas risquer de me contaminer ! Joignant le geste à la parole, pour montrer sa bonne foi, il brandit devant mon nez un certificat médical qui attestait sa parfaite santé. Il me fit ensuite un tel discours sur le profond respect qu'il éprouvait envers moi, et sur sa volonté de me protéger, avec une telle rigueur et une telle ferveur, que je finis par lui pardonner ce premier baiser raté.

Quand je remontai chez moi pour raconter cet événement à ma mère, elle éclata de rire, et me certifia que j'avais beaucoup de chance d'avoir rencontré un bon garçon comme celui-ci.

À partir de ce jour-là, Xue Feng devint la coqueluche de ma mère. Maman ne l'aimait pas seulement parce qu'il était beau, grand et sérieux, et qu'il me respectait comme un bouddha, mais aussi parce qu'il ne faisait aucune remarque sur notre niveau de vie. Lui qui venait d'un milieu aisé, et qui était destiné aux plus hautes responsabilités de l'administration fiscale de la ville, semblait heureux de partager les modestes repas que ma mère préparait. Xue Feng pouvait rester des heures à me regarder faire mes exercices d'anglais.

Ma mère me rapporta qu'un jour, en mon absence, Xue Feng lui avait avoué qu'il attendait que je sois plus âgée pour m'épouser. Même s'il devait patienter longtemps, jusqu'à ce que je sois prête. Il crut bon d'ajouter que ses parents étaient influents et fortunés et que sa propre carrière était assurée. En clair – et maman était de cet avis –, fonder une famille avec lui signifierait pour l'élue de son cœur une vie douce et sans embûches.

Aussi, quand ma mère désormais nous voyait partir en balade le soir, elle insistait presque pour que l'on rentre le plus tard possible.

— Je trouve que vous allez parfaitement ensemble, me dit-elle un jour.

— Oui, je l'aime beaucoup, lui répondis-je.

— Et il t'aime vraiment ! Quand tu auras dix-neuf ans, il en aura vingt. Ça fera trois ans que vous vous connaissez. Dans deux ans vous pouvez vous marier, et deux de plus, faire un enfant.

— Maman ! j'ai dix-huit ans, je ne suis jamais sortie de Changchun, et tu veux déjà me marier ?!

— Je ne te pousse pas, ma fille. C'est juste que, quand on trouve un bon garçon comme Xue Feng, un grand et beau jeune homme qui vient d'une famille riche, et qui t'adore autant, il ne faut pas le rater !

— Mais rater quoi, maman ?

— Rater ta chance d'avoir une vie heureuse et tranquille !

— …

— Réfléchis, Fei. Tu as le temps, mais crois-tu que la vie soit meilleure ailleurs qu'à Changchun ? Ici tu as ta famille, tes amis, tes habitudes. Réfléchis.

Je comprenais ma mère, Xue Feng avait, malgré son jeune âge, des allures de gendre idéal, et paraissait très mature. Mon père, s'il ne disait pas grand-chose quand Xue Feng était à la maison, était toujours courtois, et se drapait dans une dignité silencieuse et bienveillante à l'égard du jeune homme. Mes parents espéraient que je l'épouse, comme s'il était le meilleur parti qui puisse m'être proposé. Mais le mot « mariage » signifiait pour moi une sorte de conclusion, une fin, comme dans les contes de fées. Comment aurais-je pu me satisfaire d'un tel *happy end*, alors que je n'avais encore rien vécu ?

13.

Grand-mère fut emportée par la maladie en 1996. Elle s'éteignit comme une fleur séchée balayée par une brise trop forte. Quand je la vis étendue sur son lit d'hôpital, le masque de la mort que j'apercevais pour la première fois n'était pas parvenu à lui ôter cette apparente sérénité qu'elle avait affichée les dernières années de sa vie. Grand-père la pleura à sa manière, sans montrer ses émotions, et commença pour lui une vie itinérante, où chacun de ses enfants l'accueillit à tour de rôle pour pallier la solitude de ses vieux jours. De temps en temps il vint chez nous, et me vit travailler sur mes cours de comptabilité, mais jamais il ne s'intéressa à mes études. Il est vrai que j'étais loin des textes classiques qu'il affectionnait tant.

Au début de l'été 1998, j'achevai enfin de passer la totalité de mes examens en candidate libre après deux ans et demi d'études. J'obtins mon diplôme en autodidacte comme je l'avais promis à mes parents. À dix-neuf ans, il était temps de me lancer dans le monde du travail.

Le premier réflexe de mon père fut de me présenter à une riche cousine qui possédait quelques sociétés immobilières dans la ville. La cousine fortunée était d'une branche très éloignée des Xu, mais papa considéra que nous devions tout de même tenter notre chance auprès d'elle, vu que je n'avais pas fait d'école et que, selon lui, je ne savais faire qu'une chose à peu près correctement : compter.

Un matin, il acheta quinze kilos d'oranges, un gros sac de champignons noirs de la forêt, et un pack de Coca pour ce rendez-vous important. Il me demanda de m'habiller du mieux que je pouvais, ce qui fut vite expédié. Je passai un pantalon et une chemise noirs, et enfilai une paire de baskets, seules chaussures présentables en ma possession.

La cousine de mon père habitait dans le quartier d'affaires du centre-ville de Changchun, une résidence qui ressemblait beaucoup à celle de ma copine Wu Dan.

Quand la grande porte blindée de son appartement s'ouvrit devant nous, je fus comme aspirée par un immense espace blanc haut de quatre ou cinq mètres. Le salon était gigantesque, une série de canapés de cuir meublait la vaste pièce, face à une télévision trois fois plus grande que la nôtre. J'étais si impressionnée par la décoration de cet endroit lumineux que je n'entendis pas mon père m'interpeller :

— Dis bonjour à ta tante Yan ! me dit-il en me poussant devant elle.

— Euh... Bonjour tante Yan, répondis-je le plus poliment du monde.

Le regard de tante Yan me scruta de la tête aux pieds, avant de m'envoyer me servir à manger à l'autre bout du séjour, dans la cuisine américaine, aussi immaculée qu'une salle d'opération.

Je restai prisonnière de cet espace aseptisé, sans oser toucher à quoi que ce soit de peur d'en détruire la belle ordonnance. Je me lançai dans la dissection d'une orange, à main nue, tout en observant discrètement la discussion entre mon père et sa cousine à l'autre bout du loft.

Papa déploya toute sa force de persuasion afin que notre riche parente me prenne sous sa protection. Je voyais mon pauvre père qui peinait, et j'en souffrais autant que lui. De temps à autre, le regard lourd de tante Yan se tournait vers moi, puis revenait vers papa qu'elle écoutait tel un sphinx. Au bout de trente minutes, une éternité durant laquelle je restai figée devant mon orange entière et dénudée, elle me fit signe d'approcher. Je reposai le fruit sur le marbre glacé du plan de travail, et les rejoignis comme j'aurais traversé le Styx.

— Quelle école a-t-elle fait, la petite Fei ?!

— Je n'ai pas fait d'école, tante Yan, mais j'ai appris la comptabilité et l'anglais à la maison par correspondance, lui répondis-je, la tête dans mes baskets.

— Quel niveau d'anglais as-tu ?

— Je ne sais pas, je n'ai pas passé de tests. Je l'ai appris en autodidacte, mais j'ai fini première au concours du lycée…

Mes réponses firent leur effet : un bide total. La tante Yan, je la comprenais, n'allait pas s'embarrasser d'une pauvresse sans qualification, fût-elle une petite cousine éloignée.

Mon père quitta ce loft en ne manquant pas de souligner combien l'endroit lui paraissait riche et confortable. Il me persuada qu'il y avait de l'espoir, que la tante Yan s'était montrée attentive, il était certain qu'elle nous rappellerait. Ce qu'elle ne fit jamais.

Moi, en sortant, j'étais glacée et morte de honte d'avoir vu mon père essayer de me vendre, avec – il faut bien l'avouer – beaucoup de mal. Cette visite me rappelait une scène d'un roman classique chinois, *Rêve de pavillon rouge*. Une vieille paysanne accompagne son petit-fils chez une riche parente, en espérant qu'elle le prenne sous son aile. La vieille femme est tellement impressionnée par la richesse de la demeure, les vêtements de ses hôtes, et la finesse des mets qu'on lui présente, qu'elle en devient maladroite, pathétique jusqu'au ridicule dans son attitude de soumission. C'est exactement ce que je ressentis ce jour-là. J'étais ridicule dans mes vêtements de pauvre, et mon père était pathétique dans ses prières pour me faire engager chez notre parente. L'attitude distante et polie de Yan vis-à-vis de nous ne parvint qu'à renforcer ce sentiment d'humiliation qui me nouait la gorge.

Sur le chemin du retour, jusqu'à la maison, papa ne desserra pas les dents. Son silence était éloquent. Il aurait bien du mal à caser sa fille sans vrai diplôme et parlant approximativement une langue étrangère – qui, de toute façon, ne servirait à rien.

Je passai une nuit blanche à considérer mon cas.

Assise sur mon lit, à l'abri de mes trois mètres carrés, dissimulée derrière mon rempart de cheveux, je laissai quelques larmes rouler sur mes joues.

C'était un fait, je n'étais ni intelligente, ni jolie, qu'est-ce que tante Yan aurait pu faire de moi ?

C'était bien beau tous ces raisonnements du type : « *je suis* le monde… », le seul guide de ma vie. Mais, en réalité, qu'avais-je fait d'exceptionnel pour pouvoir être fière de moi-même ?

Tout ce que j'avais appris n'était que des bouts de connaissances glanés ici ou là, rien de complet, d'achevé. Si un employeur devait choisir entre un jeune diplômé fraîchement sorti d'une école d'État, et moi qui avais appris toute seule, je n'avais aucune chance, car mes diplômes de comptabilité et d'informatique passés en autodidacte n'étaient rien, comparés à ceux délivrés par l'université. L'État ne leur accordait pas la même valeur, comme on l'apprit à mon père quand il vint récupérer mon certificat au centre d'examen. Il me fallait ouvrir les yeux. Face aux milliers d'universitaires qui arrivaient chaque année sur le marché du travail, j'étais hors course.

C'était injuste, mais il fallait que je m'apprête à affronter cette dure réalité qui m'attendrait à chaque rendez-vous d'embauche.

Certes, je connaissais des chansons en anglais, mais ça ne me servirait pas à grand-chose pour trouver un job de comptable.

Et si les jolies filles arrivaient à jouer de leur charme pour décrocher des boulots, moi, avec mon casque de cheveux devant les yeux, j'aurais effrayé n'importe quel patron.

Quel était donc mon futur, si j'en avais un ?

Cette question résonna dans ma tête, franchit la mince paroi des murs de ma chambre, tournoya dans l'appartement et s'envola par-dessus les toits de la ville. Son écho redoutable s'abattit sur moi comme tout le poids du monde sur mes frêles épaules. Comment pouvais-je envisager que le « rien » que j'étais pouvait avoir un avenir ? Désespérée, je pleurai jusqu'au milieu de la nuit, quand, n'ayant plus de larmes pour drainer mon chagrin, me vint cette autre question :

Et s'ils avaient tort ? Pourquoi devais-je suivre les ordres de mon père, me mettre à genoux devant tous ces gens qui me dénigraient sans même avoir pris la peine de tester ma valeur ? Pourquoi devais-je les laisser me juger, moi qui n'avais commis aucun crime, hormis ceux d'être pauvre, née dans une famille sans pouvoir et sans influence, et de refuser de mourir écrasée par un système ? Soudain, du fond de mes entrailles, c'est la colère qui monta comme un torrent de lave. Cette puissante injustice m'enflamma l'esprit. Non ! je n'étais pas nulle. Et oui ! je devais continuer de refuser ce que l'on voulait m'imposer, et ne plus subir le mépris des autres.

J'avais dix-neuf ans et, sans avoir été à l'université, j'avais un niveau licence. Je parlais anglais, certes pas très bien, mais beaucoup mieux que tous ceux que je connaissais autour de moi, y compris cet épouvantail à moineaux de prof au lycée technique. J'avais été reçue première de l'école au concours de langue sans y avoir mis les pieds. Je ne pouvais pas me laisser juger avant même de commencer à combattre.

Je séchai mes larmes, et vis la faible lumière du petit matin qui pointait par la découpe des claustras de ma chambrette. Je saisis mon minuscule miroir pour un rapide état des lieux. Ce n'était pas brillant, même dans la pénombre. J'avais ma tête de panda des mauvais jours. Pâle, avec deux pastilles noires autour des yeux. Une fois de plus, mon rideau de cheveux remplirait bien son rôle.

Je me levai et me préparai, déterminée. Ce serait moi qui irais chercher du travail, et pour moi-même ! Il me fallait prouver à mes parents et au monde entier que, si j'étais pauvre, je n'entendais pas le rester, et que j'étais tout sauf inutile.

Au saut du lit, je filai à la Bourse du travail de Changchun où les employeurs recrutaient sur place en passant des annonces.

L'immeuble de la Bourse était aussi dans le centreville, pas loin de chez tante Yan. C'était un grand building blanc contemporain comme les immeubles gouvernementaux, avec leur façade austère. Sur le parvis, des fabricants de cartes de visite proposaient d'imprimer ce que l'on voulait, à des tarifs défiant toute concurrence. Je fus surprise de trouver à une heure si matinale autant d'hommes et de femmes qui se pressaient à l'entrée de l'édifice. La majorité d'entre eux avait fait des efforts pour paraître présentable, certains hommes étaient vêtus d'un pantalon noir et d'une chemise blanche, et les femmes, jeunes pour la plupart, portaient des jupes et des chemisiers qui se voulaient sages.

Je pénétrai dans un grand hall de deux cents mètres de long où de part et d'autre couraient des rangées de bureaux en *open space*, avec les propositions d'emploi affichées sur les panneaux de séparation.

Une puissante odeur de remugle me saisit à la gorge, je pris ma respiration et me jetai dans la foule.

Il faisait très chaud en cet été 1998, le thermomètre dans la salle affichait un beau 40 °C. Une foule compacte se pressait dans les allées pour apercevoir les offres d'emploi, c'était un véritable challenge que de tenir debout, et avancer demandait des efforts surhumains. Manquant de m'évanouir, au bout de vingt minutes, je me résolus à faire comme tout le monde. Je jouai des coudes pour fendre la foule et pouvoir lire les annonces.

Pendant cette période de pleine expansion dans la Chine entière, des centaines de milliers de paysans étaient venus chercher du travail dans la capitale de la province. Leurs yeux étaient comme aimantés par les propositions d'embauche.

Les employeurs recherchaient des candidats avec peu ou pas de diplômes, comme simples manœuvres, ouvriers, ou bien secrétaires, techniciens pour les plus qualifiés.

Les jobs d'hôtesse n'étaient pas pour moi, car, si j'avais moins de vingt-cinq ans, il fallait faire plus d'un mètre soixante-huit et moins de soixante kilos. Je remarquai rapidement que les seuls boulots auxquels je pouvais prétendre étaient ceux sans qualifications particulières, dans le domaine du commerce.

Au bout d'une heure de recherche, je tombai sur une petite annonce libellée ainsi : « Société Hui Sheng, recherche vingt vendeurs/vendeuses. N'importe quel âge, avec ou sans expérience. Il faut avoir la volonté d'apprendre et ne pas avoir peur de souffrir. Idéalement réservé aux gens doués en communication. Formation gratuite, embauche immédiate. Rémunération : trois cents yuans de salaire de base + commission + belles chances de progression au sein de la société. »

J'adorais apprendre, je n'avais pas peur de rencontrer les gens. Trois cents yuans, c'était assez pour manger deux bols de nouilles par jour, et je pouvais gagner plus, si je vendais plus.

C'était pour moi !

Je me présentai devant les responsables de la société Hui Sheng qui me donnèrent rendez-vous le lendemain pour une période d'essai.

Quand j'arrivai au siège de l'entreprise, une trentaine de personnes étaient déjà réunies autour de deux formateurs. On me fit signer un contrat de trois mois à l'essai, j'en tremblai d'émotion. Mon premier job. Je rejoignis le groupe, les jambes flageolantes, pour suivre la formation.

Deux employés de la société survoltés nous décrirent le produit, dans un discours à flux tendu qui maintint l'assistance bouche bée. Il s'agissait de vendre des rasoirs magiques !

En fait de magie, l'engin était rétractable et avait l'aspect d'un gros bâton de rouge à lèvres. Lorsqu'on tournait sa partie basse, la tête du rasoir sortait de son cylindre. C'était un petit objet élégant, pratique, inattendu, et surtout pas cher, puisqu'il était vendu dix yuans pièce.

Selon les coachs, toute personne ayant assez d'argent pour l'acheter était un client potentiel. Et notre mission : faire de la vente directe au détail, partout où l'on pouvait rencontrer un client. En faisant du porte-à-porte, dans la rue, les transports en commun, les jardins et les toilettes publiques s'il le fallait, absolument partout.

Les deux hommes, dans un numéro de duettistes réglé au millimètre, nous expliquèrent ensuite les sept étapes que devait suivre un bon vendeur, ainsi que la règle d'or. Tout ouïe, j'écoutai religieusement ces deux grands prêtres de la vente nous révéler le secret des dieux du Commerce.

Tout d'abord, nous dirent-ils, il faut déterminer les clients potentiels, par exemple, dans la rue. L'un joua le rôle du passant surpris et charmé par cette rencontre inattendue, tandis que l'autre d'une poignée de main ferme retenait ce quidam dans son élan, et jouait le vendeur accrocheur.

Pour clore leur démonstration, les formateurs nous enseignèrent leur fameuse règle d'or : sur dix clients, trois étaient généralement intéressés, et un seul achetait. Donc, si au bout de trente clients aucun n'avait acheté de marchandise, il fallait continuer jusqu'au centième ou deux centième parce qu'à long terme nous avions dix pour cent de chances de réussir.

Réussir !

Ce mot, je l'entendis venir jusqu'à moi, passant par-dessus la tête des apprentis vendeurs, sachant qu'il était primordial, mais sans parvenir à lui donner une définition très claire. Réussir ? Curieuse, j'interrogeai les gens autour de moi sur la signification de ce mot. La plupart tentèrent de répondre à la question avec assurance :

Réussir, c'était gagner beaucoup d'argent, car l'argent, c'était le pouvoir. Avec l'argent de cette réussite, on pouvait acheter beaucoup de choses, voyager, partager de bons repas avec sa famille et ses amis, avoir une grande maison et une grosse voiture, être libre. C'était donc ça, réussir. Cela me parut si évident que je n'avais qu'une envie moi aussi, c'était de réussir ma vie !

Je me sentis tout à coup animée d'une force inouïe. On m'avait donné les clés de la réussite, je connaissais les sept étapes fondamentales de la technique de vente et sa règle d'or. Désireuse de montrer à tous ma vraie valeur, j'étais prête à vendre la lune et à conquérir l'Univers !

La première journée débuta par une séance de briefing pour nous rappeler notre mission : vendre !

Puis, encouragés par un sous-chef d'équipe, qui se faisait appeler « maître », et qui allait nous accompagner dans cette campagne de vente durant les premières semaines, nous partîmes à l'assaut d'un secteur choisi de Changchun, par petits groupes composés de trois ou quatre personnes.

Le soir de cette première épreuve, après neuf heures de marche, j'avais réussi à vendre sept rasoirs, et à me mettre les pieds en bouillie. Mais, quand je vis le triomphe que l'on réservait à la vendeuse n° 1, je repris courage.

Chaque jour, le vendeur qui faisait le plus gros chiffre de vente recevait une ovation, son nom était affiché en grand à l'entrée du bureau, et l'on venait lui serrer la main pour le féliciter.

En sortant de la société, je n'avais plus qu'une envie : être à sa place, que l'on m'applaudisse. Je voulais moi aussi bénéficier du respect et de l'admiration de tous, et gagner suffisamment d'argent pour prouver à mes parents que j'étais une fille capable et intelligente.

Chaque jour, je montais dans plus de vingt immeubles sans ascenseur, et frappais à deux cents portes. J'arrêtais les gens dans la rue, soit seuls, soit en groupe. Je n'avais peur de rien, ni de personne. À tout moment je pensais à la règle d'or que nous avaient enseignée nos formateurs. Et je prenais chaque refus comme une étape qui me conduirait à la victoire.

J'étais si motivée qu'à la fin de la première semaine, avec l'aide de mon « maître », je réussis à vendre une trentaine de rasoirs. On me félicita, l'on m'encouragea, et j'eus enfin droit moi aussi à ma minute de gloire.

L'équipe au complet des quarante-neuf vendeurs vint me serrer la main, on me congratula et l'on rendit hommage à mon courage et à ma persévérance, mieux, on me cita en exemple.

Les semaines suivantes, ni le soleil, ni la pluie, le mal aux jambes, l'épuisement, rien ne m'aurait arrêtée. Je considérais ce job comme la chance de ma vie, et je me donnais à deux cents pour cent afin de... réussir !

À la fin du mois, quand je reçus ma première paie, je n'en crus pas mes yeux. Mille deux cents yuans ! Plus que le salaire mensuel de mon père. Mon premier achat fut une tenue correcte pour ce boulot en or, puis j'emmenais dans la foulée toute ma famille dans un bon restaurant.

Papa confia qu'il était heureux d'être invité par sa fille, mais il ajouta que mon travail n'était pas très digne à ses yeux. Maman changea habilement de conversation pour ne pas laisser papa me démoraliser comme il savait si bien le faire. Elle était très fière que sa fille puisse rapporter autant d'argent que son mari à la maison. Puis, s'adressant à moi sur le ton de la confidence, entre femmes, elle s'inquiéta de mon état. Elle me caressa le visage, le trouvant abîmé par le bronzage de travailleur des champs que j'avais acquis durant mes déambulations dans les rues de Changchun. Pour ma mère, une belle peau était une peau la plus blanche possible. Signe d'appartenance aux classes aisées, où les femmes, en général, étaient exemptées de tout travail, sauf celui de prendre soin d'elles.

— Il faut te préserver, me confia-t-elle. Pense à Xue Feng. Ton copain ne voudra pas s'afficher aux côtés d'une paysanne.

Il était vrai que j'avais beaucoup négligé Xue Feng ces derniers temps. Mon travail était devenu mon unique centre d'intérêt. Mais mon tendre ami avait confié à ma mère que mes priorités étaient les siennes, alors…

Quant à Feng, comme à son habitude, il me gratifia d'une majestueuse bourrade pour me féliciter – ce qui faillit me démonter l'épaule. Il était aussi heureux de mon sort que du bon repas que je lui offris.

Ces quelques mois m'entraînèrent vers la gloire. Ma réussite devenait concrète jour après jour. Qu'importaient les refus que j'essuyais, je progressais et ma valeur se mesurait en yuans.

Pour la première fois de ma vie, j'étais fière de moi. J'arrêtais les taxis en pleine rue, et réussissais à leur vendre parfois jusqu'à dix rasoirs, tant ils étaient touchés par ma sincérité et la passion que je mettais à les convaincre.

Chaque soir, désormais, je recevais les félicitations de toute l'équipe. Les nouveaux arrivants venaient me voir pour me demander des conseils, et, au bout de quatre mois, le directeur général en personne vint me féliciter, mon « maître » reçut de l'avancement, et moi une bonne prime. La vie était somptueuse, je la réussissais !

Un jour, dans un beau quartier de Changchun, je m'arrêtai devant une résidence chic pour personnes âgées. Tout d'abord, on me claqua la porte au nez, systématiquement, du rez-de-chaussée au troisième étage. C'était la troisième équipe de colporteurs qui passait depuis le début de la semaine, et les résidents en avaient plus qu'assez d'être sollicités.

Arrivée au quatrième étage, armée de mon courage et de ma règle d'or, je frappai à une porte qui s'ouvrit sur une dame d'environ quatre-vingts ans, fort élégante. Je lui déclamai mon discours bien rodé, et, avec une douceur extrême, elle m'invita à pénétrer chez elle le temps qu'elle aille chercher son porte-monnaie. Sans doute devais-je lui rappeler sa petite-fille, ou un être aimé pour qu'elle me traite avec autant de gentillesse, et j'en fus touchée. Elle me fit signe de m'asseoir, j'acceptai et appréciai cet instant comme une parenthèse paisible, surtout après la dizaine de portes qu'on m'avait violemment fermées au nez. Mais, lorsque la vieille dame revint vers moi et sortit une énorme liasse de billets pour me payer, je lui proposai immédiatement de prendre vingt-cinq rasoirs de plus, toujours en prétextant que ce produit était vendu au prix coûtant, et qu'elle ferait des heureux en l'offrant à son entourage. À ma grande surprise, elle m'acheta sans discuter les vingt-cinq rasoirs !

Deux cent soixante yuans en une vente, un record absolu ! La vieille dame me remercia encore de tout son cœur en me raccompagnant jusque sur le palier. Et là, je ne sus pourquoi, je la saluai rapidement et pressai le pas avec le sentiment confus qu'il me fallait fuir.

Quand je retrouvai les membres de mon groupe au bas des immeubles voisins et leur racontai mon aventure, je ne ressentis pas la même joie ni la même fierté que d'habitude. Par contre, tous les vendeurs furent épatés par ma performance, et confirmaient par leurs louanges que j'étais vraiment la meilleure d'entre eux. Cependant en moi grandissait un sentiment étrange, envahissant chacune des cellules de mon corps jusqu'à ce que j'en éprouve une sorte d'écœurement. Quelque chose m'empêchait de jouir de ma réussite. Je n'avais jamais éprouvé cela avec une telle intensité. Une foule de questions me taraudait l'esprit.

« Qu'est-ce qu'une vieille dame va faire de vingt-six rasoirs ? Est-ce que je rends vraiment service aux autres ? Et si je venais d'arnaquer une personne trop aimable et sans défense avec ma technique de vente infaillible ? Pourquoi ai-je fait cela ? Pour gagner de l'argent ? Oui ! Mais pour gagner deux yuans, jusqu'où suis-je capable d'aller ? Où est ma limite ? Est-ce que c'est vraiment cela réussir sa vie ? »

Ces idées tournoyèrent dans ma tête les jours suivants jusqu'à m'ôter tout désir de vendre. J'en fis part à mon chef, qui me certifia que je pensais trop. J'avais un brillant avenir dans la société si je continuais sur ma lancée, sans me tracasser d'états d'âme inutiles et surtout improductifs. Mais de quel avenir me parlait-il ? Je voulais réussir ma vie, certes, mais pas en vendant vingt-six rasoirs à une vieille dame qui n'en avait aucune utilité.

Au grand désespoir de mes chefs, je quittai la société Hui Sheng deux jours plus tard.

À la maison, cette démission déclencha un conseil de famille le soir même. Autour de la table ronde, dans notre petite pièce à vivre de dix mètres carrés, nous étions tous les quatre réunis comme pour prendre une décision capitale. Le repas était fini depuis longtemps, sur la toile cirée ne restait qu'un grand bol rempli de graines de tournesol grillées que nous croquions de façon compulsive, maman et moi. Un petit tas d'écorces s'amassait devant nous et grandissait à mesure que la conversation avançait. Pour me justifier, je rapportai à mes parents la scène vécue avec la vieille dame, en leur confiant que je ne trouvais plus de sens à ce que je faisais.

— Elle était si gentille. Et moi j'ai profité de sa générosité pour lui refiler vingt-six rasoirs !

— Ça fait tout juste quatre mois que tu travailles, et tu veux déjà changer ?!

Mon père n'était pas mécontent que j'arrête ce travail, mais il lui fallait souligner mon inconstance. De plus, la parenthèse enchantée de la championne de la vente au porte-à-porte se refermait, et à nouveau se posait la question de mon avenir. Ça n'était pas pour le rassurer.

— C'est une bonne chose d'avoir quitté ce job qui te fait traîner dans les rues par tous les temps, et rentrer à pas d'heure, dit ma mère.

Elle se tourna vers mon père.

— Tu disais que ce n'était pas un boulot assez digne pour elle. Il faut qu'elle trouve un travail dans un bureau, voilà tout.

Mon frère, toujours aussi pragmatique, fut le premier à comprendre qu'il ne fallait pas décider pour moi ce qu'il conviendrait que je fasse, mais plutôt écouter quelles étaient mes envies.

— Sœur, qu'est-ce que tu veux faire maintenant, alors ?

— J'ai envie de voyager. Il fait trop froid ici.

C'est dans la pièce que la température chuta d'un coup. Ma réponse était si inattendue que mes parents me regardèrent stupéfaits, et que mon frère s'arrêta net de grignoter les graines de tournesol les yeux ronds comme des soucoupes.

Mon père, pris de court, chercha une réplique efficace, mais tout ce qu'il trouva comme argument fut :

— Mais tu es née dans le Nord ! Je n'ai jamais entendu les gens d'ici se plaindre de la température ! Ce n'est pas une raison valable…

— Papa, c'est bien toi qui dis tout le temps qu'on apprend plus en marchant des milliers de kilomètres qu'en lisant des milliers de livres, et que l'on apprend plus en rencontrant des milliers de gens qu'en marchant des milliers de kilomètres. Eh bien, moi, maintenant que j'ai lu beaucoup de livres, je veux voyager sur des milliers de kilomètres et rencontrer des milliers de personnes.

Je vis à la façon qu'il eut de baisser la tête et de serrer les mâchoires qu'il s'inquiétait énormément pour moi.

— Alors, où veux-tu aller ? finit-il par dire. Maintenant que le petit oiseau se sent bien armé avec ses ailes neuves, il veut sauter du nid ? Mais pour aller où ? Si tu crois que…

— Dalian ?! dit ma mère avant que mon père ait pu me démontrer que mon projet n'était pas assez sérieux.

Papa jeta un regard incrédule à maman qui enchaîna :

— On a un couple d'amis à Dalian, les Zhang. Fei peut bien aller y passer quelques jours, histoire de se mettre les idées au clair. Et puis je serai moins inquiète si elle va chez eux que si elle continue de traîner je ne sais où. En plus, à Dalian, il y a la mer…

— La mer ?! répondis-je.

Il ne m'en fallait pas plus pour me donner envie de partir à Dalian sur-le-champ. La mer, je ne l'avais vue qu'à la télévision et, chaque matin, quand je regardais en rêvant le dessin de la baie azurée imprimé sur ma tasse. Comment était-ce la vraie mer ?

14.

À l'automne 1999, je quittai pour la première fois Changchun, la ville industrielle du nord de ma Mandchourie natale où j'avais grandi, pour Dalian, une cité éclose sur les rivages plus cléments de la mer de Chine, à sept cents kilomètres de là.

Dalian n'est pas très loin de Qingdao, connue pour sa bière. Les quatre saisons s'y succèdent sans heurt, le climat y est beaucoup moins rude qu'à Changchun. L'été, ce grand port de pêche est rafraîchi par la brise marine et, l'hiver, la température ne descend jamais en dessous de − 5 °C. Xue Feng, mon petit ami, m'avait laissée partir vers cette aventure, me donnant raison, en la considérant comme une étape positive dans mon évolution, même si, derrière ce noble sentiment, il s'apprêtait à souffrir de cette séparation.

Après neuf heures de train, je fus saisie dès mon arrivée par un agréable parfum, comme l'odeur d'une inconnue qui aurait laissé son empreinte lors d'une balade en ville. Il régnait une atmosphère salée et douceâtre, qui avait relégué la pollution de Changchun, encore présente sur mes vêtements, à un vieux souvenir. Mon enthousiasme à me retrouver hors de chez moi, dans une ville nouvelle, en fut certainement la cause, mais les premières personnes que je croisai me donnèrent l'impression d'être beaucoup plus heureuses

140

qu'à Changchun. Comme les amis de mes parents, les Zhang, qui vinrent me chercher à la gare. M. Zhang allait sur ses cinquante ans. Il était robuste, héritage de cette période où il était ouvrier forestier avec papa. Je découvris son visage hâlé et souriant derrière une feuille de papier où était inscrit mon nom et qu'il brandissait au-dessus de sa tête. Sa femme, Lian, habillée d'un ensemble clair et élégant, se tenait à ses côtés, et se précipita vers moi pour me soulager de mes bagages. Ils m'accueillirent chaleureusement, enchantés de découvrir la jeune fille que j'étais devenue, se remémorant la fillette de quatre ans qu'ils avaient connue au camp.

La voiture modeste de couleur grise et le petit sac de cuir que M. Zhang tenait bien serré sous son bras étaient révélateurs du niveau de vie respectable qu'il avait atteint. Les Zhang faisaient partie de ces couples de la nouvelle classe moyenne chinoise, émergente à la fin des années 1990. M. Zhang avait bénéficié des appuis de son beau-frère, et avait su saisir des occasions que mes parents, enracinés dans leurs devoirs familiaux, avaient laissées filer. En outre, papa, qui n'avait pas l'âme d'un businessman, avait choisi un travail sûr dans une école, mais avec très peu de chances de promotion. Quant à maman, ses connaissances ne lui permettaient pas d'espérer autre chose qu'un travail d'ouvrière non qualifiée.

M. Zhang, après le camp forestier, s'était rendu à Dalian avec sa jeune épouse, et dans ce port en pleine expansion ils avaient su tirer les avantages de l'ouverture du pays au reste du monde. M. Zhang était devenu l'associé de son beau-frère, un ancien fonctionnaire de police, dans une affaire immobilière qui promettait d'être très florissante. À partir du milieu des années 1980, bon nombre de fonctionnaires avaient quitté leur emploi garanti par l'administration, mais trop peu rémunéré, et s'étaient lancés dans les affaires pour faire fortune. Beaucoup d'anciens gradés de la police, des professeurs, des cadres administratifs…, formèrent cette population de gens relativement aisés dont la famille Zhang était représentative.

M. Zhang, heureux de me faire découvrir la ville, choisit un itinéraire en fonction des beautés architecturales du centre de Dalian. Le ciel était clair, comparé à celui de Changchun, et zébré par des nuées de pigeons qui donnaient à chaque monument un air féerique et prodigieusement exotique. Jamais de ma vie je n'avais vu autant de ces oiseaux des villes qui disputaient le ciel aux mouettes et aux goélands. Et je fus pareillement étonnée de découvrir des bâtiments que je ne connaissais qu'en photo et qui pour moi n'existaient qu'en Occident. Quand, ravie de découvrir la beauté et la grâce de cette architecture, je questionnai M. Zhang sur son origine, il se fit un plaisir de me donner quelques détails historiques.

— Ah ! ma fille, Dalian est une ville unique en Chine ! Les Russes y sont restés de 1897 à 1905 et ont voulu reproduire le plan de Paris, figure-toi !

— Paris ?! dis-je d'un ton incrédule et émerveillé.

— Oui ! Paris en France. Regarde ! dit-il avec fierté, tandis que nous arrivions sur une place circulaire extrêmement vaste, parsemée d'espaces verts méticuleusement ordonnés et ornés de fontaines d'où jaillissaient des jets d'eau s'élançant vers le ciel et retombant dans des vasques de marbre.

Nous traversâmes l'esplanade cernée de corps de bâtiment qui paraissaient directement importés de la capitale française, et M. Zhang me déclara :

— Cette place a été inspirée et dessinée d'après les plans de la place de l'Étoile qui se trouve au bout des Champs-Élysées à Paris.

Comme je restais sans voix devant tant de beauté, Mme Zhang se tourna vers moi en souriant et m'annonça que son mari, quand ils seraient à la retraite, lui avait promis qu'ils se rendraient à Paris et qu'ils iraient sur les Champs-Élysées. Puis elle donna une petite tape amicale sur l'épaule de son époux.

— N'est-ce pas, monsieur Zhang ?!

— Tssitt !?! On ne doit pas parler au chauffeur ! répondit M. Zhang en me lançant un clin d'œil complice dans le rétroviseur.

Puis il enchaîna sa visite guidée de Dalian.

— Ils l'avaient baptisée place Nicolas-II à l'époque… Puis, les Japonais ont chassé les Russes, en 1905, mais ils ont continué à construire la ville en conservant les mêmes plans jusqu'à ce que nous les en chassions, et rebaptisions cet endroit que tu vois Zhong Shan Music Plazza. Ça c'est parce que les gens viennent y danser le soir, sur les petites placettes entourées de massifs de fleurs, tu vois ?!

— Ouiiii ! répondis-je, avec un sourire ébahi qui ne me quitta pas jusqu'à chez eux.

Les grandes avenues étaient bordées de magnifiques bâtiments de la fin du XIXᵉ, derrière lesquels des buildings modernes abritant des banques et des entreprises s'élevaient sur plus de quarante étages. La voiture quitta le centre et fila vers l'est.

— Fei, tu n'es jamais sortie de Changchun, hein ?

— Non, monsieur Zhang.

— Pas de « monsieur Zhang », ma fille. C'est tante Lian et oncle Ren. On t'a fait sauter sur nos genoux quand tu étais petite, tu te souviens ?

— Non mons… oncle Ren.

— Oh ! j'ai un souvenir de toi extraordinaire, tu étais une petite fille si mignonne ! et sage ! me dit Lian, avec un air presque attristé.

— Et douée ! Ton père te traînait dans tout le camp pour te faire réciter les poésies qu'il t'apprenait. Qu'est-ce qu'il était fier de sa fille, cet homme-là !

Papa, fier de moi ! Les Zhang rappelaient à mon souvenir une époque où la fillette que j'étais n'arrivait pas à dormir tant son père la tenait fort dans ses bras. Ma gorge se serra sans que je puisse contrôler cette émotion qui m'étreignit d'un coup. Ce père qui ne me trouvait désormais jamais assez belle, ou intelligente, m'avait adorée, et la douleur de ne plus sentir son affection se logea comme une brûlure au creux de mon ventre. Je baissai la vitre de l'auto et aspirai un grand bol d'air marin pour dénouer cette sensation douloureuse, au moment où l'oncle Ren me lança un regard complice dans le rétroviseur.

— Respire, Fei ! Parce que, si tu n'es jamais sortie de Changchun, il faut que tu profites du bon air, et puis tiens, regarde, puisque c'est la première fois !

La voiture déboucha sur la large avenue du front de mer. La mer ! Devant moi son immensité se déroulait jusqu'à la ligne d'horizon où le ciel l'épousait, formant un camaïeu de gris bleutés. L'oncle Ren arrêta la voiture sur la promenade, et je reçus sur mes joues encore engourdies par la fatigue du voyage le baiser humide et vivifiant de la marée. C'était donc ça, la mer ?! Je ne pus résister à l'envie de sortir de la voiture. Aussitôt, mon corps fut happé par la brise marine. En regardant cette étendue mouvante qui dessinait un trait légèrement courbe, je découvrais un monde infini dans lequel je voulais me fondre. Jamais je n'avais ressenti un tel bien-être. Je levai les bras, tel cet oiseau qui filait au-dessus de ma tête et me salua de son cri déchirant. L'image colorée de ma tasse laissée à Changchun ne pouvait en aucun cas reproduire ce que je vivais à cet instant. La mer n'était pas bleu azur mais avait une teinte cuivrée qui, mêlée au ciel gris-bleu, formait une toile d'une douceur extrême. Mes yeux voyaient enfin ce paysage qu'aucun immeuble, aucun arbre, ni aucune montagne ne pouvait masquer, et mon désir d'aller au-delà et de découvrir le vaste monde en fut encore plus fort. Tante Lian m'extirpa de mes rêveries.

— Je t'y emmènerai demain, Fei ! Allez, file, monsieur Zhang, cette petite est affamée, il faut vite la nourrir.

Les Zhang me conduisirent chez eux où un bon dîner de fruits de mer m'attendait. Tante Lian avait préparé cinq plats : couteaux sautés aux échalotes, crabes cuits à la vapeur au vinaigre de riz, coquilles Saint-Jacques au vermicelle aillé et à la sauce d'ormeau, et un poisson cuit au barbecue sur des lamelles de bambou, accompagné de riz blanc et d'une bière blonde locale légère.

Tout en me régalant de ces mets savoureux, bien meilleurs que tout ce que j'avais pu goûter jusqu'alors, je dus leur donner des nouvelles de toute la famille. Ils me questionnèrent, me pressèrent de leur raconter ce que je voulais faire, et me prièrent d'accepter leur aide en quoi que ce soit. J'étais leur hôte, ils me traitèrent comme leur fille. C'est d'ailleurs dans la chambre de celle-ci qu'ils m'installèrent. La jeune fille s'était mariée un an plus tôt, et avait définitivement quitté la maison. À la façon dont tante Lian prit soin de moi, je sentis que sa fille lui manquait. Je la remerciai chaleureusement et ne lui cachai pas le bonheur de dormir dans un grand lit. Elle eut du mal à retenir ses larmes quand elle me laissa enfin seule dans cette grande chambre toute rose. En me glissant dans les draps, j'avais l'impression agréable d'être un bonbon empapilloté.

Ce soir-là, dans ce grand lit, je m'imaginai être un oiseau des mers déployant ses ailes à la conquête d'une nouvelle vie. J'avais hâte de sentir le vent sur ma peau, de regarder s'échouer les vagues sur la plage, de manger de nouveau des fruits de mer, de goûter à une vie qui serait forcément exaltante, loin de la famille, des hivers monstrueux de Changchun et de sa grisaille. L'urgence, décidai-je, était de trouver un vrai travail et de partir à la rencontre du vrai monde. Je me souvins des conseils avisés de Xue Feng, qui m'avait certifié que toute expérience professionnelle nouvelle serait profitable lors de mon retour à Changchun. Si j'étais de son avis, Changchun me parut en revanche à des années-lumière de cette belle cité portuaire à l'air si vivifiant.

Trois jours plus tard, mes vœux étaient exaucés. Je trouvai un emploi dans un restaurant comme réceptionniste et caissière. Ce fut une grande satisfaction pour moi de constater que c'était grâce à ma formation de comptable que j'obtins ce job. Ces études qui ne m'avaient pas passionnée se révélaient finalement utiles, papa avait vu juste. Je devais au moins lui accorder cette clairvoyance. Je remerciai les Zhang pour leur hospitalité, et leur promis de passer les voir dès que j'en aurais l'occasion.

La patronne du restaurant se prit d'affection pour moi au premier coup d'œil. Ma bouille honnête et fraîche lui plut. Elle m'offrit un salaire de six cents yuans par mois, plus le gîte et le couvert pour un poste à responsabilités – comme elle le souligna – où je devais encaisser les additions et accueillir les clients. Rong – c'était son nom – était une très belle femme de trente-huit ans, célibataire. De sa silhouette fine et élégante, avec ses cheveux courts, ses grands yeux et sa bouche pulpeuse et bien dessinée, irradiait une puissante sensualité. Et, si j'étais sensible à sa beauté ravageuse, les nombreux hommes qui fréquentaient son établissement l'étaient encore plus.

Elle me prit sous son aile, et me métamorphosa en un éclair.

Tout d'abord, elle me fit cadeau d'un *qi pao*, la robe traditionnelle chinoise, de couleur rouge, assez courte, et me coiffa – je ne sais pourquoi – comme la princesse Leia dans *Star Wars*, les cheveux tirés en arrière, avec deux énormes chignons tressés sur les côtés du crâne. J'étais transformée. Ainsi parée telle une petite poupée asiatique, je trônais derrière ma caisse, que je quittais seulement pour accueillir les clients de marque.

146

En trois semaines, j'appris à gérer ma caisse, le staff des serveuses, les achats pour le restaurant, et je fus suffisamment à l'aise dans mon travail pour observer à loisir le jeu des clients dans la salle devant moi.

Je découvris rapidement qu'il y avait deux types de clients masculins : ceux qui payaient, et ceux qui ne payaient pas.

Dans le premier cas, ceux qui payaient – les clients normaux – étaient faciles à satisfaire. Ils commandaient, on leur donnait les meilleurs plats possible – et le cuisinier connaissait son affaire –, on leur souriait, on assurait un service impeccable, et le tour était joué. Retranchée derrière mon bar, ce qui m'amusait et m'étonnait le plus était le comportement de cette faune au-delà d'un taux d'alcoolémie raisonnable. En quelques minutes, leur vocabulaire et leur attitude changeaient radicalement, et je pus mesurer à quel point la nature de certains hommes pouvait se révéler différente. Plus les jours passaient, plus je décelai la fragilité de leurs masques d'hommes sérieux, qui, une fois tombés, laissaient apparaître de hideux personnages, dont la pusillanimité rivalisait avec la lâcheté. Untel se vantait d'inviter au restaurant depuis vingt ans un type qu'il détestait et qu'il arnaquait régulièrement. Et la tablée riait de cette forfanterie, pleine d'admiration pour ce convive tellement habile à manipuler les gens sans aucune pitié pour les victimes. Tel autre ne comptait plus les « sex-crétaires » qu'il embauchait, mettait dans son lit, et virait immédiatement après, au nez et à la barbe de sa femme, tout en râlant sur l'impossibilité de trouver du personnel valable de nos jours. Ce qui déclenchait l'hilarité générale autour de la table. Sexe, argent et vantardises, c'était la comédie quotidienne que m'offraient les six tables devant moi. Six théâtres permanents où les comédiens dopés à la bière et au vin de riz me livraient un spectacle d'une rare férocité.

Protégée derrière ma caisse, je perfectionnais mon apprentissage du monde des adultes, déjà amorcé avec la vente des rasoirs et qui fut encore complété par la découverte de la deuxième catégorie d'individus du restaurant de Dalian : ceux qui ne payaient pas.

Ceux-ci étaient les plus importants et les plus difficiles à contenter. C'était la stratégie de Rong que de satisfaire ces fonctionnaires qui occupaient des postes à responsabilités, pour qu'en contrepartie ils ne gênent pas la bonne marche de son entreprise florissante. Les problèmes d'hygiène, de taxes et d'impôts, de contrats de travail ou d'évacuation des eaux usées se réglaient d'ordinaire autour d'un bon repas bien arrosé et à la discrétion de la patronne. Rong gardait toujours une table de libre pour qu'à tout moment ces personnalités puissent être satisfaites avec les vins de riz les plus fameux, les plats les plus chers comme les ailerons de requin aux pousses de bambou et aux émincés de bœuf, ou des ormeaux aux délices assortis. Rong leur assurait en plus les services de deux serveuses un peu spéciales, qui ne servaient rien d'autre qu'elles-mêmes à ces clients particuliers, dans la pénombre d'un salon privé. L'une avait vingt-cinq ans et l'autre vingt-sept, elles étaient jolies et toujours maquillées et habillées pour la circonstance.

Elles ne travaillaient au restaurant que le soir, et ce ne fut qu'au bout d'un mois que je compris quel type d'activité elles exerçaient, quand Rong m'apprit à intégrer leurs tarifications sur les factures. Je devais noter une consommation équivalente à une bouteille de Red Label vendue trois cents yuans correspondant à la prestation de la plus âgée, et facturer une bouteille de Black Label à quatre cents yuans pour les performances de la plus jeune. Tout cela sans qu'aucune bouteille de ces excellents whiskys ne quitte l'étagère derrière moi.

Rong menait tout ce petit monde à la baguette. Elle pouvait être d'une sévérité extrême avec les employés, comme se montrer la plus douce et la plus charmeuse des femmes quand il s'agissait de satisfaire l'*ego* des hommes de pouvoir. Il me sembla qu'elle était une merveilleuse actrice – il faut dire que j'étais aux premières loges pour apprécier son numéro.

Elle mettait en valeur sa beauté en se servant de cette subtile fragilité et de cette délicatesse qui faisaient fondre tous les hommes. Elle leur laissait entrevoir la possibilité d'entretenir avec elle une relation amicale un peu spéciale, mais gardait toujours une distance qui les laissait sur leur faim. Les hommes revenaient à la charge sans jamais parvenir à conquérir cette femme inaccessible, jusqu'à ce qu'ils se satisfassent de regarder Rong comme une amie intime.

Cette princesse qui régnait sans partage sur son petit monde me surprit pourtant un soir, à la fin du service, quand je la trouvai en larmes dans un coin du restaurant. C'était après la visite d'un homme qui fréquentait régulièrement l'établissement. Quand elle m'aperçut, elle me fit signe de la rejoindre tout en séchant délicatement ses larmes. Elle était triste et souhaitait ma compagnie, que je lui accordai, touchée d'être sa confidente. Je pris place en face d'elle, elle me saisit la main. Rong était magnétique, et, ne faisant pas exception à la règle, je ne pouvais résister à son pouvoir d'attraction.

Elle m'apprit que cet homme qui venait de quitter le restaurant était son amant, et qu'il était marié. Elle l'aimait, mais pour rien au monde elle n'aurait voulu qu'il quitte sa femme et son enfant, et vienne partager sa vie avec elle. Rong était une maîtresse dans tous les sens du terme, et tenait à le rester. Elle me confia qu'elle était la souveraine absolue de son territoire et de ses affaires, qu'elles soient commerciales ou amoureuses, et qu'aucun homme ne l'en détrônerait. Rong me mit en garde, comme elle l'eût fait avec sa propre fille, contre ces prédateurs et leur nature volage, leur manque de scrupules et leur aisance à blesser les âmes pures. Un peu désarmée, j'essayai de la réconforter en lui confiant qu'elle m'apparaissait comme un modèle de réussite grâce à son indépendance, sa réussite sociale, tous ces hommes à ses pieds, cette part de romantisme qu'elle gardait intacte au fond d'elle-même et qui ne la rendait pas totalement cynique. Mais elle m'arrêta subitement, en m'intimant l'ordre de ne jamais suivre son modèle ni celui d'aucune autre. Manipuler les hommes n'avait rien de glorieux, quant à la beauté, Rong m'assura qu'elle était bien fragile et ne durait que trop peu dans la vie d'une femme. Elle espérait que je ne m'aventure pas de sitôt sur le territoire masculin, et me pria de rester bien sagement à la place qu'elle m'avait confiée, où j'avais encore beaucoup de choses à apprendre.

Au bout de trois mois, suivant ses conseils à la lettre, je maîtrisais mon travail sur le bout des doigts, mais, cantonnée dans mon rôle de réceptionniste souriante, je finis par m'ennuyer.

Un soir, alors que le service s'achevait, me laissant aller à observer autour de moi la ronde des employés, je remarquai les regards que notre chef cuisinier me lançait à la dérobée. Il avait cinq ans de plus que moi, n'était pas sans charme, et cette façon discrète mais appuyée de manifester son intérêt me troubla.

Je ne sus pourquoi, peut-être pour tromper l'ennui, je commençai à répondre à ses œillades avec la timidité qui s'imposait, et le jeune chef ne fut pas long à réagir.

Après le service, Jun – c'était son prénom – me proposa de partager une promenade nocturne dans les rues chargées d'embruns de Dalian. Comme j'hésitai, il m'assura qu'il se conduirait en gentleman, et sa mine sincère m'invita à le suivre. Il eut une attitude conforme à ce qu'il avait promis, et je découvris un jeune homme droit et agréable loin de l'esprit tordu de certains des clients de Rong. La présence et l'attention de ce garçon simple me tirèrent de la lassitude de mon travail. Nous prîmes rapidement l'habitude de dîner tard, après le service, dans les petits restaurants près du port, sur le front de mer. Sur des petites places, en marge des établissements en dur, des commerces ambulants avaient installé des tables et des chaises en plastique, et servaient des brochettes de fruits de mer et de viande que l'on dégustait accompagnées de bière locale. L'ambiance y était décontractée et familiale. Nous passions tous nos jours de repos ensemble, nous nous baladions dans la ville, il prenait la peine de m'accompagner dans les librairies où j'aimais flâner à la recherche de nouvelles lectures. Il me réservait les meilleurs plats pendant le service, et toute l'équipe se montra plus respectueuse que jamais envers moi. Il était attentionné et tendre, son physique protecteur, pas très grand mais assez fort, me plaisait et rendait ma solitude loin de ma famille moins lourde à supporter. Quant à Xue Feng, les sept cents kilomètres qui me séparaient de lui avaient réduit nos conversations téléphoniques de deux heures à deux minutes.

Je pensais bien à lui, souvent, mais ma curiosité et ma soif de découvertes étaient plus fortes que tout. De fait, Xue Feng s'était trouvé distancé dans mon cœur, sans que j'y prenne garde.

Une nuit, alors que Jun me raccompagnait à la porte de ma chambre, nous échangeâmes un baiser furtif, mais, comme je manifestai plus de surprise et de timidité que d'entrain, notre relation ne franchit jamais ce chaste seuil. C'était un garçon sérieux qui avait des projets. C'est ce qu'il entreprit de me faire comprendre, le soir suivant, lors d'un dîner en tête à tête. Ce doit être vers le cinquième mois après mon arrivée qu'il m'annonça les plans d'avenir qu'il avait imaginés pour nous deux.

Tout d'abord, nous allions nous marier. Puis, après quelques années, quand nous aurions gagné suffisamment d'argent, nous ouvririons un restaurant bien à nous. Lui s'occuperait de la cuisine, moi de la salle, car, comme il avait pu le constater chez Rong, je me débrouillais plutôt bien à ce poste-là. Ainsi nous vivrions harmonieusement et accueillerions, un peu plus tard, un petit enfant qui gambaderait dans notre restaurant.

Cette nuit-là, lorsqu'il acheva de me décrire la limpidité de notre future vie commune sous les lumières douces de la place de la Victoire de Dalian, il y avait tant d'espoir dans son regard que je n'eus pas le courage de le ramener à ma réalité.

Je ne savais pas de quoi serait fait mon avenir le mois suivant, alors, quand je reçus cette demande en mariage, et m'imaginai ouvrir un restaurant avec ce jeune cuisinier, je pris peur.

Deux jours plus tard, je donnai ma démission à Rong, qui voulut à tout prix me retenir. Mais rien – pas même ses promesses d'augmentation – ne parvint à me faire rester. Elle ne comprenait pas cette décision si soudaine, mais, comme je ne voulais ni lui mentir, ni lui dire la vérité, je ne lui dévoilai rien. Nous eûmes tout de même beaucoup de mal à nous séparer, car notre affection était sincère. Rong me fit cadeau des jolies robes qu'elle m'avait prêtées.

Je fis mes adieux aux Zhang qui regrettèrent de me voir partir si tôt, et achevai ainsi mon expérience à Dalian, au début de l'année 1999. Je revenais à la maison avec quelques centaines de yuans d'économies, et des cadeaux pour toute la famille.

15.

En arrivant à Changchun après presque six mois d'absence, je fus reçue comme une héroïne de guerre par les miens. Papa vint me chercher à la gare et prit sur son dos tous mes sacs en m'interdisant d'y toucher. Il afficha un sourire dont il ne se départit pas de tout le trajet jusqu'à la maison. À l'appartement, c'est Feng qui me sauta sur le dos en m'écrasant de tout son poids. Nous roulâmes sur le sol en riant comme des idiots, alors que ma mère criait qu'il allait me rompre les os et qu'elle voulait me revoir vivante avant qu'il ne m'achève.

Ils s'étaient surpassés. Mes parents avaient cuisiné mes plats préférés : champignons noirs sautés aux piments verts, poulet et pommes de terre sautées au wok, accompagnés de maïs cuit à la vapeur et d'un gros plat de riz noir. Un festin.

Ce soir-là fut un moment de joie intense pour mes parents qui pouvaient réunir comme autrefois la famille au complet. Les commentaires et les remarques fusaient. On trouvait que je n'avais plus cette démarche timide, avec la tête baissée. Maman s'inquiéta, car elle me trouva amaigrie. Feng la contredit en lui faisant remarquer que ce séjour m'avait au moins servi à ne plus être une grosse dondon. Je leur racontai mon travail au restaurant, les gens que j'avais connus, les fruits de mer et l'odeur si particulière qui flottait en ville.

Toute la famille se réjouissait de mon retour à la maison. Mes parents étaient soulagés de voir que j'avais enfin compris que le monde était trop vaste pour mes petites ailes, et qu'il était préférable de rester chez soi, pas trop loin d'eux.

Ils ne se doutaient pas que je venais à Changchun pour leur annoncer que j'allais partir à nouveau. Je ne faisais qu'une escale avant de m'envoler vers une destination bien plus lointaine. J'avais pris ma décision dans le train du retour. Hors de question d'échouer à nouveau à Changchun. Il me fallait aller là où le climat était plus clément, je ne survivrais pas à un hiver de plus en Mandchourie.

— Quoi ?! Tu es à peine rentrée que tu veux déjà repartir ? Pour aller où cette fois ?

Mon père s'attendait à tout sauf à ça.

— Je vais rester quelques jours et puis partir pour Shenzhen.

— Shenzhen ? Dalian n'était pas assez loin. Il te faut aller jusqu'au sud du sud ? Qu'est-ce qu'il y a là-bas ? me demanda ma mère, désespérée.

— Dalian est une ville charmante, mais on m'a beaucoup parlé de Shenzhen, c'est une nouvelle ville, une ville fascinante, et puis c'est tout près de Hongkong !

— Ma fille, tu disais, il y a à peine une heure, qu'il était difficile de vivre loin des siens, et...

— Je sais, mais Shenzhen a vu le jour en 1979, la même année que moi. C'est par là que Deng Xiaoping a ouvert la Chine, tout y est neuf, les gens qui y habitent ont vingt-sept ans en moyenne ! L'avenir est là-bas, il y a plein d'étrangers, et je suis sûre d'y trouver un travail où je pourrai parler anglais, n'est-ce pas, Frère ?

Je cherchai la complicité de mon frère, car mes aventures à Dalian ces derniers mois nous avaient encore rapprochés. Feng était de mon côté, d'instinct, il comprenait mon désir de partir, il savait que c'était dans mon caractère.

— Tu ne connais personne à Shenzhen. En plus les gens parlent la langue du Guang Dong, non ? Qui te protégera en cas de problème ? Et Xue Feng, il le sait que tu veux repartir ?

— On y parle aussi le mandarin comme partout en Chine où il y a des langues locales, maman. Et Xue Feng, il comprendra... Enfin j'espère.

— Maman ! intervint mon frère, un bateau est en sécurité au port. Mais il n'est pas fait pour y rester amarré, il doit voyager, prendre la mer. Fei n'est pas faite pour rester au port. Et n'oublie pas qu'elle sait se débrouiller. Avec son premier boulot elle a rapporté mille cinq cents yuans par mois, plus que n'importe qui d'entre nous.

— Laisse, dit mon père en me regardant droit dans les yeux. Maintenant tu es grande, ton frère a raison. Tu dois faire ce que tu veux. Tu pourras revenir ici si ça ne marche pas. Il y aura toujours un toit et des choses à manger à la maison.

Ce n'est jamais évident de quitter ceux qu'on aime. Heureusement pour moi, ma famille me comprenait, et me soutenait. Mais il me restait une épreuve encore plus difficile avant de partir : quitter Xue Feng, mon amour platonique depuis quatre ans, qui m'avait attendue pendant ces six derniers mois sans savoir la date de mon retour.

Je le retrouvai chez lui le lendemain, un samedi soir. Ses parents n'étaient pas là, il me conduisit dans sa chambre. Assise sur le lit, lui faisant face, je le regardai droit dans les yeux et lui annonçai mon projet.

— Il faut que j'aille à Shenzhen. Comme tous les oiseaux, j'ai besoin de m'envoler. Tu peux comprendre ça ?

— Bien sûr, je te comprends, je te comprends mieux que toi-même, Fei. Mais, et... nous alors ?

— Je ne sais pas... Je suis jeune et je veux voir le monde. C'est tout ce que je sais aujourd'hui.

L'espoir que j'avais fait naître dans son cœur à mon retour ne fut que de courte durée. Il s'assombrit, et le silence envahit la chambre. Je commençai à lui retirer sa veste tout en le couvrant de baisers. Je dégrafai sa chemise en pensant qu'il nous fallait rattraper le temps perdu de ces années où nous n'osions même pas nous tenir la main. Son amour pour moi avait été si pur, et si sincère...

— Fei, arrête. Écoute-moi. Est-ce que tu veux que je t'attende ici ? Si tu veux que je t'attende, dis-le-moi !

Il s'agrippa à mes épaules et plongea son regard dans le mien. Il était désespéré. Un nouveau silence s'installa. Je ne pouvais prononcer une parole. Il relâcha son emprise, baissa la tête, et me demanda de partir.

Quand je sortis de la chambre, il me souhaita bonne chance. Je me retournai et le vis pour la dernière fois.

La veille de mon départ pour Shenzhen, maman compta mes économies et y ajouta l'équivalent de son salaire mensuel. Puis elle cousit une poche à l'intérieur de ma culotte pour y cacher ma fortune. Elle parlait sans cesse, tournait, bougeait, semblait vouloir combler tous les espaces et les silences comme pour ralentir le temps. Elle redoutait de laisser partir sa petite fille vers un monde inconnu et assurément féroce. L'inquiétude était palpable dans le petit appartement, les poitrines peinaient à trouver leur souffle. Mon père était muré dans son mutisme habituel, mon frère avachi sur sa banquette lisait la même page de son magazine depuis une heure, ma mère, essoufflée par trop de commentaires et de mises en garde, s'étourdissait pour oublier. Moi, je la suivais, comme un poussin dans les pattes de sa mère poule. J'essayais de désamorcer cette tension qui aurait fini par me faire douter, si je n'avais pas été si déterminée.

Je savais combien il était dur pour mes parents de me laisser partir seule, à l'autre bout du pays. La Chine, c'est grand ! Je n'avais pas encore vingt ans, ni de véritable métier, aucun contact sur place, et mes parents devaient imaginer Shenzhen comme une machine à broyer la jeunesse et ses rêves de grandeur, une ville habitée par trop d'étrangers. Ma mère m'entraîna à l'écart dans la chambre de mes parents. Arrivée dans la pièce, elle me prit par les épaules avec la même intensité que Xue Feng, et me parla d'une voix basse que l'angoisse étranglait, j'en eus des frissons.

— Fais attention à ton corps. Sans la santé, la réussite n'est rien, ma fille !

— Oui, maman.

— Je veux que tu me promettes une chose...

— Quoi ?

— Protège-toi ! N'attrape pas de maladie sexuelle et ne tombe pas enceinte !

— Mais maman ! je n'ai jamais...

— Oui, je sais. Mais promets-le-moi !

— Je te le promets, maman.

Elle me serra dans ses bras avec une force que je ne lui connaissais pas. C'était la première fois que maman me demandait de lui faire une promesse. Ce n'était pas cette promesse qui me paralysait, mais sa frayeur. Je sentis ses mains glacées parcourir mon visage avec ce geste mille fois répété, depuis l'enfance. Un geste qui s'était poli au fil du temps, épousant les rondeurs de mes traits changeants, séchant mes larmes, un mouvement de vague comme seules les mères savent l'inventer. Elle caressait mes joues, impuissante à me retenir. Son bébé partait. Elle chassa du revers de la main deux larmes qui naissaient à la lisière de ses paupières et s'en retourna dans l'autre pièce pour achever de préparer mon sac. Je l'entendis dire tout bas :

— C'est bien, Fei, c'est bien...

C'est mon frère qui tint à me payer le billet pour Shenzhen. Les garçons mandatèrent ma mère pour m'accompagner à la gare. Sans doute redoutaient-ils, me voyant partir, de montrer leur tristesse en public.

En marchant vers le train, maman me dit :

— Ma petite, si tu ne comprends pas la langue locale, et que tu ne trouves pas de travail, appelle à la maison, on t'enverra l'argent pour le billet de retour. Et aussi, dans le train, ne parle pas aux étrangers, ne fais pas confiance aux autres. N'oublie pas le repas que je t'ai préparé. À Shenzhen nourris-toi correctement même si c'est cher. Reviens quand tu veux et écris-moi quand tu peux...

Je répondais « oui » à tout ce qu'elle me disait et qu'elle me répétait pour la centième fois. Je sentais déjà mes ailes qui me démangeaient, je n'avais qu'une hâte, sauter dans ce train, quitter cette ville et commencer une nouvelle aventure. Mon aventure !

Je montai rapidement dans le wagon en criant au revoir à ma mère désemparée. Pas d'étreintes sur le quai. Un simple salut de la main et son regard humide. Je n'étais pas à côté de la fenêtre, mais de mon siège je pouvais distinguer sa fine silhouette. Dans sa robe verte à pois blancs, je vis soudainement ma mère comme elle était réellement : une belle femme de quarante ans, mais d'une incroyable fragilité. Elle n'était plus la paysanne forte, la battante, non, elle paraissait sur ce quai de gare amaigrie et faible. Son sourire n'avait plus l'éclat des jours tranquilles, la tristesse l'avait remplacé. Je la vis se hisser sur la pointe des pieds, tentant dans ce geste ultime d'apercevoir mon visage brouillé par les reflets de la vitre. Sa main s'envola encore au-dessus de sa tête, à tout hasard, alors que le train s'ébranlait. Elle fit quelques pas pour accompagner ce mouvement inéluctable, quand un rayon de soleil vint heurter la peau de son visage. Ses larmes s'illuminèrent, irisées par l'intensité lumineuse, et je les vis couler sur un sourire qu'elle eut bien du mal à sauver de la noyade. Cette image de douleur ne s'est jamais dissipée. Je la garde intacte, avec sa violence et sa cruauté. Je savais à cet instant que maman sacrifiait beaucoup de choses pour moi, mais j'avais tort de penser qu'elle s'arrêterait là.

Quand je m'assis enfin, que la tache verte de sa robe eut complètement disparu de ma vue, je sentis qu'en moi se brisait un objet précieux. Un trésor oublié, que l'on ne regarde plus tant sa chaleur est familière, et qui se répandit en mille morceaux brûlants au creux de mon ventre : le cœur de ma mère.

16.

Je pleure. Assise en tailleur sur mon grand canapé de cuir, je ruisselle devant le petit matin qui s'élève dans les rues de Shanghai. En face de moi, le fauteuil est vide, Petite Fleur a disparu.

Mon front est brûlant. Depuis combien de temps suis-je ainsi à pleurer dans mon salon comme une enfant oubliée ? Le lecteur DVD affiche six heures trente-deux ! J'ai repassé mes souvenirs d'enfance toute la nuit devant un cochon invisible...

— Petite Fleur ?

Je m'entends prononcer à mi-voix le nom de ce démon sans y croire. J'essuie mes yeux gonflés en massant mes paupières endolories. Je vais encore avoir une mine de panda...

Je suis prise d'une immense fatigue. Chaque fois que j'évoque cette image de ma mère dans sa robe verte, je me vide comme un lac. J'en sors exsangue, les os rompus.

— Maman...

Je lâche son nom dans un souffle et m'écroule sur le canapé. Dormir. Je suis éreintée de fatigue. Ma joue brûlante se rafraîchit au contact du cuir, et soudain j'éternue puissamment. Une fois, deux fois... et... et... trois fois ! Je me mouche, me retourne et m'affale sur l'autre joue. Mon client allemand et sa climatisation défaillante... Mon regard se brouille, une langueur m'envahit, je sombre.

La sonnerie de mon portable retentit ! J'arrête péniblement la musique tropicale qui en sort. Penser à en changer. Me redresse sur le canapé, il fait grand jour. Deux heures se sont écoulées dans les trois dernières secondes. J'ai rêvé. J'ai rêvé de la nuit affreuse que je viens de passer, où un porcelet m'a fait subir un interrogatoire. J'ai rêvé de ma mère, de grand-père, de Xue Feng, et de ma peur de mourir. J'ai rêvé de la petite fille de la forêt, de l'air marin de Dalian, de papa qui grince des dents, du cœur meurtri de maman.

Il est huit heures trente. Ce mal au crâne est insupportable… Une douche me fera du bien.

Me reviennent en mémoire mes frayeurs d'hier soir, par flashs, sous l'eau qui ruisselle sur mon visage. Mon cerveau souffrirait-il sous la pression d'une tumeur ? Je vois grand-mère, assise, souriante… L'eau coule, chante sur ma peau… Grand-mère me regarde. Dans la lumière aveuglante qui filtre par la fenêtre dans son dos, elle n'est qu'une ombre, mais je distingue son visage. À ses côtés, assis, me fixe un magnifique renard au pelage roux.

Je ferme le robinet d'un geste sec. Silence. Quelques gouttes tintent, puis disparaissent dans l'évacuation sombre de la douche. Les deux mains à plat sur le carrelage, les bras tendus, je grelotte.

Il n'est plus question de choisir entre rêve et réalité, mais d'échapper à la puissance de cette hallucination qui me hante et me fait craindre le pire.

J'enfouis mon visage dans une serviette et quitte la douche à tâtons. Je traverse le salon telle une somnambule jusqu'à ma chambre où je m'écroule sur mon lit.

Je me réveille six heures plus tard. Quel jour sommes-nous ? Probablement mercredi. Mon téléphone sonne à nouveau, c'est Feng. Que lui dire ? Ma famille va s'inquiéter si je lui raconte cette nuit. La sonnerie retentit encore trois fois et cesse. Je n'ai pas le courage de lui parler. Feng a raison, il me faut prendre rendez-vous avec mon médecin. J'appelle.

— Non, je suis en Chine, docteur. C'est le matin à Paris, je sais… oui, enfin non… Je dois vous voir dès mon retour… C'est très urgent. Oui, vraiment très inquiète…

Je lui raconte mes symptômes, il rit, puis s'en excuse face à mon silence qui en dit long. Il n'a pas l'habitude de m'entendre si anxieuse. Maintenant il cherche à me rassurer. Moi je le serai quand j'aurai passé un scanner. Il comprend. Mes antécédents, la tumeur de grand-mère ramène le sérieux dans notre conversation. Il va faire le nécessaire. J'aurai un rendez-vous mardi prochain, après le pont du 15 août. Ah ! ces Français avec leurs ponts… Toute mon angoisse remonte d'un cran.

Assise sur mon lit, j'observe chaque recoin de la chambre. D'où va-t-il surgir ? Je me lève et me prépare un thé vert pour me laver le corps et l'esprit.

Dans la cuisine, je fixe la bouilloire électrique qui siffle en imaginant les pires scénarios, quand tout à coup j'entends derrière moi :

— C'est très bien d'avoir pris ce rendez-vous.

Je fais un bond, me retourne, les coudes et le dos en appui sur le plan de travail, les genoux prêts à toucher terre. Sur le carrelage de la cuisine Petite Fleur m'observe en dodelinant de la tête.

— Mais ça ne te dispense pas de raconter la suite.

Il trottine et prend place dans le fauteuil, s'installe et me désigne le canapé d'un geste du groin. Je n'ai plus la force de le chasser de mon esprit et encore moins de mon appartement. Je vais m'asseoir sur le canapé et l'observe à mon tour.

— Où en étions-nous ? demande-t-il.

— Juste une chose. Ce soir, je prends l'avion pour Paris, et j'aimerais faire mes valises en paix.

— C'était l'été 1999, tu partais à Shenzhen, n'est-ce pas ?

17.

Oui, ce fut un matin de l'été 1999, très tôt, que je débarquai à Shenzhen. Avec mon gros sac et un plan de la ville en main, j'attirai immédiatement une nuée de gens qui me proposèrent des chambres d'hôtel, entre trente et cinquante yuans la nuit. Je choisis le moins cher et le plus proche de la gare pour y déposer mes affaires et me précipiter dans la ville.

Il faisait beau, l'air vibrait d'une énergie particulière, spécifique aux villes du Sud. J'eus l'impression que ma peau s'abreuvait de soleil après une longue période de soif. Décidément, la mer et la chaleur créaient une atmosphère incomparable ! Après Dalian, Shenzhen était la deuxième ville que je visitais en quelques mois, et j'étais déjà sous le charme. À la différence de Dalian, ici je n'étais attendue par personne. J'étais totalement libre. Je ressentis cette liberté comme un saut dans le vide, avec un mélange d'appréhension et d'exaltation. Un vent de liberté qui me coupait le souffle. Dalian avait été une répétition générale ; Shenzhen, la première.

J'étais enfin affranchie des hivers mandchous où le mercure plonge à − 30 °C, et des quatre couches de vêtements chauds. Ici je pourrais porter des robes toute l'année, la température ne descendait jamais en dessous de zéro.

Je fus frappée par les immenses palmiers bordant les huit voies rapides en direction du centre-ville. Une végétation luxuriante mêlée de fleurs et d'arbustes encadrait cette piste d'asphalte où roulaient des voitures rutilantes et des bus climatisés dernier cri. Les immeubles d'une blancheur éclatante, hauts de quarante à soixante étages, s'élevaient vers un ciel d'azur qu'aucun nuage ne venait polluer. Tout semblait avoir été construit la veille, rien que pour mon arrivée. Puisque *j'étais le monde*, me dis-je, il devait certainement en être ainsi.

Je courus vers le premier kiosque que je vis pour y acheter les journaux locaux. Et, assise sur les marches du parvis de la gare, en chantonnant une chanson des Carpenter, j'épluchai les petites annonces.

« *Such a feeling coming over me, there's a wonder in most everything I see, not a cloud in the sky, got the sun in my eyes and I won't be surprised if it's a dream...* » (Telle une sensation qui m'envahit, il y a de la magie dans tout ce que je vois, pas un nuage dans le ciel, le soleil brille dans mon regard, et je ne serai pas surpris si tout cela est un rêve...)

Et pour que mon rêve ne se transforme pas en cauchemar, il me fallait trouver rapidement un travail avant de ne plus avoir d'argent pour payer ma chambre d'hôtel et m'ancrer dans la réalité des offres d'emploi.

Après avoir sélectionné quelques propositions qui paraissaient dans mes cordes, je me glissai dans une cabine téléphonique de la gare et passai une rafale de coups de fil. Après quelques échecs, je tombai sur une annonce qui attira mon attention. La société Dianstone recrutait. C'était une marque bien connue des adolescents chinois. J'avais été moi-même inscrite dans ce club de rencontre par correspondance qui couvrait la Chine entière. Adolescents, mon frère et moi, nous faisions des économies insensées pour faire partie de leurs listings. Pour quelques yuans, nous avions la possibilité de correspondre avec d'autres ados. Ces échanges épistolaires permettaient aux adhérents de se connaître et de partager des passions. C'était une sorte de « Facebook » d'avant l'Internet.

Je tentai ma chance et fus plus que ravie lorsque j'obtins un rendez-vous l'après-midi même. J'allais enfin rencontrer ces gens formidables qui faisaient rêver tous les ados chinois.

Pour mon plus grand bonheur, je fus embauchée au service du traitement du courrier, car j'avais été la première à répondre à l'annonce publiée le jour même. Le salaire n'était pas mirobolant – cinq cents yuans par mois – mais j'étais nourrie et logée et l'on me proposait un contrat pour six mois.

La vie était décidément très généreuse avec moi, et mon avenir à Shenzhen s'annonçait radieux.

En sortant de mon entretien d'embauche, je passai un coup de fil à mes parents pour leur annoncer la bonne nouvelle. Ma mère fut heureuse et soulagée de savoir que je n'étais pas à la rue, et que je ne mourrais pas de faim. Mon frère salua une fois de plus « ma chance de merde » et, saisissant cette aubaine, il me réclama des bonus et des gadgets de chez Dianstone dès que je pourrais en récupérer. J'entendis ma mère le houspiller, elle redoutait que je me fasse virer de mon travail si je me pliais aux exigences de Feng. Mon frère insista encore malgré les invectives de maman pour que je glisse son nom en haut des prestigieux listings du club. Papa fut bref. Il me questionna sur le montant de mon salaire, les conditions d'hébergement, et conclut par une de ces formules d'encouragement dont il a le secret : « C'est pas brillant, mais ça ira pour commencer. Continue de chercher, tu peux trouver mieux. »

Au centre de recrutement où j'avais passé mon entretien, on me donna l'adresse de l'entreprise Dianstone et le recruteur m'encouragea à déménager le jour même, afin de pouvoir commencer le travail le lendemain. Ce que je fis en devant m'acquitter tout de même des trente yuans que le gérant de l'hôtel me réclama pour son cagibi malsain.

Quand j'arrivai à l'adresse indiquée, je trouvai un lieu qui ressemblait plus à une usine qu'à un club de rencontre ou à un temple du divertissement pour ados. Les bâtiments austères se situaient en dehors du centre-ville dans une zone industrielle moche à mourir, au bout du quartier de Nan Shan, « la montagne du Sud ». On m'accueillit, me fit visiter les dortoirs, les différentes installations techniques et je pus jeter un coup d'œil à la salle de tri du courrier pour savoir ce qui m'attendait le lendemain.

En revenant m'installer dans le dortoir, je fus envahie d'une drôle de sensation qui fit écho aux commentaires de papa. L'enthousiasme d'avoir décroché ce premier travail en arrivant était retombé, et la découverte des lieux ne me laissait pas espérer grand-chose d'excitant. Sans doute pourrai-je trouver mieux. Mais décrocher un boulot le premier jour, c'était ma victoire, et j'y tenais.

J'appris que nous étions cent vingt personnes, et moi, la deuxième recrue de la semaine. La plupart d'entre nous étaient des jeunes filles de la campagne ou d'une banlieue lointaine de Shenzhen, n'ayant qu'un faible bagage scolaire, voire aucun diplôme. Pour être recruté, il suffisait de savoir lire et écrire.

Le lendemain matin, je pris mes fonctions au centre de traitement du courrier. Le *business-model* de Dian-stone était simple : soutirer les dix ou vingt yuans qu'envoyaient les enfants ou les ados pour être inscrits au club et bénéficier des avantages afférents. Mon job, comme celui des soixante autres filles qui m'entouraient, c'était d'ouvrir et de trier le courrier sur une immense table de vingt mètres de long. Nous classions les commandes, les demandes diverses, et les formulaires d'inscription d'un côté, et de l'autre nous empilions les yuans contenus dans les enveloppes. L'ordre de priorité pour répondre aux lettres dépendait de la somme envoyée par chaque individu. *Dixit* le patron, un homme d'affaires de Taïwan nommé « Monsieur Chu ». La cinquantaine, petit, chauve et rondouillard, il tentait pourtant de paraître élégant comme lorsqu'il relevait son petit doigt d'un geste gracieux pour accompagner chacun de ses discours teintés d'un fort accent taïwanais. Ses lunettes rondes achevaient de lui donner un air faussement intellectuel et raffiné. Il était le roi dans son usine et exigeait qu'on le regarde dans les yeux lorsqu'il nous parlait.

Je fus rebaptisée « sœur Lotus Bleu », car, dans la correspondance dont nous avions la charge, les employées devaient se faire passer pour une grande sœur affectueuse prenant toujours la peine d'écrire un mot gentil. Dans la lettre réponse, il fallait encourager les ados-clients à promouvoir le club auprès de leurs amis et les inciter à acheter des cartes de vœux, ou à augmenter leurs cotisations pour apparaître dans les listings prestiges du club. Ainsi s'établissait une hiérarchie liée à l'argent envoyé par les ados, pas peu fiers d'appartenir à tel ou tel groupe estampillé de cinq étoiles.

Le système de Dianstone était extrêmement mal organisé. Je m'en aperçus quand je fus chargée de traiter le courrier des réclamations. Certains ados écrivaient qu'ils avaient fait des sacrifices énormes pour réunir les vingt yuans d'adhésion envoyés des mois auparavant, et se plaignaient de ne toujours pas avoir de réponse. Et pour cause : l'informatisation des données était plus que défaillante, les employées comme moi se succédaient sans qu'il y ait de suivi, et les adhérents étaient purement et simplement oubliés. La seule chose qui était sérieusement traitée, c'était la collecte de l'argent.

Passée de l'autre côté du miroir, je compris que Dianstone n'était pas si reluisante que je me l'étais imaginé.

Dès la deuxième semaine, j'avais l'impression de faire partie d'une chaîne de fabrication, et, comme dans une usine, vers midi, la sonnerie retentissait pour nous avertir de la pause-déjeuner. Nous quittions toutes notre poste de travail avec notre gamelle de fer pour nous rendre au point de distribution de la nourriture. L'une derrière l'autre, chaque « ouvrière » se faisait servir parmi deux plats de légumes et un plat de viande. Après quelques minutes de queue, nous revenions nous asseoir à notre table pour y ingurgiter notre pitance, et surtout continuer le travail.

Au début je fus frappée par la taille des légumes. Ils étaient trois fois plus gros que chez moi dans le Nord, par contre ils avaient trois fois moins de goût. Les champignons ressemblaient à de grandes oreilles de cochon, comme les tiennes, Petite Fleur, et les aubergines avaient la taille de melons. En résumé, la nourriture était épouvantable. Il me fallut attendre le dimanche pour acheter des aliments dignes de ce nom, et rattraper les carences de la semaine.

Sur cette chaîne où des dizaines de têtes brunes s'alignaient, tout à leurs besognes, je devais me rendre à l'évidence : j'étais l'une de ces filles, toutes pareilles malgré l'absence d'uniforme. On commençait le travail vers huit heures trente et l'on finissait vers dix-huit heures trente, six jours sur sept.

L'on dormait toutes au même endroit, et l'on se lavait et mangeait à la même heure. Nous étions dix par chambre, réparties en deux rangées de cinq lits superposés. Les filles parlaient le cantonais, ou des dialectes qui m'étaient inconnus. Le soir, plus lasse qu'éreintée, je les écoutais en m'endormant et en songeant que le lendemain serait identique à la journée qui venait de s'achever. Cette perspective au bout de quelques semaines finit par me miner le moral. Et la phrase de papa résonnait en moi chaque matin : « Tu peux trouver mieux. »

Heureusement, deux mois après mon arrivée, Monsieur Chu remarqua ma belle écriture, et apprit que je comprenais assez bien l'anglais. La chance me souriait à nouveau. Je reçus une promotion et fus mutée au secrétariat particulier du patron, mais mon salaire resta rigoureusement identique. Par bonheur, ce poste me permettait de monter d'un grade et surtout d'un étage. Désormais, depuis mon bureau vitré qui surplombait la fosse au courrier, je pouvais observer la chaîne des ouvrières à laquelle je venais d'échapper.

Je ne pouvais pas m'empêcher de me sentir privilégiée en possédant ma propre chaise dans un bureau climatisé, quand en bas une centaine d'ouvrières travaillaient par 39 °C.

La bonne surprise ne s'arrêta pas là. Deux semaines après ma promotion, Monsieur Chu m'invita à prendre le café pendant les heures de bureau. Pour la première fois, j'entrai dans un beau café de style taïwanais, avec des canapés spacieux et confortables, les boissons chaudes servies dans des tasses raffinées. Je fus très impressionnée par le décor et l'ambiance, que je ne connaissais qu'au travers des magazines présentant des maisons de thé traditionnelles chinoises, où les gens riches aimaient à se retrouver. La patronne, qui connaissait Monsieur Chu, nous servit un assortiment de fruits délicieux.

Quel luxe de se trouver dans un tel endroit avec le patron pendant la journée ! De plus, Monsieur Chu se montra d'une exquise amabilité. Il me demanda des nouvelles de ma famille, et s'inquiéta de ce que je voulais faire de mon avenir. Il m'écouta avec beaucoup d'attention et me suggéra que je pourrais avoir un bel avenir chez Dianstone. Je le remerciai pour ce moment agréable et, dès mon retour, je redoublai d'ardeur pour satisfaire ce patron si bienveillant.

Sans qu'il me le demande, je lui remis des rapports de production détaillés sur grilles Excel, tout en faisant attention à lui servir son thé à l'heure où il le prenait, et devançant tous ses désirs quand je pouvais les deviner.

Un soir vers vingt heures, alors que je m'apprêtais à regagner le dortoir après une longue journée de travail, il me fit convoquer. Dans le plus grand silence, il m'observa de la tête aux pieds pendant une trentaine de secondes qui me parurent une éternité. Puis il me demanda de me retirer.

Les jours qui suivirent, il répéta la même scène, et je finis par comprendre qu'il s'intéressait plus à la longueur de ma jupe qu'à celle des rapports que je m'appliquais à lui rendre.

Chaque jour, je tâchai de m'habiller le plus correctement possible, en cachant au mieux le moindre centimètre carré de ma peau. Je réfléchis aux solutions pour échapper au scanner de Monsieur Chu, mais n'en trouvai aucune.

Cela faisait tout juste quatre mois que j'étais dans cette société, et je n'avais pas assez d'économies pour envisager de le quitter et d'en chercher un autre. D'autant que j'avais signé pour six mois. J'étais encore coincée chez Dianstone pour au moins deux longs mois.

Un soir, le chef comptable me demanda d'aller chercher un document chez le patron. Son appartement n'était pas loin de l'usine, je m'y rendis mais ne l'y trouvai point. C'est une jeune femme d'une vingtaine d'années qui m'ouvrit la porte. Elle était belle et très enceinte. Je récupérai rapidement le dossier en question sous le regard méprisant de la jeune femme, quand soudain je me rappelai où j'avais vu son visage auparavant. C'était au bureau, sur la photo des membres de la société. C'était l'ancienne secrétaire de Monsieur Chu !

Je revins à l'usine en quatrième vitesse, déposai le dossier sur le bureau du chef comptable et m'apprêtais à sortir *illico* quand je fus interceptée par Monsieur Chu qui m'attendait, en buvant calmement son thé. Il me fit entrer dans son bureau, referma la

Je suis née dans la forêt, en 1979, dans un camp de travail agricole du nord de la Chine. Mon père (à droite) coupe les arbres, ma mère tient la cantine et moi je grandis, emmaillotée dans son dos. Ma mère dit toujours que j'étais l'enfant la plus facile du camp.

我的家

Ma famille

Papa vient d'une famille riche et intellectuelle. Son père (à droite) perd tout lors de la révolution culturelle et est condamné à 17 ans de travaux forcés.
La mère de mon père (à gauche) était une princesse mandchoue. Mais quand son mari est jeté en prison et que grand-mère se retrouve dans la rue, seule, à devoir nourrir ses quatre enfants, son enfance de petite fille gâtée n'est plus qu'un lointain souvenir.

Il n'y a pas beaucoup de femmes au camp. Ma mère vient d'une famille pauvre de paysans. Maltraitée par son père et ayant tout juste de quoi se nourrir, quand les recruteurs passent par son village pour lui proposer de rejoindre des camps forestiers, maman se précipite sur l'occasion.

Maman et papa sont tout de suite tombés amoureux. Papa, par sa naissance, est de « nature sale » comme disent les gardes rouges. C'est un honneur que maman veuille bien l'épouser, car, venant d'une famille de paysans, elle représente une « nature propre », c'est-à-dire ce que l'humanité a engendré de meilleur selon la doctrine officielle de Mao.

Quand maman tombe enceinte la première fois, mes grands-parents s'inquiètent du sexe de l'enfant : la lignée est en jeu. Lorsque la sage-femme accueille le bébé en criant qu'il a une poignée, grand-mère est si pleine de gratitude que maman se sent comme une héroïne nationale félicitée par le premier secrétaire du parti.

Avec mes parents pour moi toute seule, mes premières années se passent dans l'insouciance et le bonheur. Nous ne sommes qu'une dizaine d'enfants dans le camp mais avons une inventivité débordante pour nous amuser ! Comme le jour où nous avons capturé un petit serpent pour lui faire boire du saké.

Mon univers s'écroule le jour où je quitte la forêt pour aller vivre chez mes grands-parents, à Changchun en Mandchourie. Mon frère que je ne connais pas me déteste et mes grands-parents me font tout de suite sentir que je ne compte pas.

Comme dans la forêt, le climat est très rude à Changchun et les températures descendent régulièrement jusque – 30° C.

Heureusement que le dimanche mes parents peuvent de nouveau s'occuper de moi. Certains après-midi en été, nous allons dans un parc au bord d'un lac. C'est là que papa m'apprend à nager. J'ai cinq ans et la sensation d'être un dauphin.

长春汽车厂第二小学四年三班合影   1990·6·28

Je n'aime pas l'école. En plus d'être mauvaise, j'ai honte de mes habits de pauvre. Quand je parle à maman du supplice de la photo de classe, elle prend trois jours de congé sans solde à l'usine où elle travaille et, sans rien dire, part chaque nuit à vélo acheter des fruits au marché et les revend à la ville. Puis elle m'offre une magnifique robe blanche pour que je sois la plus jolie de la classe. Ce jour-là, je fixe l'objectif et éprouve un sentiment nouveau : la dignité.

En 1995, j'entre au lycée technique pour apprendre la comptabilité et l'informatique. J'ai d'abord droit à une formation militaire de 15 jours : habillés en soldat, sous un soleil de plomb, de 7 h 30 à 17 h 30, après une course d'une heure, on apprend à marcher au pas en écoutant notre professeur nous inculquer la discipline et l'importance du groupe qui prime sur l'individu.

Quand papa peut enfin louer un logement rien que pour nous quatre, nous quittons l'appartement de mes grand-parents. Notre nouveau logement ne fait que 20 m², mais c'est chez nous.

porte et me pria de m'asseoir sur son grand canapé vert.

Il était maintenant neuf heures du soir, l'usine était déserte, nous étions seuls dans les bureaux. Il alluma un cigare, envoya quelques volutes de fumée au plafond et me déclara de sa voix la plus douce toute l'affection qu'il éprouvait pour moi. Il me fit comprendre que c'était une bénédiction pour une fille comme moi, et me signifia gentiment que je devais me sentir chanceuse et pleine de gratitude à son égard.

Me voyant figée et manifestement en pleine réflexion – je savais comme tout le monde à l'usine qu'il était marié et avait deux enfants à Taïwan –, il vint s'asseoir à mes côtés et me certifia que tout irait pour le mieux, car désormais il s'occuperait bien de ma petite personne… si j'étais gentille avec lui. L'instant d'après, quand il posa sa main potelée sur la mienne, ce fut comme la morsure d'un serpent. Je fis un bond qui m'éjecta hors du canapé et courus jusqu'au dortoir sans me retourner.

L'image du gros ventre de la jolie secrétaire précédente, la grosse main de Chu, l'odeur de son cigare et ce canapé vert où j'avais failli être abusée, me firent vite oublier mes trop faibles économies et le contrat de travail qui m'obligeait à rester jusqu'à la fin des six mois de mon engagement.

Je fourrai à la hâte toutes mes affaires dans un sac, me faufilai hors du dortoir le plus discrètement possible et, grimpant sur des poubelles, je sautai le mur d'enceinte de l'usine. Je me réceptionnai sans trop de dégâts de l'autre côté sur un carré de pelouse de l'université de Shenzhen.

Après une bonne distance au pas de course sur un terrain de foot, je repris une allure normale pour traverser le campus, comme une étudiante ordinaire, même si j'étais encore toute paniquée en pensant aux griffes auxquelles je venais d'échapper.

Je ne savais pas où j'allais ; peu importait à vrai dire, du moment que c'était le plus loin possible de Dianstone, cette société qui avait brisé mes rêves d'ado et mes espoirs d'avenir.

En sortant de l'université, je marchai longtemps sans m'arrêter. La nuit était douce, la végétation exhalait ses senteurs nocturnes, et la lumière orangée des réverbères me semblait rassurante.

Quand je croisai une station de bus de nuit, j'y fis halte, et déposai mon gros sac. Maintenant que j'avais recouvré mes esprits, il était temps de réfléchir à la suite des événements.

Je sortis mon porte-monnaie et y comptai cent trente-sept yuans cinquante. Avec cette somme, j'avais de quoi vivre trois jours, à peine. Il me fallait commencer un travail dès le lendemain, et si possible avec le gîte et le couvert. Ce type de boulot, on ne le trouvait que dans la restauration. J'avais entendu parler, par les filles de Dianstone, d'un quartier de Shenzhen où s'étaient installés beaucoup de bars et de restaurants pour étrangers. Le quartier s'appelait SheKou, « la bouche de serpent », il donnait sur le port au sud de la ville.

Bouche de serpent ou de tigre, je n'étais pas en position de choisir l'animal emblématique des lieux. Il y avait urgence. Il me fallait un travail, à manger et un lit. D'ailleurs où allais-je dormir cette nuit ?

Je localisai le quartier de SheKou sur mon plan, saisis mon gros sac et partis d'un pas décidé pour une traversée pédestre d'une bonne partie de Shenzhen. J'arrivai à destination au milieu de la nuit. Les bars étaient fermés, et les rues plus sombres et moins rassurantes que le campus universitaire ou les grandes artères qui m'avaient menée jusqu'ici. Épuisée par ces heures de marche, j'avisai un petit parc qui bordait une série d'immeubles de bureaux. Un bref coup d'œil alentour ne me laissant pas d'autre choix, j'y pénétrai. Mes yeux commençaient à se fermer alors même que je marchais, les cent mètres jusqu'au parc furent les plus durs, il était temps que je pose mes bagages. Je remarquai un banc de pierre épargné par la lumière des réverbères. Je m'en approchai, et y déposai mon sac dont le poids s'était considérablement alourdi au fil des kilomètres. Je m'allongeai, la tête sur mon bagage, enroulée dans une veste pour toute couverture, et entrai sans peine dans le royaume de Morphée.

Dans le rêve que je fis cette nuit-là, j'eus la sensation de marcher toute une vie, traversant une forêt infinie, saisie par le froid. C'était une forêt dense et sombre, comme celle où j'avais vécu dans ma petite enfance à la frontière de la Corée du Nord. Bientôt, le sentier que j'empruntais me conduisit au camp forestier. J'entrai dans notre petite maison et fus accueillie par mes parents tout heureux de me voir revenir après un si long voyage. Papa me servit un maïs bien chaud, maman me serra dans ses bras, et Feng me frappa l'épaule avec une brochette de bœuf encore fumante, tout souriant, en m'appelant « mademoiselle » ! Mais pourquoi mon frère ne m'appelait-il pas par mon prénom ? Pourquoi « mademoiselle » ?! « Mademoiselle » ! D'un coup, je fus tirée de mon songe ; j'ouvris les yeux et découvris, penché sur moi, un jeune homme assez grand, vêtu d'une tenue de militaire et qui m'aiguillonnait délicatement du bout de sa matraque.

— Réveille-toi. Mademoiselle ?

Je me réveillai enfin complètement et me redressai sur le banc en observant ce grand gaillard qui me souriait.

— Pourquoi tu dors ici ? T'es seule ? Tu n'as pas de famille ?

— Si, mais elle habite dans le Nord, lui répondis-je, intriguée par son uniforme.

Jamais je n'avais vu de policier habillé comme cela.

— C'est froid, ce banc de pierre, en plus il ne faut pas dormir ici, c'est interdit.

— Ah bon ? c'est interdit de dormir dans ce parc ?

— C'est une zone spéciale, il y a beaucoup d'étrangers. Ils ne veulent pas voir des gens dans la rue, comme ça.

Ce jeune garçon d'une vingtaine d'années, au teint rouge brique foncé, s'appelait Li Zhi. C'était un employé de la sécurité, chargé de surveiller le parc et les immeubles voisins. Il parlait avec un fort accent du Nord et m'apprit qu'il venait de la même province que moi. Cela faisait six mois qu'il était gardien, il avait trouvé ce travail après son service militaire et s'était fixé à Shenzhen en espérant lui aussi se faire une place au soleil.

Je le trouvai sympathique et, me sentant en confiance, je lui relatai mes déboires à la société Dianstone. Il me regardait avec l'air sérieux d'un héros de série d'action chinoise, prêt à sauver la veuve et l'orphelin au péril de sa vie, et à la fin de mon récit me déclara d'un air sombre :

— Puisque je dois te chasser du parc, c'est à moi de t'aider à t'en sortir !

Je l'écoutai sans broncher, un peu étonnée de rencontrer un jeune homme si chevaleresque après mon expérience avec le libidineux Monsieur Chu. Le souvenir de Xue Feng me revint en mémoire. Les jeunes hommes mandchous étaient-ils donc tous des chevaliers servants ? La suite aurait pu me le laisser penser, car Li Zhi se comporta en vrai gentleman.

Il me présenta aux autres garçons employés de la sécurité comme lui, tous charmants et très polis. Puis il tint à m'offrir un petit déjeuner. Je le sentais timide, un peu maladroit, mais sa rugosité de petit paysan du Nord ne parvenait pas à occulter une grande générosité. Li Zhi, comme maman, avait un cœur plus gros que la tête, et ce grand garçon qui venait de mon pays me permit de reprendre confiance en mon avenir.

Il ressemblait à Zhan Zhao, un héros de feuilleton qui faisait fondre toutes les adolescentes chinoises. Il

174

m'informa des habitudes du quartier, toujours avec cet air sérieux d'un général en campagne. Il prit soin de me signaler les établissements où les filles ne faisaient pas que servir la bière, et m'indiqua quelques bars sérieux pour étrangers, sans drogue ni prostitution, où j'aurais peut-être mes chances.

Je passai la journée à écumer les bars et les restaurants de SheKou, et essuyai beaucoup de refus. Je me rappelais la règle d'or de la vendeuse de rasoirs et je ne renonçai pas. Le soir, vers dix-neuf heures, après une vingtaine d'échecs, j'arrivais *Chez Firkin*, un bar-restaurant américain qui recherchait une serveuse bilingue.

C'est la patronne chinoise, un petit bout de femme de trente-cinq ans, cheveux courts, un peu ronde, qui me fit passer l'entretien. Et je remarquai – chose rare pour une Chinoise – qu'elle avait une grosse poitrine. Un court instant, je me demandai si Mme Jing – c'était son nom – n'affichait pas cette enseigne mammaire pour attirer la clientèle masculine. Était-ce encore un de ces établissements où les filles devaient satisfaire les clients au-delà du service en salle ? Mais non, *Chez Firkin* était une maison respectable, comme je pus le constater les jours suivants. Car Mme Jing trouva mon anglais correct, alors que je l'estimais pour ma part encore trop basique, et m'engagea.

— C'est six cents yuans par mois, plus les pourboires partagés entre les serveuses. Le dîner est compris ainsi que l'hébergement. Le service dure de dix-sept heures à minuit en semaine et jusqu'à deux ou trois heures du matin le week-end.

— Je commence quand ?

— Sois ici demain soir à dix-sept heures.

Je sortis du restaurant et me précipitai jusqu'au poste de Li Zhi pour lui annoncer la bonne nouvelle.

— Tu as de la chance, me dit-il, c'est difficile de trouver un job par ici. Il y a une telle concurrence entre les filles !

— Je sais, mais j'ai une « chance de merde », comme dit mon frère. La seule ombre au tableau c'est que j'ai un toit pour demain, mais pas pour ce soir.

— Qu'est-ce que tu comptes faire ?

— Tu pourrais me laisser dormir dans le parc, juste cette nuit ?

— Non, je ne peux pas, j'aurais des ennuis. Tu n'as pas d'argent pour dormir une nuit à l'hôtel ?

— Si. Mais si je dépense les quelques yuans qui me restent, je ne pourrai pas tenir jusqu'à ma prochaine paie.

— Viens avec moi.

Li Zhi m'emmena dans l'immeuble voisin et ouvrit une salle au troisième étage. C'était une salle de réunion avec un grand bureau au milieu.

— Tu peux passer la nuit ici, si tu veux. Ce sera toujours plus confortable que le banc de pierre. Tu t'enfermes à l'intérieur et, demain matin, je viens te réveiller avant que les employés rappliquent. Ça te va ?

— C'est un palais, Li Zhi.

Il ne répondit rien, afficha sa mine sérieuse de héros et referma la porte derrière lui en sortant.

Dans le silence à peine troublé par le ronronnement de la climatisation, je dépliai quelques-uns de mes vêtements sur l'immense bureau pour rendre ce lit de fortune plus confortable, et sortis de mon sac mon dictionnaire anglais-chinois pour l'utiliser comme oreiller. Je m'allongeai en pensant déjà à demain, ce jour nouveau où j'allais enfin pouvoir parler anglais avec des étrangers. Plus besoin de les arrêter en pleine rue comme je l'avais fait avec ce jeune Allemand à Changchun. Ici, ils viendraient à moi, et je pourrais discuter le plus naturellement du monde. En plus j'allais apprendre à faire des cocktails et gagner le double de ce que je touchais chez Dianstone... Je n'oublierai pas Li Zhi pour sa gentillesse. En m'endormant, je me promis de prévenir mes parents de ce changement dès le lendemain.

Les dernières quarante-huit heures avaient été riches en rebondissements. Avec ce nouveau travail, j'accédais enfin à la fenêtre que Deng Xiaoping avait ouverte sur le monde l'année de ma naissance. Si les quatre mois précédents m'avaient cloîtrée dans la cale d'une galère chinoise, dès le lendemain, j'allais accéder au pont du navire. Chaque étranger, j'en étais certaine, me ferait voyager, grâce à son histoire, vers des horizons inconnus qui ne cessaient d'exciter mon imagination.

Morte de fatigue, je sombrai dans un sommeil sans rêves, oubliant combien le bureau était dur, et le dictionnaire inconfortable.

18.

Le lendemain, vers seize heures trente, j'entrai *Chez Firkin* en pleine forme. Mme Jing me confia aux bons soins de Jane, la plus âgée des serveuses. Elle me montra la liste incroyable de cocktails qu'il me faudrait connaître, puis Jane me présenta aux deux autres filles qui s'occupaient du bar, Annie et Lina. Je me rendis vite compte que tout ce que j'avais appris à Dalian dans le restaurant de Rong ne me servirait à rien. Les clients étrangers avaient un autre comportement, la nourriture qu'on leur servait était occidentale, les règles étaient différentes. Ici, le whisky – les Black et Red Label – était réellement consommé.

On me prêta des vêtements pour ce premier soir, car *Chez Firkin*, il y avait un uniforme. Ou plutôt une tenue de travail assez simple : un short en jean relativement court, une chemise blanche classique par-dessus laquelle l'on revêtait un gilet rouge sans manches. Et, aux pieds, des chaussures de sport qui nous donnaient une aisance dans nos mouvements. C'est Frank, le patron, qui avait choisi cet ensemble pour ses « *girls* ». Frank, la soixantaine bedonnante, était un Américain jovial arrivé en Chine six ans plus tôt, et n'en était jamais reparti. Marin de profession, il s'était arrêté dans ce port lors d'un dernier voyage et, constatant que sa retraite en Amérique lui serait beaucoup moins agréable qu'un séjour dans l'accueillante Shenzhen, il s'y était installé. C'est lui qui avait décoré le bar à partir de boiseries d'anciens bateaux, ce qui donnait au lieu une atmosphère chaleureuse.

Il avait épousé Jing assez rapidement et ils avaient eu un petit garçon d'une stupéfiante beauté.

Ce que j'appris plus tard de leur histoire me permit de comprendre pourquoi Jing et Frank ne se croisaient quasiment jamais. Six mois après leur mariage, quand Jing sut qu'elle était enceinte, le couple cessa d'entretenir toute relation intime. Jing, prétendaient certains, avait obtenu ce qu'elle cherchait : la *Green Card* américaine, la moitié du bar, et un enfant qui serait son passeport pour les États-Unis quand elle le souhaiterait.

Ce genre d'histoire – je le découvris pendant cette période – était fréquent à Shenzhen. Certaines Chinoises qui voulaient se mettre à l'abri du besoin cherchaient par tous les moyens à épouser un étranger, pour bénéficier de son passeport et de son argent. Ici, personne n'était dupe, et les étrangers comme les Chinoises se comportaient en connaissance de cause.

Frank faisait l'ouverture du bar, et laissait la place à Jing à partir de vingt-deux heures jusqu'à la fermeture. Ils se croisaient rarement, pas plus d'une heure en général.

Frank était très gentil avec nous toutes. Il n'a jamais profité de sa position de patron pour nous humilier ou nous faire des avances comme ce Monsieur Chu. Il était respectueux, nous corrigeait quand nous faisions des erreurs en anglais, et s'occupait de la musique, ce qui me rappela l'époque où j'apprenais l'anglais en écoutant des chansons.

Rapidement, je trouvai ma place dans ce job, et y pris un réel plaisir. Lorsque je dus choisir, comme les autres filles, un nom de serveuse, j'optai pour Iko. Je passais mes soirées à parler anglais, l'ambiance était géniale, car les étrangers venaient *Chez Firkin* essentiellement pour manger des hamburgers américains et boire de bonnes bières belges. Aucun client n'aurait osé nous proposer autre chose que le verre de l'amitié de temps à autre. Et, pour éviter d'ingurgiter dix tequilas dans la soirée, nous avions une technique qui consistait à recracher la gorgée brûlante de cet alcool fort dans une bouteille de bière dissimulée derrière le bar.

Si nous avions cette relation privilégiée avec la clientèle anglo-saxonne, c'est que ces hommes en avaient parfois assez d'être sollicités par une faune de prostituées qui officiaient dans quatre-vingts pour cent des établissements du quartier. *Chez Firkin*, ils retrouvaient l'ambiance du pub ou du bar de leurs lointaines contrées, et de gentilles filles qui aimaient bien rire avec eux.

Jane, la plus âgée de nous quatre, avait vingt-neuf ans. Elle était aussi la plus grande avec son mètre soixante-dix. Une jolie Chinoise avec de grands yeux, intelligente et vraiment adorable. C'était notre manager. La seule ombre à son bonheur, c'était un mari d'une jalousie maladive. Il s'arrangeait pour passer un soir sur deux devant le bar afin de s'assurer que sa femme ne fricotait pas avec tous ces étrangers. Compte tenu de son imposante stature – il était professeur de sport et faisait du culturisme –, personne n'aurait eu l'audace de lui faire remarquer que son attitude était déplacée, voire gênante, surtout pas la première concernée.

Annie avait vingt ans, comme moi, et elle était la plus petite. Ce modèle réduit d'un mètre cinquante-six avait une peau de porcelaine que nous lui enviions toutes. Si son corps était menu, il n'en était pas moins très bien proportionné. Très sensibles à sa coquetterie, les hommes étaient tous sous son charme. Annie parlait un très bon anglais et prenait des cours de perfectionnement pour devenir traductrice de haut niveau.

Lina était la plus jeune, elle avait dix-huit ans. Tout d'abord distante à mon égard, elle finit par se laisser apprivoiser. Lina, comme moi, venait de Mandchourie d'une famille de paysans pauvres qui avait dépensé beaucoup d'argent pour son frère, car elle avait dû s'acquitter de l'amende pour avoir enfreint la loi de l'enfant unique. Je n'osai lui avouer que naître sous la lune avait permis à ma famille d'échapper à cela. À cause de leurs faibles revenus, ses parents ne purent payer des études qu'à un seul de leurs enfants. Et, selon la tradition chinoise, c'est le garçon qui en bénéficia. Lina avait dû commencer à travailler dès l'âge de quinze ans. Peut-être était-ce à cause de cela qu'elle ne souriait rarement et semblait toujours réservée. Je ne le sus jamais. Elle se plaignait rarement. Lina avait un projet. Comme elle me l'avoua un peu plus tard, elle économisait pour faire des études.

J'étais gâtée. J'avais un lit, de bonnes copines, un boulot dans lequel je pouvais perfectionner mon anglais, que demander de mieux ? Au bout d'un mois d'apprentissage sur le tas, je maîtrisais enfin la carte et la confection des cocktails. Je pus combattre ma timidité et aller au-devant des étrangers, ces livres ambulants. Ces hommes et ces femmes – *Chez Firkin* la clientèle n'était pas exclusivement masculine – étaient tous si différents de moi, de nous. Leur peau, leurs yeux, la couleur de leurs cheveux n'étaient qu'une partie visible de cette différence, mais, ce qui excitait ma curiosité, c'était ce qu'il y avait à l'intérieur. Car je découvris combien les étrangers, loin de leur pays, éprouvaient le besoin de parler leur langue.

Ce fut de cette manière qu'en quatre mois de travail *Chez Firkin* mon vocabulaire s'enrichit prodigieusement.

Mais, un soir, après le service, Mme Jing mit un terme à cette parenthèse enchantée quand elle s'approcha de moi et m'annonça sans ménagement que j'étais virée.

Sous le choc, je la questionnai. Avais-je mal fait mon travail ? Que me reprochait-elle ?

— Non. Tu ne fais pas mal ton travail. Mais quatre serveuses, c'est trop. Nous devons réduire les dépenses.

Et comme c'est toi la dernière recrutée, c'est plus juste que ce soit toi qui partes.

Je devais me satisfaire de cette explication, et rendre mon tablier. Ce que je fis à mon grand regret. C'est Lina qui me donna le lendemain matin la vraie raison de mon licenciement. Mon sort avait été réglé comme celui des trois serveuses avant moi parce que Jing avait la certitude que je flirtais avec son mari. Frank m'aimait bien, c'est vrai, et la veille nous avions eu une grosse crise de rire. Mais nous étions seulement complices, c'était l'unique reproche que l'on pouvait me faire. Moi qui n'avais connu et aimé qu'un seul garçon, dont j'avais obtenu un baiser au bout de trois ans, j'étais à des milliers d'années-lumière des actes qui m'étaient reprochés par Mme Jing. Mais je la remercie. Car je quittai *Firkin* au meilleur moment. Les petits boulots doivent le rester. Les mots de papa revinrent à la charge avec tout leur poids : « Tu peux trouver mieux », ce que je m'employai à faire.

Mme Jing me fit savoir par Lina que je pouvais rester dormir une semaine ou deux dans l'appartement des serveuses, en attendant de trouver un nouveau logement. Avait-elle des remords ? En tout cas, je ne la revis jamais.

Le lendemain de mon éviction, je retrouvai mon chevalier Li Zhi pour dîner dans le quartier. Il était sincèrement désolé pour moi, tandis que la question de ma survie dans la jungle de Shenzhen se posait à nouveau.

Li Zhi m'interrogea sur mes capacités professionnelles. Mon CV tenait sur un quart de page. Vendeuse de rasoirs à Changchun, caissière à Dalian, secrétaire et serveuse depuis mon arrivée à Shenzhen, je sentais que mes chances de trouver un travail convenable dans l'immédiat étaient comme mon curriculum, très minces. Mais Li Zhi voyait les choses autrement. Je parlais très bien anglais, connaissais l'informatique, la comptabilité, je pouvais aspirer à mieux. Je ne voulais pas gâcher cette petite parenthèse agréable avec mon héros d'un autre âge, mais je doutais sacrément de mes capacités à cet instant. Pour détendre l'atmosphère, je fis semblant d'adhérer à son optimisme, en rajoutant sur le mode de la plaisanterie que j'avais appris à préparer des cocktails, et qu'après tout ce talent pouvait très bien faire la différence face à la concurrence des secrétaires traductrices surdiplômées !

Je ne croyais pas si bien dire. Trois jours après mon départ de *Chez Firkin*, je reçus un appel de Steven Wang, un Sino-Américain, habitué de *Chez Firkin* qui, venant prendre un verre dans son bar de prédilection, avait appris avec étonnement que j'avais été virée. Heureux d'entendre que je n'avais pas retrouvé de travail, il me proposa de venir le rencontrer le lendemain à son bureau. Le siège de son entreprise se situait face à la mer, et ses bureaux étaient clairs et confortables. Je fus un peu troublée de retrouver cet homme d'une cinquantaine d'années, que je n'avais côtoyé qu'en tant que serveuse. Mais Steven me mit tout de suite à l'aise. Il estimait que mon niveau d'anglais était suffisant pour le travail qu'il voulait me proposer. Il avait remarqué que j'avais un contact aisé avec la clientèle étrangère. Selon lui, j'étais faite pour ce job, traductrice dans sa société d'import-export.

Je lui rétorquai que j'étais très heureuse de sa proposition, mais que je ne maîtrisais pas le vocabulaire technico-commercial et que, si je savais faire les cocktails, mes connaissances sur les matériaux électroniques que vendait sa société étaient voisines du néant.

Pour répondre à mes inquiétudes, Steven se leva, saisit un énorme catalogue et me le lança dans les mains.

— Tout est là. Quand tu ne sais pas, tu cherches là-dedans ou sur le Net. Peux-tu commencer demain ?

Une heure plus tard, j'appelai la maison, à Chang-chun. C'est papa qui décrocha.

— Toi ? Traductrice ?! dit-il en riant.

Il se voulait moqueur, mais je crus détecter une certaine fierté mal dissimulée dans le ton de sa voix.

Ma mère, elle, ne comprenait pas vraiment comment je pouvais changer de boulot comme ça, tous les trois ou quatre mois, mais elle était heureuse d'entendre que sa fille se débrouillait si bien, toute seule, à l'autre bout du pays. Cette mobilité dans le travail, cette instabilité des emplois étonnait et inquiétait mes parents qui, eux, avaient conservé le leur pendant des années. Papa était passé de bûcheron à agent technique dans un établissement scolaire, et occupait le même poste depuis quinze ans. Quant à maman, elle travaillait à l'usine de construction de voitures depuis plus d'une dizaine d'années. En un an, j'avais changé quatre fois d'emploi, alors qu'eux en étaient à leur deuxième en une vie. La Chine changeait à une allure hallucinante, et Shenzhen était emblématique du phénomène qui s'étendait à tout le pays. Dans cette machine lancée à pleine puissance s'engouffraient pêle-mêle les Chinois qui rêvaient de faire fortune et les Occidentaux voulant participer à cette croissance chinoise qui les faisait fantasmer. Pour ceux qui se trouvaient à la périphérie de ce tourbillon monstrueux, et qui voulaient s'approcher du centre, la force centrifuge était telle qu'il fallait faire preuve d'une ténacité hors du commun, et avoir une chance à toute épreuve. Encore une fois, je mesurai la mienne.

Je m'installai à mon poste face à la mer dès le lendemain, et commençai mon premier travail de traductrice. Quelques mois plus tôt, même dans mes rêves les plus fous, je n'aurais pas osé imaginer une telle fonction, dans un tel lieu. Je m'attelai à ma tâche avec une énorme pression. Hors de question de décevoir Steven, cet homme généreux qui, pour m'aider, me proposa de partager un logement avec l'un de ses associés.

Les premiers temps furent assez durs, mais j'appris beaucoup, et pas seulement en matière de vocabulaire technique. Une nouvelle rencontre vint adoucir un peu cet emploi qui me demandait beaucoup d'efforts.

Andrew, un jeune Californien de tout juste trente ans que j'avais connu *Chez Firkin*, reprit lui aussi contact avec moi. Il prit l'habitude de venir me voir à la sortie du bureau pour boire un verre et de m'inviter à déjeuner. Pas très grand, les cheveux blond presque gris, de grands yeux verts, son physique était à l'opposé du mien. Il me confia qu'il avait toujours été attiré par les filles chinoises, et je devinai rapidement ses intentions.

Mais Andrew, s'il était attiré par les Asiatiques, n'était pas de ces garçons occidentaux qui consomment leur chair fraîche comme on dégoupille une canette de Coca. Il me fit une vraie cour et prit le temps de me connaître. Nous dînions ensemble pratiquement tous les soirs. Notre relation durait depuis quelques mois quand il proposa de lui faire franchir un pas décisif.

Un après-midi, il me conduisit dans une des suites du grand hôtel dont il était le manager. J'avais vingt ans, et ce que j'éprouvais en entrant dans cette chambre n'était ni de l'excitation ni de la curiosité pour ce nouvel endroit, mais bien de la peur.

Même si j'avais confiance en ce garçon prévenant et doux, je ne savais pas si je l'aimais. Je ne cessais de parler, de crainte que le moindre silence n'entraîne ce moment inéluctable. Je tremblai comme une patiente sur la table d'opération.

— Est-ce que ça va durer longtemps ? Et... Et est-ce qu'il va y avoir beaucoup de sang ?

Il m'embrassa et m'enleva ma veste.

— Ne t'inquiète pas, je serai très doux.

— Mais... Mais si ça fait si mal, pourquoi est-on obligés de faire l'amour ?

Il ôta ma jupe.

— Mon amour, dans la vie, il faut souffrir un peu pour avoir du plaisir.

Mes mains essayaient de retarder les siennes.

— Comme une vaccination ?

— N'imagine pas des choses horribles. Imagine tout ce que l'on va faire désormais, quand nous aurons passé ce moment-là...

— Comme quoi ?

Lorsque ce fut fini, Andrew ne parvint pas à arrêter mes pleurs. Il sortit m'acheter une glace à la pistache et au chocolat, mes parfums préférés, pour me consoler. Une fois seule dans la chambre, je remarquai cette tache écarlate sur les draps. L'image du petit parapluie rouge que j'avais dans la forêt me revint violemment en mémoire.

J'étais une femme maintenant, comme me le dit Andrew lorsqu'il me tendit le cornet à la pistache. Qui a décidé que l'on était une femme seulement à partir du moment où un homme vous avait déflorée ? Avant cela, j'étais quoi ?

Alors que je mangeais ma glace, un étrange sentiment m'envahit. L'éducation que j'avais reçue ne m'autorisait pas à faire l'amour avec un homme avant le mariage. Mais qui avait instauré cette règle ? Et pourquoi ?

Malgré toute la délicatesse d'Andrew, si j'éprouvai du plaisir ce jour-là, ce fut uniquement en transgressant cet interdit, et en désobéissant à cette coutume.

19.

Li Zhi changea de travail. Il devint commercial dans une entreprise d'aménagement et de décoration de bureau. Quand je lui permis de signer quelques contrats par l'intermédiaire de mon patron, comme c'est souvent l'usage en Chine, Li Zhi voulut me gratifier d'une commission en liquide pour me remercier. Mais je refusai, même s'il m'assurait que ma commission était déjà intégrée dans le budget. Je ne voulais pas que Steven puisse penser que je gagnais de l'argent dans son dos, alors qu'il avait tant fait pour moi.

Mais, au bout de quelques mois, je dus encore changer de travail, car les affaires de Steven ne marchaient pas comme il l'aurait souhaité, et je fus embauchée par une société qui exportait des vélos vers Amsterdam. Dans cette entreprise, je traduisais les factures et les commandes, j'étais toujours aussi loin de Yeats et de Jane Austen, mais je progressais chaque jour un peu plus en anglais, que je pratiquais au travail et à la maison, en vivant ma première histoire d'amour de jeune adulte avec un Américain.

Un de ses riches amis chinois de Hongkong l'avait débauché de son poste de manager d'hôtel pour l'engager comme chef de projet dans son affaire de commerce international et, à ce titre, le faire bénéficier d'un logement de fonction dans une résidence de standing, où il me pria de venir habiter.

Peu après mon installation chez Andrew, je cessai de vendre des vélos chinois à des Hollandais pour devenir réceptionniste dans un hôtel de luxe d'une chaîne très connue en Asie, Shangrila.

Le salaire n'était pas très élevé, neuf cents yuans par mois, mais j'avais l'occasion de travailler dans une grande entreprise internationale qui m'offrait la possibilité d'y faire carrière. Dans l'immédiat, je me réjouissais de côtoyer à nouveau des étrangers et de parfaire mon anglais.

Je fus formée pendant quelques semaines à servir et à contenter une clientèle extrêmement exigeante. On m'enseigna cette politesse tout en nuances, et un peu distante que l'on nous imposait pour que le client se sente toujours considéré comme un roi en son palais.

Ma nouvelle éducation intégrée, vêtue de mon uniforme, je pris place derrière le comptoir de cet établissement prestigieux avec une kyrielle de sous-chefs, de chefs et de personnels divers et variés qui me firent sentir tout le poids de la hiérarchie sur mes frêles épaules. Il me fallut peu de temps pour comprendre que je constituais la base de cette pyramide, ainsi que la grande majorité de mes collègues. Et que, pour grimper et me hisser à son sommet, il me faudrait au moins deux ou trois siècles.

Dehors, la température affichait 40 °C. Dans ce hall aux allures de cathédrale ultramoderne, la climatisation était réglée à 18 et j'avais des frissons à longueur de journée.

En travaillant six jours sur sept, neuf heures par jour, j'eus au bout de quelques semaines la sensation d'avoir échangé la soute de Dianstone contre la cale d'un paquebot de luxe.

Inutile de dire de quelle manière le petit personnel était traité par les cadres ou même la clientèle. Le seul plaisir qu'il me restait, c'était de parler anglais.

Un après-midi où je tentais tant bien que mal de dissimuler mon ennui, je fus tirée de ma torpeur par l'arrivée d'une grande femme chinoise, très élégante et très belle, accompagnée de deux hommes étrangers. Je voyais souvent de fort jolies Chinoises défiler dans l'hôtel, mais celle-ci m'impressionna particulièrement.

Elle s'adressa à moi en chinois, puis se tourna vers le premier homme pour lui traduire nos propos en anglais, avant de s'exprimer dans une autre langue avec le deuxième.

J'écoutais ses paroles comme la musique d'un instrument d'une extrême rareté. J'étais fascinée par l'aisance avec laquelle elle passait d'un idiome à l'autre. Je lui demandai l'origine de cette langue inconnue, si chantante. Elle me répondit aimablement que c'était de l'espagnol. J'aurais donné n'importe quoi pour être à la place de cette femme. Mais je pris conscience aussitôt, quand je dus retourner à mes fonctions de réceptionniste, que la distance entre nous était énorme. Une distance matérialisée par ce comptoir d'hôtel qui devenait une frontière infranchissable. Combien d'années et par quoi fallait-il passer pour arriver de l'autre côté et ressembler à cette femme ? Trois ans, dix ans, une vie ? Où serais-je dans dix ans ?

Je ne le savais pas, mais je devinais que ce n'était pas en restant derrière ce comptoir que j'irais quelque part.

À Dalian ou ici *Chez Firkin*, et dans cet hôtel, j'avais toujours occupé une place de spectatrice du monde que je servais. J'en avais assez d'être serveuse, je voulais être cliente.

Cette pensée, tout d'abord diffuse, grandit et ne me quitta plus pendant les longues semaines qui suivirent mon embauche à l'hôtel. Sûrement parce que j'étais en contact avec ces gens aisés qui semblaient évoluer sans effort de l'autre côté du comptoir, mais aussi parce que ma vie avec Andrew avait radicalement changé mes habitudes.

L'on dînait très souvent dans de très bons restaurants, nous faisions du shopping dans des centres commerciaux luxueux qui affichaient des prix qui réduisaient le salaire de ma mère au niveau d'argent de poche. Et quand j'appris qu'Andrew gagnait en une journée ce que je touchais en un mois, et que son patron laissait mille yuans de pourboire au voiturier pour qu'il gare sa Lamborghini, j'eus chaque jour de plus en plus de mal à trouver le courage d'affronter le hall glacial de mon hôtel de riches.

Par fierté, je n'avais jamais confié mes doutes à Andrew, mais, remarquant ma lassitude, il s'en inquiéta et me fit part de ses réflexions lors d'un dîner en amoureux.

— Mon amour, ça va, ton travail ?

— Humm, bof.

— C'est ton cinquième boulot depuis ton arrivée à Shenzhen il y a un an, n'est-ce pas ?

— Oui.

— Est-ce que tu apprends beaucoup de choses là-bas ?

— …

— Je ne trouve pas normal que tu travailles plus de cinquante heures par semaine pour neuf cents yuans par mois.

— Je sais… Mais…

— Je trouve que ces gens ne t'apprécient pas et surtout ne te paient pas à ta juste valeur.

— Tu es gentil, Andrew, mais je suis une autodidacte… Pas de diplômes, pas de salaire.

— Je sais. Cela dit, tu pourrais te laisser du temps pour chercher un autre travail, et pourquoi pas aller à l'université ? Tu peux rompre la chaîne de ces boulots mal payés. Quitte ton job, prends du temps pour toi-même, pour des vacances, ou pour vivre avec moi… J'ai envie qu'on soit heureux tous les deux et qu'on profite de la vie.

— Mais comment je vais faire sans salaire ? Je ne vais pas dépenser ton argent...

— On partagera tout. Nous sommes déjà sous le même toit... Il n'y aura pas de tien ou de mien. *Baby*, je vais prendre soin de toi.

C'est ainsi qu'Andrew me fit sa déclaration d'amour, en me proposant une vie de confort et d'insouciance.

Il m'invitait à rester à la maison et à faire ce qui me plaisait. Lire, visionner des films, profiter de la piscine et du sauna de la résidence, et parfaire mon anglais... si j'en avais envie.

Nous vivions dans un grand appartement de quatre pièces dans le centre de Shenzhen, au cœur d'un ensemble d'immeubles modernes qui s'élevaient autour d'une sorte de forum privatif, avec piscine et jardins paysagers magnifiques. Un havre de paix à l'abri du fourmillement et du bruit de la ville. Un parking souterrain permettait d'accéder directement de la rue à notre domicile. Tout était ultra-sécurisé. Un personnel privé était à la disposition des habitants de cet îlot de privilégiés, et assurait en permanence tous types de services à domicile.

Andrew me persuada d'accepter sa proposition, et je quittai mon travail trois jours plus tard. Après tout, cet homme qui ne souhaitait que mon bien n'avait-il pas raison ?

N'était-ce pas l'occasion, à mon tour, de m'occuper d'Andrew et de lui rendre sa gentillesse et son amour en prenant soin de lui ?

Le matin, je commençais mes journées de cette nouvelle vie tranquille en sortant le costume et la chemise d'Andrew pendant qu'il prenait sa douche, puis je préparais du bacon frit, des œufs brouillés et du café pour nous deux.

Une fois Andrew parti, je dressais la liste des choses à faire dans la journée. Pour les dépenses du couple, Andrew avait laissé une boîte avec plusieurs milliers de yuans dans laquelle je pouvais piocher ce dont j'avais besoin. Je faisais généralement du shopping le matin, l'après-midi je musardais au bord de la piscine en compagnie d'autres jeunes femmes de la résidence, et le soir je préparais à dîner pour nous deux quand Andrew ne rentrait pas trop tard.

Le premier mois fut génial.

C'était bien la première fois que j'étais aimée aussi pour mon physique qui plaisait beaucoup à ce jeune homme. Il était aux petits soins avec moi, et je sentais que toute l'énergie qu'il mettait dans son travail était destinée à notre bonheur commun. Andrew tirait une certaine fierté de pouvoir m'offrir tout ce confort. Il m'avait même proposé d'envoyer de l'argent à mes parents, comme j'avais moi-même l'habitude de le faire de temps en temps.

Mes parents, durant mon séjour à Shenzhen, surent à peu près tout de ma vie. Je ne leur avais pas caché ma liaison avec Andrew. Lorsque je les avais mis au courant, avec un peu d'appréhension, que je vivais avec un étranger, d'un commun accord, ils me firent savoir que mon bonheur était ce qui comptait le plus pour eux, et la couleur de la peau ou la nationalité de mon compagnon leur importaient peu. J'en fus soulagée. Et nous eûmes même quelques bonnes crises de rire quand Andrew tenta de converser avec maman au téléphone. Les quelques mots de chinois que je lui appris déclenchaient l'hilarité de ma mère tant l'accent d'Andrew le rendait incompréhensible. Cependant, mes parents me firent savoir qu'ils ne pouvaient pas accepter cet argent, car nous n'étions pas mariés.

Je partageai mes après-midi avec mes nouvelles amies de la résidence au bord de la piscine. Ces femmes étaient pour la plupart les jeunes et belles maîtresses de riches Hongkongais, des deuxièmes épouses que ces messieurs entretenaient comme des princesses. J'avais toujours l'impression de débarquer au milieu d'une séance photo de *Vogue Asie*, ou d'un film asiatique à

gros budget. Je m'étais beaucoup arrangée physique-
ment depuis mon départ de Changchun, mais je n'étais
pas loin d'être la plus quelconque du lot. En revanche,
les filles m'aimaient bien. Sans doute parce que je
n'étais pas une rivale sérieuse à leurs yeux.

Parmi elles, je fis la connaissance de Monica. Elle
avait cinq ans de plus que moi, et vivait là depuis quatre
ans, c'était une des plus anciennes de la résidence.

Quelques années auparavant, son riche patron hongkongais était tombé follement amoureux de cette
beauté originaire du Sichuan. Comme il n'avait pas
voulu prendre le risque de la voir disparaître dans les
bras d'un autre, il l'avait séduite par son immense
générosité, en lui proposant après leur première nuit
d'amour d'occuper un splendide appartement dans
cette résidence connue de ses pairs. Pour être sûr de la
retenir, il lui versait depuis un salaire dix fois supérieur
à celui qu'elle touchait quand elle était son assistante.
Monica était une splendeur. Très fine, des cheveux qui
lui caressaient le bas des reins, et un visage d'enfant
toujours souriant qui achevait de lui donner une grâce
que beaucoup de filles lui enviaient.

Les après-midi, nous passions toutes les deux de
longs moments sur sa terrasse à boire du thé et à bavarder. Un jour, je lui demandai :

— Ça fait quatre ans que tu ne travailles pas, Monica,
mais es-tu heureuse ?

— Heureuse ? Oui. J'ai beaucoup d'argent, maintenant. Je peux en donner une grande partie à mes
parents, et dans deux semaines nous partons pour
Barcelone.

— C'est génial ! Mais tu n'as pas de problème de visa ?

— J'ai gardé mon statut d'employée dans la boîte de
mon copain afin de faciliter les demandes pour sortir
de Chine.

— Et... vous pensez à vous marier un jour avec ton
copain ?

— Il est déjà marié. Au début j'ai attendu pendant quelque temps qu'il divorce comme il me l'avait promis, mais... le temps passe, et je suis moins jolie qu'avant... Je ne suis plus sûre...

— Mais s'il t'emmène en Espagne, sa femme ne va pas être jalouse ?

— Bien sûr, elle est jalouse. Elle habite Hongkong. C'est bien pour ça qu'il partira avec elle à Macao, au retour de Barcelone, pour la calmer un peu.

Monica me décrivit le sport qu'elles pratiquaient toutes deux pour garder cet homme. Et cela me rappela le célèbre classique chinois *L'Art de la guerre* de Sun Tzu. Monica et la femme de son copain rivalisaient de ruse pour montrer à cet homme laquelle des deux l'aimait le plus. Monica m'éclaira sur sa conception de l'amour.

— Fei, tu sais, l'argent, c'est le vrai moyen de mesurer l'amour d'un homme, pauvre ou riche.

— Ah bon ? Andrew laisse presque tout ce qu'il gagne sur la table.

— Tu as de la chance ! Et il ne sort pas le soir après le boulot ?

— Si. Parfois son patron lui demande de rester et de l'accompagner dans les soirées karaoké pour divertir les clients étrangers.

— Bon. Alors c'est foutu.

— Quoi, qu'est-ce qui est foutu ?!

— Tu sais, toutes ces boîtes de karaoké, c'est de la prostitution à quatre-vingt-dix-neuf pour cent.

— Et le un pour cent qui reste ?

— C'est quand le client ne paie pas assez.

— Mais non. Mon copain, il m'aime, lui.

— Le mien aussi. Sinon il ne m'achèterait pas une BMW décapotable, et deux appartements. Mais dans ces boîtes, quand les hommes sont entre eux, ils commandent des filles comme s'ils commandaient du champagne.

En quittant Monica cet après-midi-là, je pensai que sa suspicion à l'égard des hommes était déplacée, sa conception de l'amour trop désabusée, voire vulgaire. Mais mon cœur ne me disait pas la même chose, et, quand Andrew sortait après son travail deux ou trois fois par semaine, je commençais à éprouver un sentiment pénible et inconnu jusqu'alors.

Par la suite, quand nous allions faire du shopping, Monica tenta à plusieurs reprises de me convaincre de l'importance d'entretenir le désir de son homme. Elle me conseilla d'acheter des dessous sexy et de prendre bien soin de moi.

— C'est vital, me disait-elle. Imagine qu'il ne t'aime plus simplement parce qu'il a trouvé une fille plus jolie et plus sexy ailleurs ?

— Mais un jour, je serai vieille, ce sera le cas, c'est la nature...

— Justement ! C'est pour ça qu'il faut que tu fasses un enfant, comme ça tu auras un lien avec lui pour toujours. Si tu l'aimes, tu vas de toute façon avoir envie de faire un enfant, et un enfant c'est mieux de le faire tôt que tard. Plus tôt tu le fais, plus vite tu retrouveras la ligne.

Monica m'apprit que plus de la moitié des appartements de la résidence étaient occupés par des jeunes femmes comme moi qui ne travaillaient pas, ou par des maîtresses d'hommes d'affaires hongkongais comme elle, avec ou sans enfant.

J'eus beau chercher ce qui me différenciait de ces maîtresses ou de ces deuxièmes femmes, je ne trouvai pas vraiment, et j'en fus profondément troublée. D'un coup, je ne savais plus pourquoi j'étais là. Et si c'était par amour, pourquoi me sentais-je si seule et agitée ? Pourtant, Andrew m'aimait et m'offrait une vie idéale, non ? La mise en garde de Monica me plongea dans un abîme de réflexion.

Un soir, après un dîner en tête à tête à l'appartement, je demandai à Andrew :

— Tu me trouves moins jolie, c'est ça ?

— Mais tu es très jolie, qu'est-ce que tu dis ?

Il se leva pour me prendre dans ses bras, et me couvrit de baisers très tendres.

— Tu es très belle, mon amour, tu sais...

— Hum. Mais je me sens seule ici... Et un jour je serai moins jolie et plus vieille...

— Mais tu n'es pas seule. Je suis là pour toi. Si tu veux, tu peux toujours chercher un emploi pour t'occuper.

— Non, je ne parle pas de boulot. Mais comment saurai-je que tu m'aimes toujours, Andrew ?

— Je vis avec toi, et je travaille dur pour t'offrir une belle vie. Tu sais bien ce que je ressens pour toi, ça ne te rassure pas, ça ?

— Oui. Aujourd'hui tu m'aimes, mais dans dix ans ? vingt ans ?

— Qu'est-ce que tu veux, mon amour ? Dis-le-moi.

— Tu ne veux pas qu'on fasse un enfant ensemble ?

— Mais tu as vingt ans ! Et il n'y a pas un an, tu étais encore vierge... On en reparlera demain.

Le lendemain, il rentra du bureau un peu plus tôt tenant une petite boîte à la main.

— Qu'est-ce que c'est ? lui demandai-je, pleine de curiosité.

Il ouvrit la boîte et en sortit deux splendides chatons.

— Si tu arrives à garder vivantes ces deux filles, dans six mois on reparlera de l'enfant.

J'oubliai vite l'histoire du bébé et m'occupai de ces deux animaux.

La vie reprit son cours et mes après-midi avec Monica s'enchaînèrent.

Un an auparavant, je n'aurais jamais imaginé avoir une copine comme elle. Quelle partie de moi lui ressemblait suffisamment pour que l'on ait autant de choses à se raconter ? D'ailleurs, de quoi parlait-on le plus souvent ? Des hommes et de tout ce qui s'y rapportait. Monica disait qu'on ne pouvait pas se fier à eux, mais qu'il fallait malgré tout leur accorder notre confiance. On passait des heures à parler de ce que nous devions faire pour être chacune le plus attirante possible, trouver le dernier salon de beauté, les produits à la mode, et le temps s'écoulait comme un rouge à lèvres permanent oublié sur un transat en pleine chaleur.

Cela faisait bien un an et demi que je vivais avec Andrew et six mois que je ne travaillais pas, quand Monica me proposa une balade dans un petit village à proximité de Shenzhen, dans l'arrondissement de Fu Tian.

Ce que j'y découvris me stupéfia, tout comme la raison pour laquelle Monica m'avait traînée dans cet endroit.

C'était un quartier presque exclusivement habité par des secondes épouses ou des maîtresses de Hongkongais. Mais pas des hommes riches comme ceux de notre résidence, non, des hommes ordinaires, des classes moyennes. Car, si un chauffeur de taxi gagnait à Hongkong l'équivalent de mille trois cents euros, en Chine, cela représentait dix fois le salaire moyen d'un ouvrier. Ces hommes hongkongais pouvaient donc entretenir une maîtresse sans trop se priver. Hongkong et Shenzhen étant voisines, ces hommes passaient la majorité du temps avec leur épouse et venaient le week-end ou quelques jours par mois retrouver leur maîtresse qui les attendait sagement.

Notre visite se prolongea, car le quartier était sympathique et très vivant. Il y avait beaucoup de petites boutiques, des restaurants servant des spécialités de Hongkong, et Monica proposa que nous restions dîner sur place. Je compris ce soir-là qu'elle avait voulu que je mesure ma chance, que je prenne conscience que ma vie avec ce jeune Américain était ce qui pouvait m'arriver de mieux et qu'il ne me fallait pas gâcher cette occasion. Toutes ces filles qui habitaient le quartier avaient une vie bien moins reluisante que la mienne, même si elles s'en sortaient honorablement. Car, après tout, moi, je pouvais espérer me marier un jour et avoir une vie tout à fait légitime avec un étranger qui m'offrirait un passeport pour l'Amérique et une vie sans histoires. Mais une vie sans histoires, était-ce l'histoire de ma vie ? L'oisiveté, l'ennui, les futilités partagées avec les filles de la résidence, les insinuations de Monica sur ce qu'il me fallait emprunter comme voie pour accéder à un bonheur certain, tout cela avait fini par saper ma relation avec Andrew, pourtant fondée sur un amour que nous pensions indestructible. J'avais sacrifié beaucoup de mes ambitions au nom de l'amour, et je perçus d'un coup l'immense vanité de ce choix qui m'avait fait accepter les lois qui régissaient les lieux. Je crois que ni Andrew ni moi n'en avions conscience sur le moment, mais le résultat était là, nous avions fait comme tous les autres.

En quittant Monica ce soir-là, je rentrai à l'appartement où je ne trouvai pas Andrew.

Il était vingt-deux heures, et les paroles de mon amie ne cessaient de me hanter : on ne pouvait pas faire confiance aux hommes... ces soirées de karaoké sont des prétextes pour coucher avec des prostituées... alors c'est foutu... Il faut faire un enfant avant qu'il ne te trouve plus assez sexy et qu'il te rejette...

Et si elle avait raison ? Si Andrew passait sa soirée des jolies filles plein les bras ? Parle-t-on vraiment business dans de tels endroits ? Comment puis-je croire à sa fidélité dans ces conditions ? Surtout : comment en suis-je arrivée là ? Au nom de l'amour, me fallait-il tout accepter jusqu'à ne plus me reconnaître ?

J'appelai son bureau et parvins à apprendre de la secrétaire de son patron – encore une employée obligée de travailler à des heures impossibles – qu'Andrew et ce dernier étaient de sortie avec une poignée de clients étrangers dans un karaoké de luxe. Après quelques ruses, j'obtins l'adresse.

Je m'habillai de la manière la plus sexy que je pus, et attrapai un taxi qui me déposa devant cet établissement de divertissement.

C'était un bâtiment d'une architecture pompière affichant une débauche de luxe clinquant, très nouveau riche.

Six grandes poupées asiatiques m'accueillirent à l'entrée et l'on me conduisit avec tous les égards dus à une connaissance de M. Li, le patron d'Andrew, un habitué des lieux.

Lorsque je pénétrai dans le salon privé qu'avait réservé M. Li, je l'y trouvai en compagnie d'Andrew, de trois clients étrangers, et... de cinq « accompagnatrices ». Celle qui devait être « réservée » à Andrew était en train de lui préparer une coupe de fruits. Ses fesses aux trois quarts visibles, tendues par une cambrure dévastatrice, laissaient deviner un fil noir d'une infime minceur supposé être un string. Sa robe tenait comme par miracle en appui sur la pointe de ses seins, et mettait en valeur ses épaules dénudées jusqu'au bas des reins.

Andrew fut extrêmement surpris de me voir débarquer sans avoir été invitée. Mais, très vite, il recouvra une contenance et s'empressa de me présenter à M. Li et à ses clients. Mon arrivée jeta comme un froid, mais, passé un petit moment de flottement, les conversations reprirent comme si je n'avais pas été là. Andrew me fit asseoir auprès de lui.

— Ça va, bébé ? me demanda-t-il avec un soupçon d'inquiétude dans la voix.

Je détaillai du regard le grand salon ; cet écran géant où des filles en bikini se trémoussaient sur une musique que tout le monde ignorait superbement. Sous la lumière sombre qui baignait la pièce, ces messieurs s'intéressaient davantage à leurs hôtesses et aux boissons alcoolisées qui jonchaient la table basse qu'aux paroles de la chanson qui couraient sur le bas de l'écran.

— Ça va. Tu me manquais, dis-je, un peu tendue.

L'autre fille finit de préparer sa corbeille de fruits et vint s'asseoir à côté d'Andrew. Je me raidis, il sentit instantanément mon malaise. Courtoisement, il pria la grande bringue qui ne devait pas porter plus de deux cents grammes d'étoffe sur le dos, string compris, de quitter les lieux. La fille obéit sans sourire, et dut imaginer ma mise à mort avec une telle intensité qu'un frisson me parcourut tout le corps quand elle passa devant moi.

Un client d'Andrew, pour faire de l'humour, lui fit remarquer que cacher une si jolie fille à la maison, c'était égoïste. Les hommes rirent de bon cœur à sa plaisanterie douteuse qui me laissa de marbre.

M. Li affichait sa mine décontractée de grand seigneur, comme toujours. Il était accompagné d'une fille chinoise d'à peine dix-huit ans, décolorée en blonde. L'image de sa deuxième épouse qui habitait la résidence me revint en mémoire. Je ne connaissais pas celle qu'il avait laissée à Hongkong, mais j'imaginais qu'après s'être occupée de leurs enfants elle devait à l'heure actuelle regarder la télé.

En observant les filles qui se frottaient à ces hommes comme des chattes, je pris conscience que j'étais habillée de la même façon. J'avais revêtu ce que j'avais de plus sexy, comme pour prouver à Andrew que je pouvais rivaliser avec elles. Et, devant la frontière si mince entre ces filles et moi, j'eus la nausée. Du même âge, toutes habillées pour plaire à ces hommes, elles étaient payées pour cela, mais moi, ne bénéficiais-je pas des mêmes conditions octroyées par mon copain ?

Ces derniers mois, poussée par des velléités d'écrivain, j'avais « enquêté » dans les quartiers de Shenzhen où les filles racolent les clients étrangers près des grands hôtels, en pensant y trouver un bon sujet de roman. Souvent avec Andrew jouant les gardes du corps, on buvait un verre à la terrasse d'un café, et je prenais des notes en observant leurs manèges. Ces filles m'intriguaient, et je cherchais à savoir pourquoi. Pourquoi ce qu'on appelle « le plus vieux métier du monde » était-il considéré comme un tabou que la bonne société condamnait le jour et adorait la nuit ? À qui ces corps étaient-ils offerts en pâture ? Je cherchais à me comprendre à travers elles. Je cherchais qui j'étais autant que qui elles étaient.

Ce soir-là, au karaoké, je ne pus accepter plus longtemps la règle selon laquelle les hommes avaient le droit d'acheter l'amour sous toutes ses formes.

Mon silence fit croire à Andrew que j'avais fini par me sentir à l'aise, et il continua à faire bonne figure auprès des autres hommes en prenant part à leurs bavardages. En pleine discussion, je me levai, saluai l'assistance et sortis de la pièce.

J'atteignis le couloir et enfin la lumière, laissant derrière moi Andrew, confus, s'excusant auprès de son patron et de ses clients. Il me rattrapa, m'arrêta en plein élan, et me força à lui faire face. Je ne lui donnai pas le temps de placer le premier mot :

— Je n'appartiens pas à ce monde !

— Je sais, c'est pour ça que je ne t'emmène jamais, *baby*. Écoute, je suis gêné vis-à-vis de Li et des clients, là. On en reparlera à la maison…

— Je me sens comme une prostituée, ici, et comme une maîtresse ou une deuxième femme à la résidence ! Quand tu sors avec tes clients trois fois par semaine au karaoké pour rejoindre ces filles, moi je reste à la maison comme une vieille femme stupide qui attend son mari ?! en me demandant si je suis toujours aussi désirable ! J'ai à peine vingt et un ans ! Et je passe mes journées entre deux chattes dans un appartement de luxe à t'attendre en essayant de toujours te plaire ?!

— *Baby baby*, calme-toi. Je suis là pour le travail. Tu sais bien que c'est toi que j'aime. Pourquoi crois-tu

que je travaille autant ? C'est pour t'offrir une vie tranquille. S'occuper des clients avec Li, ça fait partie du
jeu. Qu'est-ce qui n'est pas normal ?

— Moi ! Tout est normal, sauf moi ! Il faut que j'y
aille. Lâche-moi. Il faut que je réfléchisse.

Je me libérai de son emprise et le plantai là, sachant
qu'il ne sacrifierait pas ses obligations professionnelles
pour une dispute d'amoureux qu'il pensait régler en
rentrant à la maison. Le pragmatisme anglo-saxon a
ses limites, et je m'apprêtais à les lui montrer.

Je quittai l'endroit au pas de course et me jetai dans
un taxi. À l'aide d'un grand foulard, je camouflai mes
épaules dénudées que le chauffeur reluquait dans le
rétroviseur, et mon regard se perdit dans la nuit de
Shenzhen. Andrew était le premier homme de ma vie.
Je l'aimais bien, et le savais sincère. Il m'avait donné
son amour, son argent, ma liberté, mais dans un écrin
doré qui ressemblait bien à une cage.

Quand j'entrai dans l'appartement, étrangement, je
n'y trouvai pas les deux petites chattes. Je leur connaissais cette fâcheuse habitude de faire les griffes sur le
canapé du salon et, à l'occasion, sur mes robes chinoises
en soie. Je me précipitai dans le dressing et, derrière les
portes coulissantes, j'entendis leurs miaulements déses-
pérés. J'ouvris leur prison pour découvrir avec stupeur
qu'elles avaient lacéré toutes mes robes – une fortune –
et n'en avaient laissé qu'une à peu près intacte. Dans
une rage folle, je les saisis par la peau du cou et les
balançai à travers la pièce. Les deux créatures épouvan-
tées s'agrippèrent de toutes leurs griffes au revêtement
mural, en signant de leurs estafilades acérées la rupture
de contrat entre Andrew et moi.

Toute cette haine qui me submergeait à cet instant,
et cette envie de tuer ces deux petites créatures, me
réveillèrent comme un choc électrique. Jamais je
n'aurais imaginé être capable d'une telle violence. En
passant devant le miroir du dressing, je vis une image
que je ne reconnus pas. Je lus pour la première fois la

peur sur mon visage. La peur de ne pas plaire, la peur d'être seule, la peur d'être oubliée et abandonnée.

Le petit soldat sorti de Mandchourie pour voir le monde n'avait pas d'argent, mais n'avait pas peur. Le confort et l'amour ne m'avaient pas rendue plus forte, mais plus faible que jamais. J'avais perdu tout courage et toute confiance en moi. Il me fallait retrouver au plus vite ces deux compagnons de voyage essentiels.

Il était l'heure de partir.

Je pris ma robe de soie intacte, la veste d'hiver avec laquelle j'avais dormi dans le parc de SheKou en m'enfuyant de Dianstone, je fourrai le tout dans un sac et sortis de l'appartement sans me retourner. Alors que je marchais dans la nuit de Shenzhen, la fraîcheur du vent de décembre me caressa les cheveux, cette brise humide à chacun de mes pas me redonnait une force nouvelle. Plus je m'éloignais d'Andrew, plus je me sentais légère, à nouveau libre.

20.

Avec mes maigres économies, quelques centaines de yuans hérités de mon ancien job, je louai une chambre dans un petit hôtel bon marché, à trente minutes de l'appartement.

Le quartier n'avait rien de commun avec celui de la résidence. L'hôtel était situé au cœur d'un ensemble d'immeubles de cinq ou six étages, et leur conception devait correspondre au degré zéro de l'architecture. Ces bâtiments appartenaient pour la plupart aux paysans et aux pêcheurs des environs, qui, lorsque la cité de Shenzhen s'éleva au début des années 1980 au milieu des rizières et du petit port de pêche, se retrouvèrent détenteurs de terrains à bâtir dont les prix explosèrent. Tout cet ensemble urbain, flambant neuf mais ayant peu d'allure, accueillait les jeunes gens qui, comme moi, espéraient que Shenzhen leur ouvrirait les portes de la réussite.

Au rez-de-chaussée de chaque immeuble étaient alignés boutiques et restaurants, créant un grouillement humain qui faiblissait quelque peu le soir venu. Mais, dès que les commerces en dur fermaient leur devanture, les petits marchands ambulants prenaient le relais. Ils proposaient sur leurs roulottes nouilles, vermicelles sautés et brochettes, ou encore des bibelots exposés sur leurs triporteurs, voire à même le trottoir comme à Changchun, et l'on pouvait acheter des chaussettes, des peignes et une foule d'objets pour pas très cher.

Jusqu'à tard dans la nuit, le quartier restait animé par cette population modeste et pleine d'espoir en des lendemains plus reluisants. Au milieu du tumulte, l'œil était attiré par des photos de plats cantonais – soupes aux os de porc ou de bœuf avec des navets, *dim sum*, ces brioches et bouchées cuites à la vapeur, ou encore des pâtes de riz sautées au bœuf et aux oignons – affichées en vitrine de ces restaurants bon marché. En hauteur, éclairé par des néons, brillait le nom des établissements. J'étais loin du luxe et du calme aseptisés de la résidence que je venais de quitter, et cette vie grouillante, au lieu de m'inciter à fuir, m'attirait, me donnant l'impression de renouer avec cette énergie dont je m'étais éloignée depuis trop longtemps.

La nuit et les jours suivants, Andrew ne cessa de me téléphoner. J'éteignis mon portable, j'avais besoin de temps.

J'achetai les journaux le matin très tôt pour y consulter les petites annonces. Je m'installai dans un restaurant à deux pas de l'hôtel, et renouai avec mes vieilles habitudes. J'abandonnai mon *breakfast* américain, introuvable dans le secteur, et commandai le traditionnel potage de riz dans lequel trempaient des « œufs de cent ans », conservés dans un mélange de chaux, d'herbes et de thé pendant des mois, accompagné d'un lait de soja et du *you tiao*, une grande brioche de légumes, ou une crêpe salée aux poireaux. Ayant retrouvé mes marques avec délice, je complétais mes recherches en surfant sur le Net. Puis, pour redonner une nouvelle physionomie à mon curriculum vitae, je ne conservai que les boulots sérieux et obtins un rendez-vous quelques jours plus tard dans une société de commerce international, ABA Trading, pour y devenir interprète. Si je n'avais pas travaillé depuis plusieurs mois, en revanche mon niveau d'anglais, grâce à la vie avec Andrew, s'était considérablement amélioré, je me sentais désormais tout à fait à l'aise dans cette langue.

La jeune femme qui me fit passer l'entretien s'appelait Ida. Ni Ling, son vrai nom chinois, était plus joli, mais, comme elle travaillait avec des étrangers, elle préférait qu'on l'appelle Ida. Quand on est employé dans des sociétés étrangères, on s'adapte aux exigences du marché international, et même les secrétaires sont prêtes à changer de nom pour cela.

Iko, mon nom de serveuse qui m'avait suivie jusque-là, m'était devenu insupportable. Recommencer une nouvelle vie, sans Andrew, était une renaissance qui appelait un nouveau baptême. Je choisis Livia.

C'est donc une Livia toute fraîche qui fut recrutée par Ida.

Ida était une jeune femme de l'ethnie ouïgoure, du nord-ouest de la Chine dans la province d'Umruqi. Son physique était turco-mongol, aussi éloigné d'une femme de l'ethnie han, majoritaire en Chine, qu'une Espagnole pouvait l'être.

Avec ses immenses yeux noirs, une bouche sensuelle, un grand nez fin, des cheveux très courts, cette belle jeune femme de confession musulmane parlait un anglais presque sans accent. Quand elle estima que l'entretien était concluant, elle m'embaucha, et, les formalités accomplies, nous nous mîmes à bavarder comme si nous nous connaissions de longue date. Quand Ida apprit que je venais de quitter mon copain et que j'étais à la recherche d'un logement, elle me proposa de partager son deux-pièces où elle avait une chambre disponible.

J'acceptai avec joie le travail, le logement, et l'amitié de cette fille qui parut tomber du ciel comme par enchantement. Dans ce moment difficile où la douleur de la séparation avec Andrew était encore vive, et où je devais de nouveau affronter la vraie vie, l'apparition d'Ida éclaira mon chemin.

Son caractère et sa personnalité étaient aux antipodes de ceux d'une Monica. Ida avait beau venir d'une famille musulmane du nord de la Chine, elle n'en était pas moins farouchement indépendante, ne se laissait dicter son comportement par aucun homme, et n'entendait pas que ça soit le cas un jour.

L'immeuble où habitait Ida était à deux pas de mon hôtel, dans un quartier similaire quoiqu'un peu plus pauvre encore.

Quand, en fin d'après-midi, elle me fit visiter son appartement, je découvris la chambre en question qui n'avait rien d'un palace. C'était une pièce de neuf mètres carrés, dont le sol était en béton brut, et presque sans lumière à cause d'un immeuble qui avait poussé juste en face, à trois mètres. Ida me rassura, le soleil y pénétrait... cinq minutes par jour, vers midi. Nous prîmes le parti d'en rire, et je lui déclarai, pleine d'enthousiasme, que le marché était conclu.

J'achetai un matelas d'occasion dans le quartier, le jetai sur le sol, puis j'accrochai mon unique jupe, un carré de tissu aux motifs hawaïens, dans l'encadrement de la fenêtre. La lueur d'un réverbère vint baigner d'une lumière bleutée la pièce réchauffée par les reflets de ce tissu exotique.

Je me couchai, emmitouflée dans ma veste fétiche, et me persuadai en fermant les yeux que je venais de prendre la bonne décision.

Tout alla très vite. Dès le lendemain, Ida me prit en main. Elle m'enseigna succinctement les rudiments du métier, ce que la société attendait de moi, et je commençai le jour même mon travail d'interprète.

Les premières semaines s'écoulèrent à une allure vertigineuse, et notre amitié se souda avec la même rapidité.

Au travail et en dehors, nous partagions tout. La nourriture, les habits, les sorties, et, à ce rythme, je n'avais pas le temps de réfléchir à la douleur de ma séparation. Jusqu'au jour où Andrew parvint à me joindre au téléphone. Cela faisait un mois que nous étions séparés, il voulait savoir ce qui avait motivé cette rupture si brutale, et tenait à me voir pour en parler. Je décelai une telle tristesse dans sa voix que tous les meilleurs souvenirs de notre liaison amoureuse, de ces dix-huit mois de vie commune affluèrent avec force. Je n'y résistai pas.

— Ne bouge pas, j'arrive, lui dis-je la voix nouée.

Je raccrochai et, sans pouvoir prononcer un seul mot devant Ida bouche bée, qui me regarda sortir en trombe de l'appartement, je filai en courant jusqu'à sa résidence. En larmes, étranglée par la culpabilité, je ne pensai qu'à la joie de le retrouver, et de faire l'amour avec ce premier homme de ma vie.

Vingt-cinq minutes plus tard, je sonnai à sa porte. Il m'ouvrit ses bras, j'y plongeai. Entre deux sanglots, je parvins à lui expliquer mon geste. Ce n'était pas sa faute, je ne me reconnaissais plus dans cette vie. Il fallait que je parte, pour me retrouver, j'étais désolée de lui avoir fait tant de mal, mais j'avais pris conscience que sans mon vrai *moi* il n'y avait pas de *nous* possible. Andrew parut comprendre, mais il me demanda de croire en l'amour qui arrangerait tout, c'était certain, puisque nous nous aimions. Mais comment pouvais-je être sûre d'aimer cet homme qui avait été le premier ? Comment pouvais-je lui dire « je t'aime, *toi* », sans avoir connu d'autre amant que lui ?

Un flot de questions nous submergea, et, en guise de réponses, nous fîmes l'amour comme jamais. Au milieu de la nuit, je le quittai en larmes, et, cette fois-ci, pour toujours.

De retour chez moi, dans mes neuf mètres carrés qui résonnaient comme une cellule vide, je recouvrai ce qui m'était le plus cher : ma liberté.

Nous quittâmes bientôt le deux-pièces d'Ida pour un plus grand appartement. Nos augmentations de salaire nous permirent de louer cent vingt mètres carrés, dont deux vraies chambres et un salon géant où l'on pouvait jouer au badminton !

Si nos revenus avaient fait un bond si considérable, passant de mille cinq à deux mille cinq cents yuans, c'est que la société pour laquelle nous travaillions était en plein essor. Son business était simple, mais fonctionnait à plein régime.

La société ABA invitait les patrons chinois à venir rencontrer dans un *showroom* qu'elle mettait à leur disposition une clientèle étrangère triée sur le volet. Ce centre d'affaires, qui fournissait locaux, interprètes et contacts divers aux entreprises chinoises, facturait très cher ses services. Mais les patrons chinois ne regardaient pas à la dépense pour remplir leurs carnets de commandes et faire tourner leurs usines à plein rendement. Grâce à l'environnement économique ultra-favorable qui régnait à Shenzhen au début des années 2000, et à ce créneau qu'elle était seule à occuper, la société ABA, en trois années d'existence, put s'offrir les trois étages du building le plus cher de la ville.

Mais si, quelques mois après mon arrivée, les hommes d'affaires chinois se jetaient encore aveuglément et en masse sur cette occasion d'exporter leurs marchandises, au bout de quelque temps, le business commença à décliner sérieusement. Le monopole d'ABA cessa, la concurrence se fit plus rude, et les acheteurs étrangers trouvèrent eux-mêmes interprètes et centres d'affaires, à des prix moins exorbitants. Aussi, pour tenter de conserver le bateau à flot, les dirigeants d'ABA trouvèrent une combine qui fit illusion… un temps.

Ils embauchèrent de faux clients étrangers ! Ainsi je me retrouvai l'interprète de faux patrons, égyptien, espagnol, syrien, ou camerounais, tous faux industriels représentant une firme étrangère inventée de toutes pièces prospectant pour un marché fantôme. Les échanges étaient basiques : les faux patrons n'étaient pas toujours des lumières et se contentaient de demander aux Chinois leur capacité de production, c͡ɔ s'ils pouvaient payer en dollars.

Le sport favori de ces employés hors du commun, dans ce cirque surréaliste, était de draguer leurs interprètes, autrement dit, moi et mes collègues. Nous étions une dizaine, toutes des jeunes femmes entre vingt et trente ans, célibataires et parlant bien l'anglais, en résumé, des cibles idéales pour ces hommes qui s'ennuyaient copieusement dans ce jeu de dupes.

J'avais hérité pour ma part de deux prétendants : un Égyptien de vingt-cinq ans, avec de grands yeux de gazelle, empestant le patchouli et qui passait plus de temps à reluquer mes jambes qu'à marchander avec les patrons chinois, et un énorme Syrien qui me proposa un soir d'être sa quatrième épouse dans son pays.

Le travail dans cette boîte devint vite délirant, mais, pour Ida et moi, la vie était ailleurs. J'avais presque vingt et un ans, Ida vingt-cinq, nous habitions loin de nos familles, dans une ville où l'âge moyen ne dépassait pas vingt-sept ans. Bref, nous étions libres et les soirées nous appartenaient.

Ida avait une sœur, Betty, un vrai bonbon, une beauté qui attirait les hommes comme un aimant, et ces deux filles me prouvèrent que les femmes pouvaient disposer des hommes, et non l'inverse comme ce que j'avais constaté jusqu'alors autour de moi.

Les deux sœurs me persuadèrent d'enrichir mon expérience de la gente masculine et des jeux de l'amour, sans me brûler les ailes. J'étais jeune, c'était maintenant ou jamais que je devais m'amuser. Je les écoutai et les observai avec attention, elles étaient drôles, pétillantes de vie, ivres de liberté, et leurs jeux me fascinaient.

Elles menaient les garçons par le bout du nez, mais veillaient à ne jamais leur laisser le moindre espoir de leur appartenir.

Pendant plus d'un an, à ce petit jeu, je pus enfin découvrir que je n'étais pas si moche que ça. Si Betty était une bombe, Ida une belle femme, moi je restais mignonne, et ça suffisait bien à contredire des années de critiques de mon père. Je pouvais maintenant me regarder dans un miroir, être coquette et sexy sans penser que je n'en avais pas le droit, comme papa me l'avait répété toute mon adolescence. Je n'arrive toujours pas à lui en vouloir, mais la douleur d'être poursuivie par cette image qu'il avait de moi, alors que je n'aspirais qu'à lui plaire, m'a sacrément empoisonné la vie. Tout ce cirque pour séduire les hommes dans l'unique but de me rassurer était bien vain quand j'y pense.

Si nous nous amusions beaucoup Ida et moi pendant notre temps libre, le travail à ABA ne devint plus tenable, et je démissionnai pour un nouvel emploi de traductrice dans une société de tourisme gérée par un Anglais, Peter.

Peter travaillait dans le *time share* plus précisément. Il vendait des copropriétés avec des séjours à la carte dans des endroits paradisiaques un peu partout dans le monde. Je fus recrutée par ce gentleman, toujours impeccablement habillé, la quarantaine, plein d'allant et très courtois, pour faire l'interprète auprès des clients désireux de connaître cette nouvelle formule qui devait occuper leurs vacances. Partager la propriété d'un appartement avec une quantité d'autres personnes quelques semaines de vacances par an était une notion très neuve pour ces nouveaux riches chinois, j'avais du pain sur la planche. L'on projetait un film promotionnel qui montrait des endroits de villégiature dans le monde entier, et mon travail consistait à traduire les propos de Peter avec le même enthousiasme qu'il mettait à convaincre l'assemblée. Puis, en retour, je lui rapportais les nombreuses questions que les Chinois posaient, alléchés par ces endroits merveilleux. Chaque séance était un marathon, j'en sortais épuisée mais toujours heureuse d'avoir réussi à faire passer le message.

Avec cette expérience, je commençai à ressentir la joie de naviguer entre deux langues et recherchai au mieux à adapter la pensée de chacun des protagonistes. C'est à ce moment que je pus enfin définir ce qui me plaisait autant dans cette mission d'interprétariat. J'avais la charge de transmettre le plus subtilement et le plus finement possible les propos d'individus dont les cultures étaient si éloignées que la moindre erreur pouvait creuser un abîme d'incompréhension.

Je ne me contentais plus de répéter comme un perroquet. Quand Peter tentait de convaincre un client chinois, j'essayais d'être deux fois plus convaincante que lui. Et, quand un client chinois se montrait curieux et intéressé, je tentais de rapporter à mon patron toute la quintessence de la question dans un anglais le plus châtié possible.

Tout aurait pu continuer ainsi longtemps pour mon plus grand plaisir mais, un jour, la belle énergie que mettait mon patron à convaincre son auditoire se heurta à mon incapacité à traduire ses mots. Non pas en raison d'un manque soudain de vocabulaire, mais plutôt parce que le sens de ses mots n'était plus en accord avec la réalité. Il ne me demandait plus de traduire, mais de mentir !

Peter était tellement pressé de conclure une affaire de vingt-sept mille euros avec un couple de Chinois qu'il me demanda de leur dire que sa société pouvait prendre en charge toutes les demandes de visas pour le monde entier et assurer leur obtention.

Au lieu de traduire ses mots, je m'arrêtai et me tournai vers mon patron.

— Mais Peter, ce n'est pas vrai... C'est l'ambassade de chaque pays qui a le dernier mot. Personne d'autre ne peut garantir les autorisations pour sortir de Chine.

— Fei, me répondit-il d'un ton sec, tu n'es pas payée pour poser des questions.

— Non, mais ce sont des mensonges, et ils vont revenir vous voir quand ils vont le constater, insistai-je.

— Tu es une traductrice. Une traductrice, c'est comme une calculatrice, un outil. Tu comprends ? Donc, traduis ce que je te demande !

Je n'arrivai pas à croire qu'il puisse me comparer à un outil ! Mais la différence entre une machine et moi, c'est que je pouvais choisir. Je me tournai à nouveau vers le couple de Chinois qui attendait ma traduction et leur dis :

— Mon patron m'a demandé de vous répéter que, si vous achetez ce service, sa société va s'occuper de vos visas pour l'étranger, et que vous pourrez voyager dans le monde entier, mais je sais que ce n'est pas vrai.

Les deux clients ouvrirent des yeux comme des soucoupes. Et j'enchaînai en leur expliquant que personne ne pouvait garantir ces visas à cent pour cent. L'homme et la femme se regardèrent, tombant des nues, puis se prépara à sortir du bureau sous l'œil confus et paniqué de Peter.

Je m'adressai à mon patron avant qu'il n'ait le temps de réagir.

— Peter, je vous quitte. Je souhaite de tout cœur que votre société ferme bientôt, car vous êtes un tricheur et un menteur. Bon retour en Europe où j'espère que vous resterez longtemps, et ne vous avisez plus d'arnaquer les Chinois.

D'un coup, derrière le masque du gentleman anglais éduqué et civilisé, je vis sa vraie nature : un requin, un prédateur comme les autres.

— Qu'est-ce qui te prend ?! dit-il, en proie à une colère dont jamais je ne l'aurais cru capable.

Il hurlait à présent :

— Les interprètes comme toi, il y en a des milliers en Chine ! T'as rien compris au système ! Ça m'étonnerait que tu trouves un autre travail à Shenzhen, crois-moi, et j'y veillerai ! Dégage !

En sortant de l'immeuble, j'achetai un journal et m'assis à la terrasse d'un café. J'étais encore sous l'effet de cette violente altercation et, pour me calmer un peu, je respirai longuement et profondément. Si tant est que l'on puisse respirer au milieu des embouteillages du centre-ville et cerné par des buildings de soixante étages, au pied desquels fleurissaient boutiques de luxe et *showrooms*. Les signes de richesse ostentatoires affichés autour de moi me parurent d'un coup lointains, dérisoires et faux, exactement comme Peter une minute auparavant. Je me sentais blessée par cet homme peu scrupuleux, car je m'étais beaucoup investie dans ce travail, et ne pensais pas mériter un tel traitement. Quoique confuse, je savais que ce monsieur avait tort. Et j'entrepris de le lui prouver en me plongeant dans la lecture des petites annonces. C'était mon septième travail à Shenzhen, et trois jours plus tard je commençais le huitième.

Ce fut encore un Anglo-Saxon qui me recruta comme interprète. Mais, cette fois-ci, un immense Yankee d'un mètre quatre-vingt-dix, tout droit sorti de Harvard. Cet Américain, le portrait craché de Monsieur Indestructible, était associé à un Sino-Canadien, tout petit et grassouillet, qui portait une paire de loupes en guise de lunettes. Ce tandem pouvait prêter à rire, mais ces deux messieurs étaient fort sérieux : ils venaient de créer leur société et prévoyaient de monter une école préparatoire pour entrer dans les grandes universités américaines. Ils ciblaient les jeunes Chinois désireux d'obtenir un diplôme de ces établissements prestigieux pour occuper ensuite de hautes fonctions dans des sociétés multinationales.

La perspective était alléchante, et le public nombreux aux conférences que nous organisions pour présenter l'institut.

Ce travail me plut beaucoup, car il me permettait d'approfondir ma connaissance de la langue – mes patrons étant très exigeants –, mais aussi de participer à un nouvel exercice auquel je pris beaucoup de plaisir.

Le deuxième mois, je dus traduire la présentation de mon employeur américain devant plusieurs centaines d'étudiants chinois intéressés par notre concept. La salle était immense, autant que ma peur au moment de prendre la parole. J'avais un trac épouvantable, les jambes en coton, et la voix coincée au fond de ma gorge. Mais le charisme de Monsieur Indestructible me permit de faire face au public qui n'avait d'yeux que pour ce géant américain, incarnant le mythe absolu de la réussite. Au bout de quelques minutes, la peur qui me tenaillait le ventre disparut comme par enchantement, et se transforma en une joie jubilatoire d'être là, et écoutée de toutes ces têtes chinoises. Je pensai à mon père. Ce fut une obsession qui ne me lâcha pas de toute la conférence. Je le voyais au milieu des quatre cents personnes de l'auditoire, lui seul, qui me souriait, enfin fier de sa petite fille. À la fin de la séance, l'image de papa ne m'avait toujours pas quittée. Les remerciements de mes patrons n'y changèrent rien, je ressentis comme un vide. J'aurais tant aimé qu'il soit là !

C'est alors qu'un phénomène curieux se produisit. Mon boss américain avait tenu à faire filmer la conférence par un professionnel, qui, deux jours plus tard, entra dans mon bureau.

— Tenez, mademoiselle, c'est la cassette de la conférence.

— Il y en a deux ?

— Oui, c'est pour vous, je vous en ai fait une copie, j'ai pensé que ça pourrait vous servir.

— À quoi ?

— Je ne sais pas. Parfois, un bon film, c'est mieux qu'un CV, vous savez.

Je le remerciai et rangeai la cassette au fond d'un tiroir sans y accorder d'importance. Je me voyais mal démarcher pour un futur job avec ma cassette sous le bras, mais j'appréciai le geste du cameraman.

Le soir même, je pris des nouvelles de ma famille et m'entretins longuement avec maman. Je n'étais pas revenue à Changchun depuis deux ans et mes parents me manquaient beaucoup.

Ce soir-là, maman me fit comprendre qu'elle aurait aimé que je revienne les voir. Sa petite fille lui manquait. Quant à mon père, il me demanda avec un brin d'ironie si j'allais rester un peu plus longtemps dans ce job qui avait tant l'air de me plaire. Huit emplois en deux ans, ça ne ressemblait à rien pour lui. Je ne sus quoi lui répondre, et ne trouvai pas les mots pour lui dire combien il était plus difficile de changer huit fois de travail que d'en garder un seul. Comment lui expliquer que je ne voyais plus, au bout de trois ou quatre mois, la finalité de poursuivre un travail dans lequel je rencontrais trop souvent des individus peu fréquentables, des situations scabreuses, ou tout simplement l'ennui ?

Le lendemain, au bureau, je tombai sur la cassette, et sans hésiter je l'envoyai à ma mère. La veille, son désir de me voir sonnait tellement comme une supplique, et j'avais senti tant de tristesse dans sa voix que je trouvai là l'occasion de lui faire une surprise assez amusante, en attendant ma venue.

Quelques jours plus tard, quand maman reçut la cassette et qu'elle la visionna pour la première fois sur la télévision d'une voisine, elle en fut émue aux larmes. En voyant sa fille parler cette langue d'oiseau, comme disait mon père, et évoluer au milieu de ces étrangers, elle se sentit très fière. Mais cela ne fut rien comparé à la fierté de mon père.

À la grande surprise de maman, papa s'empara de la cassette et, dès le lendemain, organisa une projection dans son bureau sur un vieux magnétoscope de l'école, pour tous ses collègues avec qui il travaillait. Mes anciens profs, le directeur, l'ensemble du personnel eut droit à une projection accompagnée de ses commentaires. Ensuite, il rapporta la cassette et le magnétoscope à la maison et continua l'opération en convoquant les voisins, les amis et tous ceux à qui il pouvait dire enfin que sa fille, malgré tout ce qu'on avait pu penser et dire d'elle, était devenue une bonne interprète.

C'est mon frère, que j'eus quelques jours plus tard au téléphone, qui m'informa que j'étais devenue une célébrité dans le quartier. Feng, avec beaucoup d'humour, me décrivit comment papa gardait précieusement la cassette comme une relique familiale, et aurait pu mordre si quelqu'un avait voulu la prendre sans son autorisation. Nous étions au bord des larmes à force de rire. Après que nous nous fûmes calmés, Feng me dit, sur un ton sérieux, que, si j'avais encore des cassettes comme celle-ci, il fallait de toute urgence les envoyer aux parents, car c'était la plus belle des récompenses pour eux.

Cet événement me persuada, à quelques semaines des fêtes du nouvel an chinois en 2001, d'aller passer ce moment chaleureux en famille. Je n'étais pas parvenue à mettre beaucoup d'argent de côté, mais suffisamment pour un billet de train, et pour offrir des cadeaux à mes parents et à mon frère. Je conservai le reste de mes économies pour les inviter au restaurant et fêter mon retour après deux ans d'absence. Ainsi, je fis le choix de ne pas investir dans un manteau pour braver les − 30 °C de ma belle Mandchourie. J'enfilai ma veste fétiche, et me couvris d'une énorme couverture pour faire le voyage.

Quand ma mère et mon frère me virent débarquer à la gare de Changchun ainsi, ils crurent voir une réfugiée. Ils se ruèrent sur moi, Feng prit mes bagages, et maman, horrifiée de retrouver sa fille dans cet état, ne cessa de me répéter que j'aurais dû faire appel à eux, qu'ils m'auraient envoyé de l'argent pour acheter des vêtements chauds. J'eus un mal de chien à lui faire entendre que c'était bien ainsi, et qu'à Shenzhen c'était une dépense inutile.

Ces quatre jours furent un pur bonheur. J'invitai mes oncles, mes tantes et mes cousins et cousines au restaurant, nous nous retrouvâmes à une vingtaine de convives. Je pus rendre visite à mes copines du cercle magique qui m'assaillirent de questions. Elles voulaient tout savoir de ma vie dans le Sud. Et ma mère, dès que nous étions en présence l'une de l'autre, ne me lâchait pas les mains, sachant que j'allais repartir bientôt et qu'elle ne me reverrait pas avant des mois, voire des années. Elle me prépara les meilleurs plats et voulut me gaver comme à l'époque où elle venait me nourrir au collège.

Si j'espérais un peu de reconnaissance de la part de papa, surtout après l'épisode de la cassette, je me trompais et fus à nouveau déçue. Il se montra souriant et heureux de me voir, mais ne fit pas grand cas de ma prestation filmée. Il dit simplement :

— Oui, c'est pas mal, mais il faut encore t'améliorer. Tu ne dois jamais oublier d'apprendre quelque chose de nouveau tous les jours. Comme tu n'es pas très jolie…

C'était dit. Il ne pouvait s'empêcher de me dénigrer, en soulignant que mon physique serait toujours un handicap, comme le fait de choisir systématiquement les chemins les moins orthodoxes. Il lui était impossible de me dire simplement ce qu'il ressentait. J'aurais tant voulu qu'il me montre son amour, ne serait-ce qu'un tout petit signe… Mais non.

J'avais plus de chance avec l'autre homme de la maison. Ce frère qui avait su dépasser son mépris envers moi et me témoignait un amour fraternel profond. Feng prit conscience que nous avions beaucoup de chance lorsque je partis de la maison la première fois pour Dalian. Nous étions la dernière génération d'enfants à avoir un frère ou une sœur. Tous mes amis du même âge que moi sont des enfants uniques.

Feng m'avait beaucoup manqué. Il travaillait toujours dans la même usine, et s'adonnait à sa passion, la photographie des paysages. Je fus surprise de découvrir ce talent artistique chez mon frère. Cette finesse ne ressemblait pas à l'image que je me faisais de lui. Avec son salaire il s'était acheté un appareil reflex japonais et il développait ses photos lui-même. Pendant ce séjour chez nous, quand il me montra ses photos, je remarquai ses ongles noircis de mécanicien, qui contrastaient avec la blancheur immaculée du papier. Ce fut la première fois que je me surpris à observer mon frère comme un être à part. Ce n'était plus seulement mon frère, c'était un ouvrier, avec ses goûts, sa passion pour la photo. De même que mes parents, eux aussi, étaient des ouvriers parmi des milliers d'autres dans cette ville du nord de la Chine. Ma famille était une famille ordinaire, des gens normaux, et leur simplicité, avec la distance et le temps, me fit prendre conscience que je les aimais aussi pour ça.

Le retour à Shenzhen après ce court séjour s'avéra plus douloureux que lorsque j'étais partie à la découverte du Sud deux ans auparavant. C'était dur de quitter mes parents, et la perspective de plonger à nouveau dans le maelström de cette ville assoiffée de jeunesse, d'argent et d'apparence me parut encore plus ardue.

Je commençai à me lasser de cette vie qui chaque jour m'apparaissait de plus en plus creuse. À vingt et un ans, bien sûr qu'il est tout naturel de sortir, flirter, faire la fête, mais tout ce cirque finit par me laisser un goût amer. C'est comme si j'avais croqué avec gourmandise dans une belle pomme de cire.

Ma liberté recouvrée après ma rupture avec Andrew ne m'avait pas donné plus d'aisance dans les jeux de l'amour comme Betty et Ida avaient voulu m'en persuader. Je ne trouvais pas mon compte dans ces relations éphémères et superficielles.

En six mois et une multitude de relations-éclair avec les garçons, j'avais le sentiment de n'avoir rencontré personne. Ces jeux futiles ne m'amusaient plus, car là encore je n'en percevais pas la finalité. Tout dans cette ville m'apparut soudainement dénué d'intérêt. Tout le monde semblait animé des mêmes intentions, séduire les filles ou les garçons, gagner de l'argent et profiter de toutes les occasions favorables pour y parvenir. Un *luna park* du commerce qui ne distinguait plus les marchandises des êtres humains.

C'est quelques jours après mon retour de Chang-chun, animée de ces réflexions qui me donnaient le vertige, que je tombai sur Jim pour la troisième fois.

J'avais croisé ce grand Sino-Canadien d'une cinquantaine d'années quelque temps auparavant, quand, accompagnée d'Andrew, je m'étais mis en tête d'écrire quelque chose sur ces prostituées de Shenzhen qui gravitaient autour des hôtels à la recherche de clients étrangers.

Un soir où l'on était installés à la terrasse d'un café pour observer leur manège, Jim était passé près de nous et avait salué Andrew et un autre Américain qui s'était joint à nous.

Puis il avait échangé quelques amabilités en anglais avec les deux hommes, à la manière américaine, comme le font des compatriotes qui se croisent à l'étranger. Jim avait obtenu la nationalité canadienne, mais parlait un anglais épouvantable. À quelques semaines d'intervalle, on le rencontra une deuxième fois, et il nous apprit qu'il était seulement de passage pour son travail, puis il disparut à nouveau, jusqu'à ce soir-là. En compagnie d'Ida et d'une bande de copains, je le reconnus, assis seul à la table du restaurant où l'on venait d'entrer.

Après les politesses d'usage, je rejoignis mes amis. À la fin du repas, il vint à ma table pour me demander mes coordonnées. Ne sachant pas trop quelles étaient ses intentions, je lui donnai un faux numéro. Curieusement, deux jours plus tard, le fax du bureau sonnait. Je décrochai, c'était lui. Je lui avais donné ce numéro pensant qu'il était faux. Je me dis qu'autant de coïncidences réunies valaient bien que j'accepte d'aller au rendez-vous qu'il me proposait.

C'est ainsi que je fis la connaissance de ce grand escogriffe, qui parlait avec une voix de stentor. Jim était une vraie force de la nature. Il avait l'allure d'un chef sioux gigantesque, il portait d'immenses tee-shirts et un disque « bi » en jade retenu par une cordelette qui pendouillait autour de son cou. Toujours flanqué d'une énorme besace, il transportait ses travaux, ses carnets et autres notes. Jim était écrivain. Il était même assez connu en Chine, comme je l'appris plus tard.

À mon grand soulagement, cet homme ne s'intéressait pas à la fraîcheur de mes vingt ans, mais bien à ce que j'avais dans la tête. Il se souvenait des quelques mots qu'Andrew et moi avions échangés avec lui, et avait remarqué que je parlais assez bien l'anglais. Lui maîtrisait mal cette langue, même après dix-sept ans passés au Canada, et l'idée de travailler occasionnellement avec une jeune personne comme moi pour l'aider dans ses travaux l'avait effleuré lorsqu'il m'avait vue dans ce restaurant.

Je n'avais jamais rencontré quelqu'un comme lui. C'était un être si original et si différent des gens que je côtoyais à Shenzhen à cette époque ! Notre rendez-vous qui ne devait pas excéder plus d'une demi-heure comme il me l'avait promis dura plus de quatre heures. Il me parla de son travail d'écrivain, et de ses romans pour adolescents. Et, en l'écoutant, je sus ce qui m'avait manqué ces derniers mois. Un échange avec un autre être humain, en toute liberté, sans aucun jeu de séduction, ni faux-semblant.

Pendant son séjour à Shenzhen, nous prîmes l'habitude de nous voir souvent. Jim était un incorrigible bavard et j'étais une oreille si attentive. Nous formions un tandem idéal.

Cet homme plus âgé que mon père avait voyagé dans quarante-cinq pays, avait fait des films, écrit des livres, et semblait animé d'un appétit d'ogre pour les nourritures tant intellectuelles que terrestres. La veille de son départ, nous dînâmes en vieux amis, et il me parla longuement de Shanghai, la ville où il habitait, la comparant à Shenzhen.

Selon lui, en résumé, si Shenzhen était un plat de *fast-food*, Shanghai était un festin. Il m'invita à venir le voir dès que j'aurais le temps et me promit de me faire visiter cette ville mythique.

Je quittai à regret mon ogre écrivain, mais ses paroles avaient semé le trouble dans mon esprit.

Un soir, dans le taxi qui nous ramenait à l'appartement après une fête d'un ennui mortel chez des copains, je confiai à Ida :

— Ida, je veux aller à Shanghai.

— Ah bon ? Quand ?

— Dès que j'aurai démissionné et touché mon salaire.

— Mais... combien de temps ?

— Je ne sais pas. Tu viens avec moi ?

— T'es folle. On a un superappartement, ici, la vie est belle, non ? On s'amuse bien ensemble, tu ne trouves pas ?

— Si, justement. C'est pour cela que je te demande de venir avec moi. On trouvera un autre appartement là-bas, à deux ce sera plus facile. Nous sommes jeunes, c'est le moment de voyager, de découvrir d'autres choses.

— J'ai vingt-six ans, Fei. Bientôt trente, je suis trop vieille...

— Tu es ridicule. Vingt-six ans, c'est rien.

— J'ai mon nouveau boulot ici, le patron m'a promis...

— Arrête, Ida. Jim m'a raconté l'histoire des singes qu'on appelle Mala, dont les mâles apportent des fruits aux femelles pour qu'elles les laissent leur faire l'amour. Cette ville, c'est ça sans arrêt. Je veux voir autre chose, Ida. Tu sais, si tu déplaces un arbre, tu as beaucoup de chances de le faire mourir, mais si un être humain se met en mouvement il a beaucoup plus de chances de vivre mieux. La vie, c'est un mouvement. Pars avec moi, Ida.

— Ben... je sais que tu as des chances de réussir. Si tu t'en sors, je te rejoindrai peut-être.

Je lui laissai tout ce que je possédais, le canapé, la télé, l'ordinateur, tout. Avec mon dernier salaire j'achetai un billet aller pour Shanghai, et, un matin d'automne 2001, je pris le train avec mille huit cents yuans en poche, c'était peu, mais compensé par un énorme espoir.

21.

Je débarquai à Shanghai avec le même sac noir qui m'avait accompagnée à Shenzhen en octobre 2001. Pantalon blanc, tee-shirt rouge et baskets, habillée comme une étudiante, je posai le pied sur le quai de la gare de Shanghai avec la sensation de fouler le sol d'une terre inconnue mais vibrante d'énergie. Je ne sais si c'étaient mes rêves de découverte qui amplifiaient cette impression, mais, en sortant de la vieille gare monumentale du XIXe siècle, je fus happée par un tourbillon de vitalité.

Une foule incroyablement diverse semblait avoir élu domicile sur le parvis. Plusieurs hommes m'abordèrent pour récupérer mon billet de train, car s'ils réussissaient à le faire passer en note de frais, ils empocheraient la somme que j'avais déboursée pour l'acheter. Deux femmes me proposèrent des chambres d'hôtel bon marché, d'autres vendaient du maïs cuit à la vapeur pour un yuan. Des familles entières en partance étaient assises sur des journaux à même le sol, et des grappes humaines se déplaçaient à vive allure en tous sens. Au milieu de ce chaos, quelques individus en uniforme veillaient, et je compris vite que ce désordre n'était qu'apparent. À peine la fluidité des allées et venues était-elle perturbée par une anicroche qu'un de ces hommes intervenait pour rétablir la circulation.

Lorsque je levai les yeux, au-delà des immeubles anciens en pierre de taille, je découvris une perspective infinie de buildings, tous plus hauts les uns que les autres. Comparée à Shenzhen, ville unidimensionnelle, dont on aurait pu croire qu'elle avait poussé en une nuit, Shanghai donnait une impression de profondeur, comme une succession de décors qui se superposent. Les bâtiments du début du XXᵉ siècle qui bordaient l'ancienne gare ferroviaire constituaient l'avant-scène, prolongée par des prouesses architecturales d'une modernité à couper le souffle.

Ma petite expérience de voyageuse m'avait appris que les hôtels ou les chambres à proximité des gares sont les plus chers et surtout les plus dangereux. Je marchai donc en direction du centre-ville, et, quand j'estimai m'être suffisamment éloignée de ce territoire peu sûr, je me mis en quête d'un logement et choisis un petit hôtel à vingt-cinq yuans la nuit pour une chambre à quatre lits.

Avec mes mille huit cents yuans en poche, je savais qu'une fois de plus l'urgence était de trouver rapidement un endroit où habiter et un salaire pour le payer. Je comptais retrouver Jim, mais souhaitais d'abord m'installer pour lui faire la surprise de ma venue à Shanghai. Curieusement, malgré cette pression, j'avais moins peur qu'à mon arrivée à Shenzhen, et l'excitation de me trouver dans une ville étrangère me donnait du courage. Dalian m'avait enchantée par son horizon infini, sa brise au goût salé, et Shenzhen m'était apparue comme une pomme de cire. Shanghai me semblait mystérieuse, tel un animal mythique et gigantesque qu'il me faudrait bien dompter ou du moins apprivoiser au plus vite, avant qu'il ne me dévore en une seule bouchée.

Je repérai non loin de l'hôtel une agence immobilière, et en poussai la porte en espérant y trouver une petite chambre compatible avec mon maigre budget. Je ne pouvais pas payer plus de trois cents ou quatre cents yuans par mois, et je voulais rester dans le centre de la ville.

Le jeune agent qui me reçut me fit comprendre rapidement que, dans cette fourchette de prix et dans Shanghai même, il ne fallait pas espérer le grand luxe. Mais, ravie de pouvoir visiter une première chambre à louer deux cent soixante yuans, je passai sur son défaitisme et le retrouvai deux heures plus tard à l'adresse en question.

Ce qui me frappa au premier abord dans ce quartier modeste, coincé entre des tours gigantesques, c'était l'odeur. Certes nous étions dans un quartier de Shanghai un peu excentré, mais tout de même en pleine ville. L'odeur était si forte que je dus mettre mon nez au creux de mon bras pour continuer à respirer. L'agent m'expliqua que l'appartement n'était pas cher en partie parce qu'il se trouvait non loin des toilettes publiques du quartier, et qu'en été ça sentait un peu. En revanche, en hiver, l'odeur était beaucoup plus supportable. Et puis il y avait des fenêtres et le soleil y entrait, ce qui le rendait agréable malgré tout.

Quand j'entrai dans cette petite chambre, une forte odeur d'excrément me sauta au visage. J'eus le temps de me rendre compte que le sol était d'une saleté repoussante et troué par endroits, que la porte fermait mal et que dans la pièce vide était posée sur quatre briques de chantier une planche de bois d'un mètre sur deux, maculée de taches.

— Qu'est-ce que c'est ? demandai-je à l'agent.

— C'est le lit. Pas très confortable, mais…

Avant qu'il n'ait fini sa phrase, j'étais déjà partie en courant…

Après deux jours de recherches, je trouvai sur Internet une annonce qui proposait une chambre dans le centre, à la sortie du métro Jiang Su Lu. Elle était située au fond d'une ruelle dans une ancienne maison de bois qui comptait trois étages. Ce pâté de maisons semblait une exception parmi les immeubles qui rivalisaient de hauteur et d'inventions esthétiques. Une dizaine de ces modestes habitations s'alignaient le long de la ruelle, face à un mur qui cachait l'horizon. Le lieu était calme, un luxe dans cette ville sans cesse en mouvement. Je dus tout de même débourser cinq cent cinquante yuans par mois de loyer dans cet endroit où habitaient des familles shanghaiennes depuis des générations.

Mon petit chez-moi mesurait dix mètres carrés, il était meublé d'un lit à deux places en bois, d'une bibliothèque et d'une vieille armoire laquée marron. Le parquet était abîmé, mais son odeur et sa vétusté, ajoutées à l'allure désuète de la pièce, lui donnaient un parfum d'authenticité qui me ravissait. Je laissais avec joie le béton froid des appartements de Shenzhen pour un confort basique, certes, mais tellement plus charmant. Dans ces vieilles maisons de quartier de Shanghai divisées en plusieurs appartements, je découvris que les toilettes et la salle de bains étaient à partager entre les habitants de l'immeuble. La vieille baignoire avait perdu sa blancheur d'antan, et servait également pour laver le linge, mais la robinetterie fonctionnait et assurait de l'eau froide à longueur d'année comme me l'apprirent les voisins que je croisais les jours suivants. Pour l'eau chaude, chacun devait faire chauffer l'eau dans sa chambre et la transvasait dans une grande bassine de plastique qu'il disposait dans la salle de bains aux horaires choisis pour respecter le bon fonctionnement de la communauté.

Je me mis donc en quête de cet ustensile ainsi que d'un oreiller et d'une couverture. Ainsi parée, j'étais prête à entamer la deuxième étape obligatoire pour démarrer ma vie dans cette ville géante : trouver un travail.

Ce soir-là, avant que je m'endorme, mon esprit vagabonda en direction de Shenzhen et de ceux que j'avais laissés là-bas. Ida, qu'il me faudrait convaincre de me rejoindre, et Andrew. Ma vie passée avec lui m'apparaissait comme une pièce de théâtre d'un autre siècle dont les personnages n'avaient plus qu'une pâle ressemblance avec le nouveau spectacle qui s'annonçait.

Je pensai à mes parents qui ne savaient pas encore que leur fille avait quitté Shenzhen pour Shanghai. Je décidai de les prévenir dès que j'aurais trouvé un travail pour ne pas les alarmer inutilement, puis le sommeil me gagna sans que j'y prenne garde.

La propriétaire ne m'avait pas menti, c'est le soleil qui me réveilla tôt le lendemain matin en dardant ses premiers rayons par la fenêtre.

Après un rapide brin de toilette qui me permit de comprendre les règles d'occupation des sanitaires communs – c'était le plus rapide qui prenait la place –, j'achetai dans un kiosque près du métro tous les journaux avec des offres d'emploi, puis, de retour dans ma chambre avec un lait de soja et du *you tiao*, j'entrepris d'éplucher minutieusement chaque annonce.

Je me doutai qu'à Shanghai les emplois de traductrice-interprète seraient beaucoup plus durs à trouver, car beaucoup de gens étaient bilingues et, surtout, diplômés. De plus, je ne connaissais pas la langue locale, et cela pouvait me desservir. Car, si le mandarin était parlé par la majorité des Shanghaiens, les entrepreneurs locaux, qui n'étaient pas tous issus des grandes écoles, avaient une préférence pour leur dialecte d'origine.

Je me reportai donc sur les annonces de commerciaux. J'en repérai trois qui n'exigeaient pas obligatoirement de diplômes, mais seulement un bon niveau d'anglais. C'était peu, et si je voulais me donner toutes les chances d'arriver à toucher ces employeurs il me fallait faire preuve d'inventivité, et ne pas me décourager, même si j'avais la sensation que le jeu à Shanghai serait beaucoup plus ardu qu'à Shenzhen.

Pour rendre mon curriculum vitae plus attractif et plus original, je le rédigeai de ma plus belle écriture sur un beau papier bistre en y joignant une lettre qui déclarait que j'étais prête, qualifiée et ultra-motivée pour ce travail. Ensuite, pour être sûre que tout arriverait à bon port, j'envoyai mon pli en recommandé.

Deux jours après, je faisais parvenir un fax à ces trois sociétés pour être certaine que le département des ressources humaines avait bien reçu ma candidature, et leur faire savoir qu'une certaine Fei n'attendait que leur feu vert pour un entretien. Puis je doublai cette démarche d'un appel au standard. C'est ainsi que je tombai dans l'une des sociétés sur une secrétaire à l'anglais hésitant. Je réussis à la convaincre de me passer son supérieur en parlant mon meilleur anglais, et en me faisant passer pour une étrangère. En général, je savais que les standardistes, plutôt que de commettre une erreur avec un étranger, préféraient passer la communication à l'interlocuteur demandé. Ce qu'elle fit sans hésiter.

Je fus mise en relation avec le chef des ventes de cette première société suédoise qui vendait des matériaux pour l'industrie pétrochimique. D'abord surpris de m'avoir directement au téléphone, ce Chinois d'une trentaine d'années écouta pendant vingt minutes mes arguments, qui le poussèrent à me fixer rendez-vous pour le lendemain à quatorze heures.

Espérant plus que tout obtenir le poste, je passais le reste de la journée à chercher sur Internet toutes les informations possibles sur cette entreprise, je réimprimai mon curriculum vitae et me creusai la tête quant à la tenue vestimentaire idéale. Je bannis immédiatement de ma garde-robe les tenues sexy de Shenzhen, et choisis une jupe et un chemisier stricts.

La société Berstorp était située en plein centre de Shanghai, près du grand stade. Un quartier d'immeubles abritant autant d'entreprises que de résidences.

Quand Jeremy, le chef des ventes chinois que j'avais eu au téléphone la veille, me fit entrer dans la salle de réunion, je sentis qu'il me scrutait de la tête aux pieds.

Il me fit asseoir, me demanda comment j'avais appris mon anglais et m'interrogea sur les raisons pour lesquelles j'avais quitté mon dernier emploi, puis, au bout d'une demi-heure où j'essayai de le persuader de m'embaucher, il m'arrêta net.

— Mademoiselle, pardonnez-moi, mais je vous dois la vérité. Ça fait deux mois que nous recherchons quelqu'un pour ce poste, et nous venons de le trouver… il y a deux jours.

Je ne répondis pas ; sentant que le chef des ventes observait ma réaction. Après un moment de silence, son visage se décontracta légèrement, et il reprit :

— Mais vous êtes la première personne à avoir réussi à me joindre directement au téléphone !

Il ne put s'empêcher de sourire, puis redevint sérieux.

— Votre motivation plus qu'évidente m'a alerté, c'est assez rare une telle… comment dire… ténacité. Et comme votre niveau d'anglais est très bon, je… je vais vous demander de patienter un petit moment, je vais voir le patron. Vous m'attendez ?

— Je ne bouge pas, lui dis-je en essayant de ne pas montrer mon excitation.

Je vis Jeremy entrer dans le proche bureau du patron, et, à travers les baies vitrées, je pus observer discrètement leurs échanges qui par moments m'apparaissaient des plus animés. L'affaire ne semblait pas bien engagée, car le patron avait l'air de rejeter les arguments de son chef des ventes. Cependant, la discussion entre les deux hommes – qui ne dura pas moins de quinze minutes – prit fin et tous deux vinrent me rejoindre dans la salle de réunion.

— Je m'appelle Gary, je suis le directeur de Berstorp, me dit ce grand Chinois fort élégant dans un anglais parfait.

— Bonjour, je m'appelle Fei, lui répondis-je en souriant. Et je…

Mais il ne me laissa pas prononcer un mot de plus.

— Mademoiselle, je ne sais ce que vous avez fait ou dit à Jeremy, toujours est-il qu'il tient absolument à vous engager pour une période d'essai d'au moins trois mois, alors que votre curriculum vitae montre que vous n'avez aucune expérience dans le métier, ni de diplôme ou de connaissances particulières en matière de chimie. De plus, vous n'avez aucune relation à Shanghai et vous ne parlez pas la langue locale. Donc, je vous propose un salaire de base de mille cinq cents yuans par mois, vous commencerez la semaine prochaine en même temps que l'autre candidat recruté sur ce poste. Et on fait le point dans trois mois. Ne me remerciez pas. Au revoir.

Gary sortit du bureau et je me retrouvai face à Jeremy qui me regarda fixement avec un air grave en me tendant la main.

— Sois là à la première heure lundi, on a du boulot.

J'appris plus tard que Jeremy avait parié sur moi. Il avait défendu auprès de son patron la thèse selon laquelle on n'apprenait pas à être vendeur – *a fortiori* à l'école –, mais qu'on l'était ou qu'on ne l'était pas. Il avait senti chez moi cette aptitude, et désirait tenter de vérifier ses hypothèses en me mettant en concurrence avec le jeune diplômé engagé deux jours auparavant.

En sortant du bureau de Berstorp, je laissai éclater ma joie en bondissant comme une grenouille devant les passants effarés qui durent me prendre pour une folle. Dans le même temps, je me fis la promesse de ne pas décevoir Jeremy qui m'avait laissé ma chance. J'étais prête à travailler douze heures par jour et à sillonner la Chine entière pour trouver tous les clients qu'il voudrait, et montrer à Gary que je méritais ce job.

Je téléphonai a Ida pour la prévenir que j'avais trouvé un travail et un logement, et qu'elle n'avait plus qu'à me rejoindre, mais je sentis au ton de sa voix qu'elle ne franchirait jamais le pas. Ida me félicita, et, d'une voix un peu lasse, retourna à ses préparatifs pour sortir, car nous étions déjà en début de soirée et sa bande de copains de Shenzhen l'attendait.

Je me faisais une joie de prévenir une autre personne de ces changements radicaux, en dehors de mes parents, c'était Jim.

— Mais ?! Tu… Tu es vraiment venue ?! me dit-il, la voix empreinte d'un étonnement qui frisait l'incrédulité.

— Oui ! Je m'ennuyais à Shenzhen, et puis tu ne cessais de parler de Shanghai comme d'une ville extraordinaire, alors me voilà !

Jim n'en revenait pas, et s'empressa de me fixer rendez-vous pour le lendemain tant il était impatient de me voir et de me faire visiter sa ville.

Je le retrouvai au café *Starbucks* vers Shanxi Sud Road où nous prîmes un petit déjeuner en nous installant devant la grande baie vitrée, la place idéale pour observer les passants. Cette chaîne de cafés américaine était nouvellement installée en Chine et faisait fureur parmi la jeunesse chinoise branchée. Les jeunes Shanghaiens avaient vite été séduits par le confort bourgeois et anglo-saxon du lieu, ils adoraient passer des après-midi entiers à siroter du café entre amis, écouter de la pop française et déguster leurs fameux *cheese cakes*. Je découvris avec étonnement ce quartier de Shanghai qui était déjà très animé même à cette heure matinale. Les grandes enseignes françaises de luxe y avaient leurs magasins, et tout ce que le monde occidental pouvait offrir de son univers consumériste s'étalait au regard des passants dans une débauche d'enseignes lumineuses et d'images publicitaires géantes.

Jim était vraiment très heureux de me savoir à Shanghai. Il me confia que, la veille au soir quand je lui avais téléphoné, il avait d'abord cru à une plaisanterie, mais désormais il mesurait le degré de folie dont j'étais atteinte, et s'en félicita. Il était sincèrement soulagé que j'aie quitté Shenzhen et son zoo humain absurde pour une ville historique où la culture avait une place de choix. En me souriant avec son grand visage d'enfant, il me désigna la rue de l'autre côté de la vitre.

— Ici, c'est comme un écran de cinéma ou un théâtre, on regarde les gens.

Mon chocolat chaud terminé, Jim m'emmena *illico* à la découverte de Shanghai.

Nous filâmes en taxi vers Yu Yuan, le quartier historique où se dressent les temples et les immeubles anciens représentatifs de l'architecture traditionnelle chinoise. Parcouru par des milliers de touristes, ce quartier constitue un passage obligé de leur circuit. Jim nous maintint à l'écart de cette cohue, m'entraînant dans les ruelles adjacentes, des venelles étroites parmi les plus anciennes de Shanghai. L'espace entre les vieux immeubles n'excédait pas deux ou trois mètres de largeur, et l'on pouvait voir au rez-de-chaussée des petites cuisines ouvertes, parfois à même la rue, noircies par des années de repas préparés sur des réchauds à gaz ou à charbon, devant lesquelles de vieilles dames bavardaient sans se soucier de notre passage. Le parfum du riz cuit à la vapeur, l'odeur des fritures et des lessives se mêlaient aux relents des égouts dans un tourbillon d'effluves. Ces petites maisons collées les unes aux autres ressemblaient à celles de la rue où j'habitais, mais elles paraissaient plus vétustes. Au-dessus de nos têtes, je remarquai le linge qui flottait dans les airs le long des façades – vieilles culottes aux dimensions incroyables, shorts, chaussettes et sous-vêtements de toutes les couleurs –, témoignant du niveau de vie modeste des habitants de Yu Yuan.

À mesure que nous avancions dans le dédale des ruelles, je découvrais une population essentiellement féminine, de tous les âges. Ici ou là les femmes épluchaient des légumes, grignotaient des graines sèches de pastèque, les unes en pyjama, les autres en tablier de coton, toutes bavardant sans discontinuer dans une logorrhée qui animait le quartier d'une même mélodie.

Un peu plus loin, un trio de vieux hommes silencieux étaient assis sur des tabourets, plus économes de leurs paroles. Dans la pénombre du passage, vêtus de leurs modestes habits de coton, ils nous regardèrent passer sans nous voir, semblant se satisfaire de rester là à humer l'air de la rue.

Aux angles des rues se tenaient en général quelques boutiques, bazars ou minuscules popotes qui proposaient des bols de nouilles pour trois yuans sur des tables branlantes, des marchands de journaux, ou de chaussettes, devant lesquels les gens du quartier se saluaient ou s'attardaient pour échanger quelques plaisanteries. Du moins c'est ce que je crus à ce moment-là, eu égard à ma compréhension du shanghaien.

Je savais Jim coutumier des effets de surprise et grand amateur des diversités et des contrastes, et cette fois-ci il ne dérogea pas à la règle. Après avoir traversé le quartier de Yu Yuan, il héla un taxi, direction le plus grand immeuble de Shanghai à l'époque, la tour Jin Mao qui culminait à quatre cent vingt mètres de hauteur.

Trente minutes plus tard, nous grimpâmes dans un ascenseur qui nous conduisit directement au cinquante-troisième étage, au bar d'un grand hôtel, où nous fûmes accueillis par un personnel parlant anglais couramment qui nous mena dans un café à la décoration luxueuse.

En remarquant mes baskets pas très propres sur le marbre brillant qui revêtait le sol, je me sentis en décalage avec l'endroit. Jim perçut ma gêne.

— La vie est longue, Fei. Fais juste attention à ce que tu veux, car cela pourrait justement t'arriver.

Avant que j'aie pu réfléchir au sens de cette phrase étrange, comme l'étaient souvent les sentences de Jim, il m'entraîna vers le mur de verre offrant une vue panoramique sur Shanghai. Il faisait beau, ce jour-là, et je fus émerveillée par le spectacle grandiose à mes pieds : la ville de Shanghai, étendue et grouillante de millions d'habitants. Tous ces gens que j'avais croisés vingt minutes auparavant dans le quartier populaire de Yu Yuan, et maintenant ceux des quartiers riches qui m'entouraient, capables de dépenser une fortune dans un repas et une nuit d'hôtel, puis moi, avec mes économies ridicules en poche... Ce constat me donnait le vertige, bien plus que la distance qui me séparait du sol.

Nous achevâmes notre journée touristique par un dîner dans un restaurant thaïlandais dans le parc de Jing An, à côté du temple du même nom, près des hôtels de luxe, en plein centre. Jim s'y rendait souvent pour y passer des journées entières à écrire en sirotant du thé vert.

Du premier étage, nous apercevions un petit lac cerné de verdure, un îlot de paix au centre de Shanghai. La nuit nous enveloppa, et, par les baies vitrées du restaurant, les lumières du parc illuminèrent les arbres, donnant au paysage une teinte irréelle.

Les serveuses habillées à la thaïlandaise s'adressèrent à nous en anglais et nous servirent un excellent repas tandis qu'un flot d'images me revenait à l'esprit. Ainsi qu'une question qui me taraudait et que je finis par poser à Jim pour m'en débarrasser.

— Dis-moi, Jim, tu ne me prends pas pour une de tes futures conquêtes, n'est-ce pas ?

— Ne t'inquiète pas ! dit-il en riant, je ne couche pas avec les filles qui connaissent mon vrai nom. De plus... je ne pense pas que ta vraie valeur soit dans tes fesses.

Je le regardai avec étonnement et satisfaction. C'était la première fois qu'un homme me parlait si franchement, et, après ce que j'avais entendu ou vécu à Shenzhen, je le pris comme un compliment. Cependant, la question de ma valeur restait en suspens. Car qu'était-elle ? Comment mesurer la valeur de quelqu'un ? Par son salaire ? Par son apparence physique ? son intelligence ? son talent ? sa grandeur d'âme ou son cœur ?

Jim m'exposa sa théorie sur le sujet, qui nous mena fort tard dans la nuit. Comme d'habitude, sa voix énorme retentissait dans tout le restaurant, son rire faisait pouffer les serveuses qui observaient ce géant chinois comme une attraction peu commune, n'osant pas lui faire la moindre remarque. Moi, j'étais aux anges d'être l'amie de cet ogre inoffensif qui avait tant de choses à me raconter.

Depuis ce jour-là, nous prîmes l'habitude de nous retrouver chaque week-end quand nous étions à Shanghai. Les samedis soir s'étiraient souvent jusqu'au milieu de la nuit, dans un salon de thé où l'on parlait de l'histoire de l'art, des mouvements sociaux, de la poésie de Mao ou de la liberté de la femme et de Simone de Beauvoir. Tous ces sujets qui me passionnaient et que je pouvais enfin partager.

22.

— Comment ça à Shanghai ?!

— Oui, maman, j'ai même trouvé un travail et une petite chambre dans le centre-ville.

— Elle a encore changé de travail ?!

C'était la grosse voix de mon père qui retentissait dans le dos de ma mère. J'entendis mon frère.

— Ma sœur ? À Shanghai ?

Je perçus son rire, comme si j'avais encore joué un tour pendable à toute la famille. Mon père l'arrêta net.

— Qu'est-ce qui te fait rire ? Tu trouves ça drôle, toi ?

— Mais soyez rassurés, tout va bien. J'en avais marre de Shenzhen, j'avais envie de connaître Shanghai, on m'en a tellement parlé, maman. Dis à papa que tout va bien, j'ai un toit, de l'argent et un travail sérieux dans une firme suédoise qui fait des revêtements de sol pour les usines. C'est des produits chimiques très pointus, j'apprends quelque chose de nouveau, dans une nouvelle ville, et je suis très heureuse.

Ma mère se tourna vers mon père et mon frère pour leur répéter mes paroles. J'imaginais très bien la scène : tous les trois autour de la petite table ronde, la banquette où dormait mon frère, la cuisinette verte... Mon père devait tirer sur sa cigarette et tourner en rond comme un lion en cage en grinçant des dents.

— Elle dit qu'elle travaille dans la chimie, et qu'elle a un logement. Tout va bien, leur dit maman.

— Dans la chimie ?! Mais elle n'y connaît rien en chimie, Fei. Elle est comptable dans une usine de chimie, tu n'as pas bien compris, entendis-je protester mon père.

— Non ! Dis à papa que je suis commerciale, maman ! Pas comptable. Que je parle anglais avec mes patrons.

— Elle affirme qu'elle parle anglais, et que c'est du commerce, répéta ma mère à mon père.

— Bah ! l'anglais… Combien elle gagne ?

— Combien tu gagnes ? demande ton père.

— Mille cinq cents yuans pour commencer, je suis à l'essai pendant trois mois.

— Mille cinq cents ? C'est pas beaucoup, Fei ! (Mon père venait de saisir le combiné.) Tu peux certainement trouver mieux. Essaie comme comptable, t'as un bon niveau. Mais qu'est-ce que tu es allée faire à Shanghai ?! Il n'y avait pas assez de travail à Shenzhen ? Tu t'es fait virer ?

— Mais non, papa, c'est moi qui suis partie, j'avais envie de voyager.

— Voyager ? Mais il faudra que tu te fixes un peu un de ces jours. Tu ne peux pas voler comme un oiseau de branche en branche sans t'arrêter.

— Tout va bien, papa.

— …

— Papa ?

— Sœur ?! C'est Feng !

— Où est papa ?

— Il est parti chercher des cigarettes, enfin je crois… T'es à Shanghai ?! T'es folle.

— Pourquoi, Frère ?

— Parce que c'est génial ! Dis-moi, il paraît que les plus jolies filles sont à Shanghai, c'est vrai ?

— Frère !

— Quoi ?! Tu peux bien me le dire, parce que moi je viens aussi dans ce cas !

— Ça serait formidable, Frère, si tu venais me voir.

— Ma fille, tu manges bien, trois repas par jour ?

Ma mère avait repris le combiné, et s'inquiétait pour mon régime alimentaire, comme d'habitude.

Quand je raccrochai, le silence de ma chambre me saisit à la gorge. Mes parents et mon frère me manquaient, et leur parler, les entendre vivre dans cet appartement que j'avais partagé avec eux pendant plusieurs années me ramena à la conscience de ma solitude. Assise sur mon lit, je laissai couler deux grosses larmes sur mes joues. Pour me consoler, je me persuadai qu'une fois de plus j'avais fait le bon choix.

Le lundi suivant, je rencontrai Steve, mon collègue et adversaire dans le match qui nous opposait pour l'obtention définitive du poste chez Berstorp. Steve était un beau Chinois de vingt-quatre ans, diplômé d'une grande école de commerce de Shanghai, qui avait quelques relations dans le secteur de la construction. Il parlait en outre le dialecte local. Au vu de son pedigree, je mesurai rapidement que mes chances étaient minces.

Mais il n'y avait aucune animosité entre nous, car, *a priori*, ce jeune loup allait sortir vainqueur de cette compétition, et je n'étais pas pour lui une concurrente sérieuse. J'en fus soulagée. J'aurais mal vécu la situation dans le cas inverse.

Dès la première semaine, Steve partit pour des rendez-vous à l'extérieur en me souhaitant sincèrement bonne chance. Grâce à ses relations, il avait décroché quelques visites d'usines. Moi, comme je ne connaissais personne et encore moins le métier, j'écoutais attentivement Jeremy qui m'apprenait les rudiments, ou du moins ce qu'il fallait savoir sur les produits et les services que nous vendions. Une fois assimilé mon laïus sur les compétences de la société Berstorp, munie des pages jaunes, je commençai ce qui allait être mon quotidien pendant des semaines ; des dizaines d'appels à toutes les usines de la région pour leur proposer des revêtements de sol antistatiques en résines ultra-résistantes, pose et entretien compris. À chaque refus – et ils furent nombreux –, je repensais à la théorie de mes vendeurs de rasoirs. La règle d'or : 70 % de refus, 30 % de gens intéressés, 10 % d'acheteurs potentiels.

Les responsables d'achats que je contactais dans les industries de pointe, comme les laboratoires pharmaceutiques ou les fabricants de pièces électroniques, étaient souvent des étrangers, et, chance pour moi, je pouvais aisément dialoguer avec eux en anglais. C'est ainsi que je signai mon premier contrat au bout d'un mois et demi, et que je fus considérée comme une employée... rentable. Jeremy décréta qu'il avait gagné son pari, car Steve n'avait toujours pas concrétisé de commande à cette même date.

Gary me versa une prime de quatre mille cinq cents yuans, trois mois de salaire, pour la vente, et je vis qu'avec ce travail je pouvais gagner pas mal d'argent et même remplir un carnet d'adresses non négligeable si je devais changer de job. Ce résultat m'encouragea et je redoublai d'énergie.

Je misai donc sur l'un des plus gros clients que Gary rêvait d'approcher, une entreprise américaine installée en Chine, la General Electric Wuxi. Je travaillai plusieurs semaines, patiemment, remontant la hiérarchie des décideurs, sachant que les dirigeants étaient plus qu'exigeants et assaillis par la concurrence. Ayant compris que la méthode classique de vente ne me laisserait pas beaucoup de chances de parvenir à un bon résultat, j'établis une stratégie de vente toute personnelle et un peu iconoclaste, mais qui eut le mérite de réussir au-delà de mes espérances.

Ce fut juste avant Noël 2002, trois mois après mon arrivée, que je réussis à verrouiller définitivement ma place chez Berstorp.

Quand je rentrai ce soir-là avec le contrat d'un million et demi de yuans signé chez GE Wuxi, Jeremy m'accompagna dans le bureau de Gary qui m'attendait avec une bouteille de champagne.

— Félicitations, Fei !

— Merci, Gary, mais c'est quand même grâce à Jeremy, sans qui je ne serais pas ici.

— Une chose me chiffonne, Fei, me dit Gary. Comment as-tu fait pour convaincre le patron de GE, alors que ça fait un sacré moment qu'on essaie de l'approcher sans succès ?

— Eh bien, quand j'ai obtenu mon rendez-vous, je me suis bien préparée et je lui ai fait un beau tableau de tous les défauts de nos produits.

— Quoi ?!

Jeremy n'en croyait pas ses oreilles. Il se laissa tomber dans son fauteuil et me regarda comme une extraterrestre.

— Non, mais rassure-toi, je lui ai aussi montré tous les défauts des produits de nos concurrents. Pour que mon client puisse objectivement choisir la meilleure solution en comparant les risques qu'il prend avec nos produits et ceux des autres.

— Mais tu lui as dit ce que nous avions comme qualités et avantages ?!

— Bien sûr, mais je lui ai aussi décrit les avantages et les qualités des autres fournisseurs.

— Tu... Tu es folle, dit-il, désespéré.

— Oui, elle est folle ! Mais chat blanc ou chat noir, celui qui attrape la souris est un bon chat, Gary ! intervint Jeremy. Santé !

Jeremy, tout joyeux, déboucha la bouteille de champagne et nous servit à chacun une coupe, en riant de voir la tête de Gary qui ne s'en remettait pas. Puis il renchérit.

— C'est simple. Tu sais que les clients ont entendu des centaines de fois les commerciaux qui tiennent tous les mêmes discours. « Notre produit est le meilleur actuellement sur le marché blablabla... » Toujours la même chanson. Là, avec Fei, il a rencontré une vendeuse honnête, ce qui est plus que rare, et il a entendu un autre argumentaire. C'est la confiance qu'il a achetée.

Il sait qu'il n'aura aucune surprise ni sur le produit ni sur les prestations. Ça, ça n'a pas de prix. Tchin !

Voilà, j'avais ma place chez Berstorp, et ma façon peu orthodoxe d'envisager la présentation de nos produits avait marché... avec beaucoup de chance. Je fus soulagée, et pus envisager ma nouvelle vie à Shanghai avec plus de sérénité.

Steve ? Eh bien, il était toujours aussi décontenancé par ma méthode qu'il ne comprenait pas. Ce qu'il avait appris à l'école peinait à porter ses fruits. Il n'avait pas l'aisance au téléphone ni la facilité à parler anglais avec les clients, que j'avais acquises à Shenzhen. Ma façon un peu naïve et toute personnelle de prendre à contre-pied les habitudes du métier, parce que je n'avais pas été formatée par un enseignement, avait fait la différence. Nous eûmes beau en parler souvent, en toute amitié, il ne trouva pas la force de changer de cap ou de point de vue dans sa pratique de la vente. Moi, j'exposais, un peu honteuse, ma manière sauvage d'aborder le marché, et lui ne pouvait se défaire de son apprentissage, des lois et des règles qu'on lui avait inculquées. Six mois plus tard, toujours sans résultats, il donna sa démission. Il m'appela dans les semaines qui suivirent son départ, et je fus heureuse d'entendre qu'il avait vraiment trouvé sa place dans une société d'État qui l'avait embauché comme commercial.

Pendant ces six premiers mois à Shanghai, je me concentrai uniquement sur mon travail et eus bien peu de loisirs, à part de nombreuses lectures qui me permettaient d'oublier les dizaines de coups de fil passés aux clients tous les jours.

Je m'habituai à cette ville gigantesque. J'organisai mes week-ends pour flâner sur les quais, visiter les grandes librairies, et m'octroyai un cours de gym pour me maintenir en forme. Il me restait peu de place pour une aventure sentimentale. Je ne sais si mon séjour à

Shenzhen m'avait ôté toutes mes illusions, mais flirter avec les garçons ne fut absolument pas dans mes préoccupations. Le seul homme qui pouvait me combler à cette période était mon ami Jim.

Nos habitudes dînatoires du week-end se perpétuaient pour notre plus grand plaisir. Le tandem entre l'ogre et la petite voyageuse fonctionnait à merveille, c'était à Shanghai mon seul ami, et le seul être avec lequel je pouvais partager autant sur tous les sujets. Un soir, dans un salon de thé, Jim finit par me confier ce qu'il avait en tête et qu'il souhaitait me proposer.

— Tu as encore fait des progrès en anglais, n'est-ce pas ?

— Euh, oui. Enfin je parle pas mal avec les clients étrangers, mais ça reste une langue assez technique. Je lis beaucoup de romans, mais j'aimerais étudier la langue en profondeur, comme on peut le faire à l'université. En fait, il faudrait que je voyage aux États-Unis, ou en Angleterre, mais ça, c'est une autre histoire.

— Moi, je ne suis pas fortiche en anglais, tu le sais, même après avoir vécu dix-sept ans au Canada ! me fit-il remarquer avec un grand rire qui fit se retourner tous les clients du salon. Je veux que tu traduises mon roman pour ados en anglais. *You are the right person to do the job !* me dit-il avec son accent à couper au couteau, juste avant d'éclater d'un rire encore plus sonore que le précédent.

— Jim ! Traduire un livre, ce n'est pas la même chose que dialoguer dans une langue étrangère. Il faut l'écrire parfaitement. Et je fais bien trop de fautes de grammaire, ce n'est pas ma langue maternelle…

— Je sais ! Mais tu y arriveras avec le temps. Crois-moi, tu peux le faire. Écoute, si le livre est bien traduit, on le fait publier nous-mêmes à Hongkong.

Je le crus. J'ai toujours cru Jim. Il est complètement fou, et c'est sa folle sagesse qui me donna confiance en moi.

Ainsi, pendant plusieurs mois, je consacrai tout mon temps libre à la traduction de son roman pour adolescents. Le soir après mon travail chez Berstorp, les week-ends, dès que j'avais une minute, je traduisais. Ma petite chambre croulait sous les feuillets annotés qui s'amoncelaient sur le plancher, et les gros dictionnaires de langue ajoutés aux ouvrages sur la mythologie chinoise prenaient le peu d'espace restant pour me mouvoir. Après six mois d'abnégation totale, une vie sociale inexistante – à part mes rendez-vous avec Jim –, à raison de trente heures par semaine, je parvins à lui livrer une première version. Et je pris conscience à quel point il était difficile d'écrire dans une langue différente de la sienne, mesurant l'immense fossé qui sépare le chinois des idiomes occidentaux.

Le texte de Jim était pétri de références mythologiques, historiques et parfois scientifiques, et ses personnages adolescents contemporains qui traversaient le temps pour évoluer dans la Chine antique m'avaient donné bien du mal pour leur trouver une cohérence en anglais.

Un samedi soir, nous nous retrouvâmes dans un de nos restaurants favoris, et je lui remis ma copie. Il me serra dans ses bras et me félicita bruyamment comme à son habitude. Moi, je n'étais pas sûre du tout de la qualité de mon travail, mais lui paraissait convaincu. Et je le crus encore.

Mais son enthousiasme et le mien retombèrent quand, ayant fait circuler cette épreuve parmi un cercle de ses connaissances anglophones, il eut un premier retour. Un ami de ses amis avait fait lire ma traduction à Yoko Ono, en le présentant comme un sujet de cinéma, et son jugement fut sans appel. Elle n'avait pas compris l'histoire, et pensait que la traduction n'était pas bonne.

Alors que je m'excusais platement, honteuse d'avoir accepté ce travail en dépit de mes connaissances trop faibles en anglais, Jim m'arrêta aussitôt.

244

— Ce n'est pas ta faute, tu as vingt-deux ans, Fei ! Tu as le temps de t'améliorer. On recommencera quand tu auras progressé. Il faut que tu voies le monde, que tu t'imprègnes de la culture occidentale pour mieux traduire. Il faut que tu sortes de Chine, que tu voyages !

— Mais pour aller où ? Aux États-Unis ?

— Partout ! La Chine est grande, mais le monde l'est bien plus !

— Jim, tu prêches une convaincue, mais toi, avec ton passeport canadien, tu peux aller et venir comme tu veux. Moi, pour obtenir un visa de sortie, il me faut travailler pendant des années avant de réunir la somme qu'exigent les ambassades. Ils n'acceptent que les gens qui ont suffisamment d'argent pour vivre sans avoir à travailler sur place pendant des mois. Il faut être inscrit dans une école, une université, ça coûte une fortune. Tu ne te rends pas compte. Et puis, pour les États-Unis, c'est quasiment impossible d'obtenir un visa. Tu imagines ?! Une jeune Chinoise, célibataire et sans argent ?

— Il n'y a pas que les États-Unis... Il y a l'Europe, et la France ! J'ai tourné un film à Paris. C'est une ville magnifique, capitale européenne de l'art et de la culture. Les Français respectent les femmes. Moi, si j'étais une femme, j'irais à Paris !

Jim avait crié si fort que toute la salle s'était retournée sur notre table. Quelques secondes plus tard, une serveuse s'approcha timidement de nous pour nous demander de parler un peu moins fort. Jim la regarda comme une apparition incongrue, et fit un signe las de la main pour lui signifier qu'il avait entendu le message. La petite serveuse, toute souriante, mais effrayée par le fauve rugissant qu'était devenu Jim, nous salua et s'en retourna à petits pas rapides vers son poste.

— Jim ! J'adore Paris, enfin d'après les images que j'ai pu en voir. Ça m'a l'air d'être une ville extraordinaire. Je rêve comme n'importe quelle Chinoise de visiter Paris. C'est tellement romantique. La tour Eiffel, les Champs-Élysées... le Louvre... Victor Hugo,

Notre-Dame. Je sais que la France est un pays de culture. Mais tout ça me paraît tellement loin, surréaliste, et, pour tout dire, inaccessible. En plus, je ne parle pas un mot de français...

— Apprends-le, à Shanghai il y a des endroits pour ça.

— Et l'argent ?

— Quand tu seras prête, l'argent viendra.

Ce soir-là, de retour dans ma chambre, je me remémorai la soirée passée avec Jim, et tentai d'en tirer quelques enseignements. Je connaissais bien mon ami, et les façons qu'il avait de s'emporter et de persuader n'importe qui de n'importe quoi. Mais je savais aussi que les conseilleurs ne sont pas les payeurs.

Cette prise de conscience était un peu amère, néanmoins elle avait le mérite de me faire voir la réalité en face. D'une part, j'avais encore beaucoup de progrès à faire en anglais et, d'autre part – en cela Jim avait raison –, j'avais le monde à découvrir. Si je restais en Chine sans me demander comment en sortir, il était clair que je n'en sortirais jamais.

Je devais prendre une décision radicale, sinon ma passion pour les langues resterait un simple outil de travail pour me débrouiller en Chine, mais guère plus. Cependant, si je parlais bien l'anglais, le pays qui m'attirait le plus en Occident, c'était la France, malgré le peu que j'en connaissais. Ni les États-Unis, ni l'Angleterre, le Canada ou l'Australie ne me faisaient rêver comme ce pays synonyme de raffinement et d'élégance. Cette nuit-là, j'envisageais mon départ de Chine non plus comme un fantasme, mais bien comme le but à atteindre dans les mois ou les années à venir.

Je passais mon dimanche à chercher sur Internet tous les moyens d'apprendre la langue française, et les conditions d'obtention de visa.

Je découvris rapidement qu'en dehors des formalités d'usage – qui concernaient mon identité, celle de mes parents, ma scolarité, le tout traduit par un traducteur assermenté –, trois conditions étaient à remplir pour sortir du pays. Premièrement, il fallait parler français et atteindre un niveau attesté par un organisme agréé par l'ambassade de France. Deuxièmement, je devais être admise dans une université ou une école française reconnue par l'État français. Et, troisièmement, disposer d'au moins huit mille euros correspondant aux besoins d'un séjour de six mois sur place. Huit mille euros, c'était à peu près quatre-vingt mille yuans, alors que j'en gagnais mille cinq cents par mois, plus deux mille avec les primes. Il me faudrait environ huit années d'économies drastiques pour réunir cette somme... Huit ans... Cela me laissait amplement le temps d'apprendre la langue, et, pour mes trente ans, je pourrais espérer faire ce fabuleux voyage. Ce fut comme une évidence, je partirais en France, coûte que coûte.

23.

Cela faisait un peu plus d'un an que j'étais à Shanghai. Le temps avait filé à une allure vertigineuse. Il faut dire que, les six premiers mois, je les avais consacrés quasi exclusivement à ma survie et finalement à mon intégration définitive chez Berstorp, et j'avais passé les six derniers le nez dans la traduction du livre de mon ami Jim.

Mon existence avait radicalement changé. Les sorties étaient rares, ma vie amoureuse inexistante, et, dans ma petite chambre de dix mètres carrés, tout mon temps libre se bornait désormais à l'apprentissage du français. Le seul extra que je m'octroyais était une séance de gym supplémentaire par semaine pour me maintenir en forme, et, il faut bien l'avouer, éliminer les trois ou quatre kilos superflus qui arrondissaient ma silhouette.

Désormais, je passais le plus clair de mon temps libre dans les librairies de Fu Zhu Lu, une rue près du Bund, les quais de Shanghai, et dépensais mon argent dans l'achat de livres étrangers.

Après avoir étudié les différentes possibilités d'apprentissage du français, je choisis l'Alliance française qui, de loin, m'apparut le plus à même de m'enseigner la langue. Par bonheur, il y avait deux centres à Shanghai, dont l'un à proximité de chez moi. Mais je dus attendre trois mois avant de pouvoir réunir les mille sept cents yuans d'inscription au cours de débutant.

En attendant, pour m'habituer aux sonorités de la langue et commencer à me familiariser avec cette culture, j'achetai les CD et les DVD que les marchands à la sauvette vendaient aux coins des rues. C'est ainsi que je découvris la sublime Sophie Marceau qui me fit rêver dans *Marquise.* Juliette Binoche, si émouvante dans *Trois Couleurs bleu,* mais aussi *Taxi* et les films d'un certain Pedro Almodovar, qui bizarrement me parurent être dans un français peu ordinaire. J'appris plus tard, après mes premiers cours, que c'était le plus célèbre des réalisateurs… espagnols.

Pour moi, et bon nombre de Chinois dont le vendeur de DVD de mon quartier, les différences entre les deux langues et les deux cultures étaient trop minces pour nous permettre de les distinguer.

Quant aux chanteurs, c'est Jacques Brel, le plus belge d'entre eux, qui me berça de cette belle langue française. Puis vinrent Piaf, mais aussi des tubes plus populaires comme la chanson du générique de *Hélène et les garçons*… « Hélène, je m'appelle Hélène… » fut un refrain que je ne cessai de fredonner durant les trajets interminables qui me conduisaient au bureau, ou même en faisant ma toilette le soir dans ma chambre, les pieds dans ma bassine de plastique.

La première fois que j'entrai à l'Alliance française, je fus sous le charme. Ce n'était pas un bâtiment très original vu de l'extérieur mais, à l'intérieur, l'espace, le mobilier, les posters affichés dans le hall, l'amabilité des gens qui m'accueillirent, tout me sembla délicieusement exotique.

La disposition des chaises et l'ambiance de ces petites classes qui ne réunissaient qu'une quinzaine ou une vingtaine d'élèves étaient si loin de ce que j'avais pu connaître à Changchun notamment, quand j'allais place du Peuple assister aux cours du soir en compagnie des cent cinquante étudiants qui se bousculaient dans l'amphi. Ici, tout était à échelle humaine, et le simple fait de se retrouver en présence d'un professeur qui déambulait au milieu des élèves et s'adressait à chacun d'entre nous avec la même attention me motivait plus que tout. Un professeur pouvait donc se comporter ainsi, se mettre à la portée de celle ou de celui qui l'écoute ? En l'occurrence, il s'agissait plutôt de filles, car, sur les dix-sept élèves, deux seulement étaient des garçons.

Notre professeur se nommait Benoît et il était chinois, certes, mais tout en lui respirait cette différence culturelle liée à sa pratique de la langue française. S'il avait l'apparence d'un de mes compatriotes, son attitude décontractée, sa façon de se mouvoir, ses vêtements lui donnaient ce « côté français », que j'avais remarqué dans les films et qui le rendait tellement... charmant. Dès les premiers cours, Benoît nous enjoignit de choisir un prénom français. Une présentatrice dans une chaîne de télévision locale décida de s'appeler Renée pour la circonstance, une autre élève qui travaillait dans la finance se rebaptisa Patricia. Moi, toujours émue par la prestation de Mlle Marceau, et me remémorant *Le Monde de Sophie*, lorsque Benoît me demanda comment je souhaitais être nommée pendant le cours, je choisis Sophie.

La première phrase que j'appris en français à la fin du premier cours fut :

« Bonjour, laissez-moi tranquille. »

Quand je demandais à Benoît pourquoi il nous enseignait une telle phrase, il nous répondit en riant que les garçons français étaient si « romantiques » que les jolies filles chinoises devaient se prémunir de leurs fréquentes avances, même dans la rue. Et il ajouta :

— Vous devez dire : « Bonjour, vous êtes bien, monsieur, mais j'ai déjà un petit ami, merci, au revoir ! »

— Vraiment ?! dis-je, sincèrement étonnée, mais alors, pourquoi apprendre le français, si l'on demande aux hommes de nous laisser tranquilles ?

250

Cette remarque souleva l'hilarité dans la classe, et Benoît nous rassura tout de même sur les mâles français, qui, s'ils étaient romantiques – parfois à l'excès – ou trop insistants, pouvaient également se montrer galants.

Ces trois premiers mois de cours furent un régal et m'encouragèrent à aller plus loin dans l'apprentissage du français. Je laissai passer plusieurs semaines, le temps de réunir quelques économies pour m'inscrire à un second niveau qui devait me permettre de passer les tests exigés pour l'obtention d'un visa. Je sentis que mon rêve devenait de plus en plus accessible et cette sensation m'encouragea à poursuivre mes efforts quotidiens. Motivée pour progresser rapidement en français, comme pour l'anglais lorsque j'étais au collège, chaque matin et chaque soir, j'écoutais des chansons françaises pendant une heure avant de m'endormir.

Ma chambre s'enjoliva d'un poster de Sophie Marceau, et d'une photo noir et blanc de Jeanne Moreau portant une casquette de garçon et une drôle de moustache dessinée sur sa lèvre supérieure. J'adorais sa voix qui m'emportait sur le pont des Arts, les bords de Seine, les Champs-Élysées, la plus belle avenue du monde où l'on a tout ce que l'on veut, à midi ou à minuit.

Le jour, au bureau de Berstorp, j'étais Livia, la commerciale iconoclaste qui n'avait de cesse de demander des augmentations à Gary en prétextant que mes études de français étaient un vrai gouffre financier. Mais mon patron, toujours aussi pragmatique, me renvoyait sympathiquement à mes clients en prétextant qu'il ne pouvait m'augmenter tous les mois, et que mes frais personnels ne pouvaient être pris en compte par sa société. Mes exigences salariales ponctuellement réitérées devinrent une sorte de jeu entre nous, et, lorsque nous prenions l'ascenseur, ou que nous allions rendre visite à un client ensemble, nous nous lancions dans des joutes verbales sur le ton de la plaisanterie qui, malheureusement pour moi, n'étaient jamais suivies d'effet concret.

Et la nuit, j'étais Sophie et rêvais de repas aux chandelles sur des bateaux remontant la Seine, je rêvais de déambuler dans les longs couloirs du Louvre, je rêvais de promenades au jardin du Luxembourg, je rêvais d'écouter des chanteurs dans des cabarets, je rêvais, rêvais, rêvais...

— Comment ça, la France ?!

— Oui, maman, j'apprends le français à l'Alliance française, et je vais bientôt passer un test pour obtenir le visa.

— Elle dit qu'elle veut aller en France...

— C'est quoi cette nouvelle lubie ? Passe-moi le téléphone. Allô, Fei ?

— Oui papa, ça va ?

— Moi ça va, mais toi qu'est-ce qui t'arrive ?

— Rien, j'apprends le français pour partir en France, c'est tout.

— Qu'est-ce que tu vas faire en France ?

— Continuer d'apprendre le français, découvrir le pays, connaître sa culture...

— Pour quoi faire ?

— Eh bien... je ne sais pas, parler deux langues étrangères peut me permettre de trouver un travail encore plus intéressant. Et puis les langues, c'est ma passion.

— ...

— Papa ? Tu es là ?

— ...

— Il est parti chercher des cigarettes, reprit ma mère... enfin je crois... (J'entendis la porte de l'appartement claquer.)... Mais tu veux partir quand, ma fille ?

— Oh ! tu sais, il y a le temps. Je dois d'abord passer les tests de langue, et puis il y a tout un tas de formalités, et pour le moment mes économies ne me le

252

permettent pas. Il faut payer mille cinq cents euros à un agent pour obtenir une inscription légale dans une école française, et je dois disposer de huit mille euros sur mon compte, alors...

— Ça fait... quatre-vingt mille yuans ! C'est énorme ! Ma fille, tu rêves, tu n'y arriveras jamais !

— Maman, j'ai le temps. Je trouverai bien un moyen le moment venu.

Ma mère, je le sentais bien, prenait la nouvelle de mon futur départ de Chine comme l'avènement d'un bouleversement qui sommeillait depuis longtemps dans ses entrailles. L'on ne se voyait déjà plus beaucoup, mais la pensée que je puisse sortir du pays la faisait frémir.

Quelques semaines plus tard, après cette conversation téléphonique, maman décida qu'elle viendrait me voir. Elle emporta toutes ses économies, posa trois semaines de congé, et prit le train pour Shanghai. Pour elle qui n'était jamais sortie de Mandchourie, c'était une véritable épopée.

Quand je l'aperçus un soir d'avril 2003 sur le quai de la gare s'avancer vers moi avec sa silhouette longue et svelte, je redécouvris combien ma mère était belle, et à quel point elle m'avait manqué. Sans pouvoir dire un mot, je me jetai à son cou et fondis en larmes en sentant sa chaleur et son odeur qui m'envahirent brutalement. Nous restâmes ainsi, figées, soudées l'une à l'autre, ignorant la foule qui nous dépassait comme un fleuve en furie, pleurant toutes deux dans la joie de s'étreindre après une éternité de séparation.

Ma mère refusa de prendre un taxi, prétextant qu'un bus ferait aussi bien l'affaire. Elle fut autant émerveillée de découvrir la turbulente Shanghai qui brillait de mille feux qu'étonnée de découvrir ma petite chambre au confort spartiate et rudimentaire. Cela ne nous priva pas d'une nuit sans sommeil où nous bavardâmes jusqu'au matin. Couchées toutes les deux dans mon grand lit, l'on évoquait la vie quotidienne de Changchun, mon père et ses besoins d'aller chercher des cigarettes à chacune de nos conversations téléphoniques, le travail de mon frère à l'usine, les tantes, les oncles, ma cousine Kuang Fei, mannequin à Pékin, papa et maman qui continuaient de danser chaque samedi soir au bal de plein air avec les gens du quartier dans le parc des Jeunes Communistes.

Si je voulais connaître tous les détails de cette vie de famille qui paraissait si loin de moi désormais, maman, de son côté, me bombardait de questions sur ce qu'était la mienne dans cette ville qui lui paraissait monstrueusement grande pour sa petite fille.

Mais maman dut se contenter d'un résumé rapide de mes activités à Shanghai, l'essentiel étant autour de nous, sur les murs, ou posé sur ma table, et parfois empilé sur le plancher, des livres, des photos des films et des CD, tous dédiés à l'apprentissage du français. Elle fut impressionnée par ma détermination, et cessa de me poser des questions à ce sujet au petit matin. Sans doute en avait-elle assez appris pour se faire sa propre idée, qu'elle ne manquerait pas de rapporter à mon père.

Les jours qui suivirent furent un peu difficiles à vivre pour nous deux. Je partais le matin à huit heures, travaillais toute la journée, et rentrais tard après mes cours à l'Alliance française, vers vingt-trois heures. Maman passait ses journées dans ma chambre, ou à bavarder avec les autres femmes de l'immeuble, mais elle s'aventurait rarement loin du quartier où j'habitais. Cette ville beaucoup trop grande n'était pas à son échelle, et une prudence mesurée l'incitait sans doute à ne pas risquer de se perdre.

Au début, les voisines, ces Shanghaiennes bon teint, avaient pris de haut l'humble femme de Mandchourie, mais maman les avait rapidement amadouées.

Tout ce qui vient d'un pays étranger a de la valeur pour les Shanghaiens, et la paysanne du Nord qu'était ma mère n'en avait guère à leurs yeux. Cependant, quand maman leur apprit que je travaillais pour une société suédoise, que je parlais anglais et que j'apprenais le français, mes voisines la regardèrent avec beaucoup plus de respect. Aucune d'entre elles ne m'avait questionnée depuis mon arrivée. C'était chacun chez soi, à peine un petit salut ou quelques mots échangés en se croisant dans les sanitaires communs. J'appris ainsi par ma mère que la locataire de l'étage au-dessus m'entendait parler français le matin au lever et le soir avant de se coucher, et elle en était très admirative. En quelques jours, la franchise et la joie de vivre de ma mère conquirent ces femmes qui cessèrent de lui demander combien les membres de sa famille gagnaient, et elles échangèrent même des recettes de cuisine, ainsi que les bonnes adresses pour faire le marché.

Chez nous, dans le Nord, les gens sont plus conviviaux, et généralement plus solidaires, même s'ils sont d'un tempérament un peu rugueux. Je fus surprise de constater que ma mère avait su balayer les préjugés de ces femmes-là, et soulagée de ne pas la savoir seule lors de mes longues journées de travail.

Chaque soir, maman venait m'attendre sur une passerelle à quelques rues de chez moi, ce qui lui permettait de me voir arriver d'assez loin. Dès que j'apparaissais, elle m'accueillait par des grands gestes et je devinais son visage heureux dans la pénombre. Ensuite nous parcourions les trois cents mètres jusqu'à ma chambre où j'avais droit à un somptueux repas.

Après m'être régalée, je révisais une dernière fois mon français tandis qu'elle m'écoutait en brossant mes cheveux comme quand j'étais enfant.

À une ou deux reprises, elle me fit part de ses inquiétudes concernant ma vie amoureuse. Elle avait peur qu'à trop travailler et à ne me consacrer qu'à mes études je ne trouve pas le mari idéal qui assurerait mon confort, et la quiétude d'un foyer où je pourrais sereinement envisager de faire un enfant. Je compris, en la questionnant à mon tour, que ses nouvelles copines de l'immeuble l'avaient sévèrement mise en garde contre le danger, pour une jeune fille comme moi, de rester trop longtemps célibataire et de ne penser qu'à sa carrière. Elles étaient unanimes.

— Votre fille devrait se chercher un mari, disait l'une.

— À vingt-deux ans, c'est le bon moment. Après, les jeunes femmes de Shanghai commencent une carrière, et c'est fini, plus aucun homme ne veut d'elles, disait une autre.

— Une jeune fille de vingt-deux ans, c'est vingt-trois ans dans le calendrier lunaire, et c'est proche de vingt-cinq. Et trente n'est pas loin. Il faut se marier tant qu'on est fraîche.

— Il lui faut un bon mari qui gagne bien sa vie, comme ça, elle pourra élever son enfant sans se soucier de ramener de l'argent.

— Oui, un homme riche et bien placé, pour être tranquille.

— Vous savez, madame Xu, votre fille, elle est peut-être douée, mais si elle l'est un peu trop, aucun homme n'en voudra. Les hommes n'aiment pas les femmes qui gagnent plus d'argent qu'eux.

Mais ma mère dut se rendre à l'évidence, il n'y avait dans mes projets ni mariage ni famille ni enfants. Cependant, pour lui faire plaisir et la taquiner un peu, un soir, je rédigeai devant elle une annonce à la recherche d'un prince charmant dans un journal local de langue anglaise qui traînait sur ma table.

— Pourquoi en anglais ? me demanda-t-elle.

— Mais maman, le mari idéal est forcément étranger. Les étrangers sont riches, ont un passeport et peuvent te faire quitter la Chine. Au pis aller, ce sera un homme d'affaires chinois qui lit l'anglais, qui aura donc une bonne situation. Alors, voyons, comment pourrais-je formuler tout cela ?...

Voici ce que j'écrivis dans le *Shanghai Star* :

« Jeune Cendrillon chinoise pauvre, et sans diplôme, cherche un jeune homme riche et cultivé, type prince charmant milliardaire possédant : un château en France, une Rolls minimum, plus une Ferrari, passeport américain bienvenu. Trilingue, parlant la langue de Molière, jamais marié, sans enfants, mais avec la capacité d'en avoir, séduisant mais fidèle. Envoyez trois photos récentes à l'adresse e-mail livia@... Pas sérieux s'abstenir. »

Je donnai une traduction volontairement très approximative à ma mère pour la rassurer et envoyai ma bonne blague au journal, sans penser une seule seconde qu'il puisse la faire paraître.

Malgré les bons moments que nous passions maman et moi, je n'étais pas très à l'aise le soir, quand je revenais de mes cours, et que je devais encore faire mes exercices alors qu'elle avait passé la journée à m'attendre. Elle s'installait sur ma chaise et me regardait réciter mes leçons. Assise sur mon lit, pendant plus d'une heure, elle m'observait sans rien dire, et son regard sur moi pesait comme la culpabilité qui commençait à m'envahir. Je ne lui avais pas consacré plus d'une demi-journée depuis son arrivée. Et, lorsque je rentrais, je lui préférais ma passion pour le français. De temps à autre, je tournais la tête vers elle qui me souriait, patiente, résignée et pétrie d'amour pour sa petite fille. Le même regard que lorsque je mangeais mes poissons séchés au camp forestier et qu'elle m'observait en écoutant la pluie.

Un samedi, elle me pria de l'emmener dans la librairie où j'avais l'habitude de me rendre pour mes cours. Nous parcourûmes l'immense librairie située à Fu Zhu Lu, et dans le rayon des dictionnaires maman m'acheta le plus gros et le plus cher des ouvrages pour m'aider dans mes traductions. Cet achat représentait la moitié de son salaire. Je fus touchée par son geste, et voulus refuser tant le prix de l'ouvrage était élevé, mais elle insista, et je dus accepter. Puis, pour la remercier de cet énorme cadeau, je l'invitai au restaurant où elle m'annonça qu'elle préférait partir un peu plus tôt que prévu, le lundi suivant. Cela faisait quinze jours qu'elle était à Shanghai, et elle avait prévu de rester une semaine de plus, mais, même si je tentais de la retenir, nous savions toutes deux que la situation n'était pas idéale pour profiter l'une de l'autre. Je me rangeai à son avis, et nous passâmes le dimanche à nous balader dans Shanghai sans que j'ouvre un seul livre.

Le lundi soir, quand je rentrai de mes cours, je découvris sur ma table un mini-lecteur DVD flambant neuf, et une liasse de billets posée sur un papier où ma mère avait griffonné quelques mots dans son chinois maladroit. « Ge Fei, maman s'en va... Pas déranger pour... Prends soin toi... Manger normalement, travailler pas trop tard. N'essaie pas être belle l'hiver, couvre tes jambes. Appelle-moi des fois. Maman. »

Je gardai mes yeux rivés sur ces idéogrammes tracés par une araignée qui aurait trempé ses pattes dans un encrier. Le papier devint flou comme une vitre sous l'averse. Des larmes, c'était tout ce que j'étais capable de donner à ma mère. Je n'avais même pas pu l'accompagner au train à cause d'un rendez-vous dans une usine éloignée de Shanghai où j'avais dû suivre Gary. Elle était repartie toute seule, sans que l'on puisse se dire au revoir comme je l'aurais voulu. Mais j'aurais voulu tant de choses... et je n'ai rien fait.

J'aurais voulu passer plus de temps avec elle, l'emmener dans les endroits que j'aime de Shanghai, lui faire découvrir tout ce qu'elle ne connaissait pas. Mais il était trop tard. Une fois de plus, j'avais pensé à moi d'abord. J'avais privilégié ma passion au détriment de ma mère, elle qui avait fait quatorze heures de train pour venir me voir, posé trois semaines de congé sans solde, dépensé une année d'économies et qui m'avait fait des cadeaux hors de prix ; alors même que je gagnais trois fois plus qu'elle.

Ma mère ne pensait qu'à moi, et mon égoïsme me donna la nausée. Cette impression terrible que, quels que soient mes vœux, ma mère les exaucerait à n'importe quel prix, m'emplit d'un chagrin extrêmement douloureux, car je savais que j'avais été incapable de lui rendre un dixième des attentions qu'elle avait eues pour moi.

Les enfants sont des monstres, pensai-je, et je ne fais pas exception.

24.

Dans la semaine qui suivit le départ de ma mère, je reçus un e-mail en réponse à l'annonce passée dans le *Shanghai Star*. Il s'agissait d'un certain William B. Il était américain, de passage à Shanghai, et souhaitait me rencontrer. J'en fus plus qu'étonnée. Mais, curieuse de connaître un individu capable de répondre à une telle plaisanterie, je lui fixai rendez-vous dans un café proche de chez Berstorp, le vendredi suivant. Comme je repérai dans son e-mail l'adresse d'un site portant son nom, je le parcourus, dans l'espoir d'en apprendre plus sur le personnage. Malheureusement, je tombai uniquement sur le site d'un écrivain américain et arrêtai là mes recherches. Le mystère resterait entier jusqu'au vendredi.

Le vendredi suivant, à l'heure du déjeuner, je sortis du bureau pour rejoindre cet Américain. Comme ce jour-là je n'avais aucun rendez-vous d'affaires, je n'avais pas fait d'effort vestimentaire. Le matin, j'avais enfilé à la hâte un pantalon brodé d'un dragon qui remontait le long de ma cuisse, un tee-shirt noir, chaussé une paire de boots de cow-boy, et jeté un grand foulard rouge autour de mon cou. Ce mélange des styles n'avait rien de sexy, au contraire. Je crois qu'inconsciemment je désirais me prémunir de cet inconnu en étant le moins attirante possible.

C'est un homme d'une bonne quarantaine d'années qui m'accueillit dans un café à côté de mon bureau. Son visage m'apparut vaguement familier, et je compris dès le début de la conversation qu'il était réellement l'écrivain que j'avais aperçu sur le site portant son nom.

— Pardonnez-moi cette question, lui dis-je, mais pour quelle raison un homme comme vous, connu, répond à l'annonce d'une inconnue qui semble un peu... décalée ?

— Écoutez, Fei... Je peux vous appeler Fei ?

— Je vous en prie.

— C'est la première fois que je viens en Chine, et j'ai une habitude. Lorsque j'arrive dans un pays étranger, je prends les journaux locaux en langue anglaise et je les lis d'un bout à l'autre. C'est ma façon à moi de mieux connaître les gens du pays. Quand je suis tombé sur votre annonce, elle m'a beaucoup fait rire. Je me suis dit que la personne qui avait écrit une telle blague méritait d'être rencontrée. Je ne parle pas chinois, et vous vous débrouillez très bien en anglais, c'est une chance pour moi d'apprendre votre culture. Au fond, qu'y a-t-il de mieux que l'humour d'un peuple pour comprendre ce qu'il est vraiment ?

— Qu'êtes-vous venu faire en Chine, à part étudier la comédie asiatique ?

— Je fais des recherches pour mon prochain livre.

Notre déjeuner s'étira sur trois longues heures, et je fus surprise par cette entrevue aussi surréaliste que mon annonce. Je m'attendais à tout sauf à rencontrer quelqu'un comme William. Il n'était pas vraiment beau, je le trouvais un peu trop âgé à mon goût, mais je sortis de ce premier rendez-vous avec le sentiment d'avoir fait la connaissance d'un grand arbre en pleine maturité à côté duquel je me sentais comme une petite fleur insignifiante.

— Mais toutes les petites fleurs ne sont pas insignifiantes, n'est-ce pas, Petite Fleur ?

— Je ne sais pas. Je ne me suis jamais retrouvé à côté d'un grand arbre. Continue, Fei.

En rentrant au bureau, je me rappelai ma première conversation avec un étranger six ans auparavant, tu sais Petite Fleur, ce jeune Allemand, que j'avais rencontré un samedi matin devant son hôtel à Changchun. J'ai pensé que, si le chemin difficile et tortueux parcouru depuis ce temps-là pour apprendre l'anglais m'avait menée jusqu'à ce William B., cela en valait bien la peine. Car comment aurais-je pu faire la connaissance d'un tel être, moi, la petite fille pauvre qui venait d'une forêt perdue du nord de la Chine, si je n'avais pas su parler sa langue ? L'image de mon grand-père rangeant le livre de japonais sur la plus haute étagère de la maison se cristallisa dans mes pensées. Et, le week-end suivant, je me plongeai avec encore plus d'enthousiasme dans l'étude du français, certaine de forger la clé qui m'ouvrirait la porte de magnifiques rencontres.

William me téléphona à une ou deux reprises pour prolonger notre conversation, puis poursuivit son périple à travers la Chine à la recherche de documents pour son livre, et retourna aux États-Unis. Par la suite, c'est par e-mail que nous continuâmes à faire connaissance. Nos échanges s'intensifièrent. Il m'envoya quantité de livres – les siens et beaucoup d'autres –, tissant entre nous un lien de plus en plus intime.

J'étais touchée par ses e-mails, ses encouragements à suivre ma propre route, mais je restais consciente que la distance serait toujours très grande entre une fleur et un grand arbre.

En juin 2003, je passai les tests de français, après huit mois d'apprentissage – première étape vers l'obtention du visa. J'étais fière et heureuse d'entamer ce processus. Quelques jours après, je reçus au bureau un appel de William. J'avais une telle surcharge de travail à ce moment-là que je ne compris pas immédiatement qui était ce William qui m'appelait pour me dire qu'il était à Shanghai.

— Quand tu auras retrouvé la mémoire, appelle-moi au *Peace Hotel*, chambre 326.

Il raccrocha au moment où je compris que c'était bien lui, mon ami américain. Il venait d'atterrir et j'étais la première personne qu'il voulait voir. Je sentis que je l'avais quelque peu froissé, et rappelai aussitôt pour lui donner rendez-vous après mon travail.

Je le rejoignais le soir même à son hôtel, un lieu mythique fréquenté par les personnalités les plus prestigieuses depuis près d'un siècle, situé au croisement de Nanjing Road et du Bund. Ce soir-là, je fis plus d'effort pour paraître à mon avantage. Je ne pouvais pas entrer vêtue d'un jean et d'un tee-shirt dans le hall somptueux du *Peace Hotel*, vestige du luxe occidental.

William m'accueillit chaleureusement, et je fus soulagée de constater qu'il ne m'en voulait pas de ma maladresse au téléphone. Le cadre était si différent de celui de notre première rencontre que cette soirée prit une saveur qui m'emporta bien au-delà de ce que j'aurais pu imaginer. William, après un court exposé sur les célébrités qui avaient séjourné dans les lieux, comme Chaplin ou Sun Yat-sen, m'invita à dîner dans un restaurant près du Bund.

Il me fit comprendre qu'il était très heureux de me revoir. J'en fus touchée et un peu déstabilisée, car je ne m'attendais pas du tout à ses avances. Pourtant, je me laissai prendre au jeu, tout autant séduite par sa subtilité et sa finesse que par l'étrangeté de la situation. J'avais vécu un an et demi en recluse, consacrant tout mon temps à des activités intellectuelles, et j'étais peu, voire pas du tout disposée à entamer une relation amoureuse avec qui que ce soit. Pourtant, je tombai bel et bien sous le charme de cet être qui ne ressemblait à aucun autre. Ce « grand arbre », fervent adepte des préceptes de Lao-tseu, ne me fit pas d'ombre ce

263

soir-là, et eut même la délicatesse de s'intéresser à moi bien plus qu'à lui-même. Et, pour la première fois depuis de longs mois, je ne rentrai pas dans ma petite chambre de dix mètres carrés cette nuit-là.

Le petit déjeuner au *Peace Hotel* nous occupa cinq heures durant. Nous parlâmes beaucoup des nombreux pays que William avait visités, et de la Chine, que j'avouai ne pas assez connaître.

— Je rêve de voir les paysages de Yangshuo, avec ses montagnes en pain de sucre se reflétant sur l'onde. Le monde entier connaît cette image ancestrale de la Chine, avec ces pêcheurs sur leurs frêles embarcations et leurs cormorans qui se détachent sur le soir tombant ou la brume matinale. Avant de partir un jour pour l'étranger, j'aurais voulu admirer ces paysages sublimes…

William but une gorgée de son thé, prit le téléphone et composa le numéro de la réception.

— Pouvez-vous me réserver deux places pour Kun Ming par le premier avion ? Oui, au nom de William B., merci.

— Mais, c'est impossible, je… je ne peux pas…

— Impossible ? Je ne peux pas ? J'ai rayé de mon vocabulaire l'expression « je ne peux pas », Fei. Et je l'ai remplacée par « je veux » ou « je ne veux pas ».

Je dus me débrouiller avec Berstorp pour abandonner le navire pendant trois jours. Gary ne m'en voulut pas trop, car je venais de signer un gros contrat pour la boîte. Il me donna même sa bénédiction, et me fit miroiter une prime importante qui m'attendrait dès mon retour au bureau.

Quand l'avion décolla, j'étais si excitée que je plantai mes ongles dans l'avant-bras de William, qui ne broncha pas. Lorsque le ciel apparut au-dessus de la couche des nuages, je pensai à ma mère, et j'aurais voulu qu'elle soit à mes côtés pour partager ce moment magique.

Depuis que j'avais franchi le hall du *Peace Hotel*, tout se déroulait comme dans un rêve. Et notre séjour dans le Yunnan en fut le prolongement. Durant le mois de juin, les paysages féeriques de cette province resplendissaient. La douceur de la lumière et du climat, tout invitait au repos et à la contemplation. Ces trois jours s'écoulèrent comme un songe au rythme des croisières sur le fleuve, des balades dans une nature luxuriante et des matinées à flâner dans notre chambre d'hôtel au confort occidental.

Si l'on apprend à connaître les gens en voyageant avec eux, je peux dire que je découvris en William l'une des plus belles personnes que j'aie rencontrées. Il était à l'opposé du cliché de l'Américain conquérant et sûr de son bon droit, quel que soit l'endroit où il se trouve. Il était manifestement riche, très cultivé, et possédait beaucoup des qualités que je m'étais amusée à caricaturer dans l'annonce du *Shanghai Star*, mais il était surtout extrêmement respectueux, curieux et humble. À la fois distant et très prévenant, il sut tout de suite m'octroyer un espace à ma mesure à ses côtés, et jamais je ne sentis le poids de sa personnalité.

Au retour, je le questionnai sur ce qu'il allait faire des dix jours qui lui restaient à Shanghai, et il me répondit par un sourire.

— Tu n'es pas venu compléter tes recherches pour ton livre ?

— Tu crois sérieusement que c'est en passant tout mon séjour au *Peace Hotel* que je vais trouver de la matière pour mon bouquin ?

— Mais je… C'est pour…

— C'est parce que j'en avais envie, c'est tout. Mon travail durant ces dernières années m'a permis de m'offrir ce luxe.

— William, je dois reprendre mon travail et…

— Je sais. Rassure-toi, j'ai toujours de quoi m'occuper. Et nous nous verrons quand tu seras libre. Tu sais où je loge.

C'est ce que nous fîmes, en nous retrouvant fréquemment pour dîner, après ma journée de travail chez Berstorp.

Cette parenthèse enchantée se referma sur l'envol de son avion dix jours plus tard. Avant de partir, il m'apprit aussi qu'il fallait voyager léger, et m'offrit une petite valise rouge pour mes futurs voyages. Il m'assura que sa dimension était calculée pour entrer dans les compartiments en cabine, c'était une subtilité qui permettait d'éviter les attentes interminables pour récupérer ses bagages dans les aéroports.

Sans que ce fût un coup de foudre, l'apparition inopinée de William dans ma petite existence bien réglée modifia l'image que j'avais de moi. Je me considérais toujours comme une fille ordinaire, une jeune Chinoise de vingt-trois ans parmi des millions. Que cet homme se soit intéressé à moi de façon si sincère me paraissait surréaliste. Je choisis de prendre cette aventure pour ce qu'elle devait être, une belle rencontre, et je m'empressai de refermer ce chapitre. Je ne voulais pas subir le contrecoup de ce que je venais de vivre, et espérer inutilement la suite d'une histoire qui risquait fort de ne pas se terminer comme dans les comédies sentimentales américaines.

Après son départ, je replongeai volontairement tête baissée dans mon travail chez Berstorp, et m'accrochai avec détermination aux objectifs que je m'étais fixés : apprendre le français et préparer mon voyage en France. Les événements qui suivirent précipitèrent mes rêves dans la réalité à une vitesse vertigineuse.

Tout d'abord, Gary tint ses promesses, et dès mon retour il me remit quinze mille yuans correspondant à la commission qui me revenait sur le dernier contrat signé avec une grosse firme américaine. Depuis ma réussite avec GE Wuxi, j'avais pris de l'assurance, et ma méthode de vente fondée sur la transparence avait une fois de plus fonctionné parfaitement. On sabla le champagne au bureau, et je profitai de la bonne humeur de mon patron pour revenir à la charge et quémander une augmentation, que, bien sûr, il me refusa.

La semaine qui suivit, j'obtins les résultats de mes tests de français, et j'appris avec joie que j'étais qualifiée. J'en fis aussitôt part à ma mère.

— Avec ma prime de Berstorp je peux payer un agent qui va me trouver une école française. Il me reste quelques papiers d'état civil à faire traduire pour l'ambassade et huit mille euros à trouver. J'y suis presque, maman, tu te rends compte ? T'as vu comme j'ai bien travaillé ?!

— Oui, ma fille, mais c'est beaucoup d'argent.

— Je sais, mais si ça continue de bien marcher chez Berstorp, je pourrai peut-être gagner quelques années d'économies. Tu sais, les primes sont importantes, parfois. Mon ami Jim me dit toujours que, quand je serai prête, l'argent arrivera.

— Tu manges bien au moins ? Tu ne te prives pas de nourriture, hein, ma fille ?

— Mais non, maman, ne t'inquiète pas. Comment va Feng ? Et papa, tu pourrais lui demander de faire traduire mon extrait de naissance ?

— Papa joue au mah-jong avec ses collègues en ce moment, et ton frère fait des photos. Ils vont bien. Ils seront contents d'apprendre que tu as réussi tes examens de français.

— Tu crois ?

Feng, je le savais, était fier de sa petite sœur, mais j'étais toujours dubitative quant à l'intérêt de mon père pour mes projets. Je continuais d'éprouver cette sensation dérangeante comme un caillou dans mes chaussures d'enfant, celles que me fabriquait maman et dont j'avais tellement honte à l'école. Ce pincement aigu me remontait parfois jusqu'au cœur et meurtrissait la petite fille que j'avais été, tantôt étouffée par les bras d'un père trop aimant, tantôt montrée comme un prodige aux villageois ébahis. Qu'en restait-il ? Quel trésor avais-je égaré en chemin, oublié au fond de la forêt mandchoue ? Ne jamais être à la hauteur des exigences de mon père me peinait toujours autant. Notre dernière conversation téléphonique au sujet de mon apprentissage du français avait tourné court, mon père considérant mon désir de partir à Paris comme une nouvelle lubie. Rien de sérieux.

Jim accueillit la nouvelle de mes résultats de français comme un signe du destin. J'étais prête. Par contre, si un an auparavant il imaginait pouvoir m'aider financièrement, l'homme aux poches percées qu'il revendiquait être haut et fort se trouvait à ce moment-là fort dépourvu sous ce rapport. Jim était désolé, et moi touchée par sa volonté de m'aider. Je le remerciai pour cette marque d'amitié et l'invitai dans notre restaurant thaïlandais du parc de Jing An pour fêter ma prime et ma réussite aux tests de langue. Je lui confiai ce soir-là que, selon mon plan, et si je restais en veine chez Berstorp, je pouvais envisager d'avoir réuni l'argent d'ici à trois ou quatre ans. Ma détermination le fit rugir de plaisir.

Moins d'une semaine après ma conversation avec maman, Feng m'appela à son tour.

— Sœur ?

— Feng ! Comment vas-tu ?!

— Je vais très bien. Je te téléphone parce que l'argent est sur ton compte. Tu peux aller à l'ambassade demander ton visa.

— Quoi ?! Qu'est-ce que tu racontes, Frère ? Quel argent ?!

— L'argent dont tu as besoin pour aller en France, il est sur ton compte.

— …

— Tu peux aller faire ta demande de visa. Papa t'envoie les papiers dans quelques jours.

— Mais il vient d'où, cet argent, Feng ?!

— Ne t'en préoccupe pas, dis-toi juste qu'il est sur ton compte.

Je ne pus rien obtenir de plus de mon frère. Lorsque je consultai mon compte, je découvris qu'un virement l'avait crédité de quatre-vingt mille yuans. Je tentai à plusieurs reprises de joindre mes parents, en vain. Quelques jours plus tard, je reçus les documents qui me manquaient, traduits en bonne et due forme. J'avais désormais réuni toutes les conditions pour le visa.

Je posai trois jours de congé chez Berstorp afin de me rendre à l'ambassade de France à Pékin. Jeremy et Gary furent surpris quand je leur annonçai mon départ imminent pour la France. S'ils étaient au courant de mes projets, ils n'imaginaient pas qu'ils se réaliseraient si vite. Ils me félicitèrent tout de même, et Gary m'assura qu'il y aurait toujours une place pour moi chez Berstorp si jamais je n'obtenais pas mon visa. Je ne pus résister à l'envie de jouer une dernière fois à notre jeu favori et lui demandai une ultime augmentation. J'obtins un éclat de rire, une lettre de recommandation pour un futur employeur, et un billet d'avion pour Pékin.

Deux jours plus tard, je me trouvais dans un bureau de l'ambassade de France assise devant une femme française entre deux âges à l'élégance stricte.

— Pourquoi voulez-vous aller en France, mademoiselle ? me demanda-t-elle.

Cette question, les trente étudiants qui avaient attendu leur tour avec moi dans le couloir s'étaient entraînés à y répondre pendant des heures. Ceux qui ne maîtrisaient la langue que sommairement récitaient la réponse comme des perroquets. Malheur à celui ou celle qui tombait sur un employé d'ambassade excédé par la monotonie et l'automatisme des réponses au point de se fendre d'une variante du genre :

— Pourquoi voulez-vous aller en France plutôt qu'aux États-Unis ?

Il fallait argumenter, et là, certains candidats étaient beaucoup moins à l'aise.

Quand arriva mon tour, j'eus envie de crier la vérité. Mais pouvais-je dire à cette femme que je rêvais d'aller à Paris pour découvrir la culture française, visiter les musées, boire du bon vin, voyager et rencontrer le monde ?!

— Je souhaite aller en France pour prendre des cours de comptabilité et de gestion à l'université de Nantes – la seule qui ait accepté ma candidature –, afin de pouvoir travailler ensuite dans le commerce international. Je souhaite également améliorer ma maîtrise de la langue pour pouvoir travailler avec des sociétés françaises en Chine.

L'employée de l'ambassade me remercia poliment et me pria d'attendre la réponse qui me serait donnée le lendemain après l'examen de mon dossier.

Je passai la nuit avec ma cousine Kuang Fei dans son studio où nous dûmes rattraper plusieurs années de bavardages. L'éloignement nous avait privées de cette complicité que nous avions plus jeunes, les rares fois où nous nous rencontrions. Kuang Fei, la petite-fille préférée de mes grands-parents, était devenue une belle jeune femme, mannequin à Pékin. Elle pestait contre les exigences de ce milieu, son extrême dureté, mais reconnaissait qu'elle gagnait bien sa vie. Ce qui m'étonna quand je constatai la façon plus que modeste dont elle vivait. Elle m'expliqua qu'elle économisait chaque centime pour acheter un appartement à ses parents afin qu'ils soient à l'abri du besoin. Pour cela, Kuang Fei se nourrissait de yaourts bas de gamme, de brioches et se privait d'à peu près tout, en menant une vie de nonne. Je reconnus que ses choix étaient très honorables mais lui fis remarquer qu'elle devait tout de même rester vigilante quant à sa santé. Faire des économies n'excluait pas d'avoir une alimentation saine et équilibrée, comme maman s'évertuait à me le rappeler à chacune de nos conversations.

Kuang Fei avait une mine fatiguée et son corps fin et longiligne, s'il n'était pas dénué de beauté, paraissait pouvoir se rompre à chaque instant. Elle tenta de me rassurer en m'affirmant que ce régime correspondait de toute façon à ce qu'on attendait d'elle, et que sa carrière ne tarderait pas à s'achever. Elle défilait depuis l'âge de quinze ans – elle en avait à cette époque vingt-deux –, il était temps d'exercer un vrai métier. Kuang Fei voulait voyager et enviait l'aisance avec laquelle j'apprenais les langues étrangères. Elle parlait un peu l'anglais, mais ne savait pas ce qu'elle allait faire quand elle cesserait d'être mannequin.

Au petit matin, nous priâmes de toute notre âme pour que l'ambassade de France m'accorde mon visa, et que ma cousine puisse ainsi me rejoindre un jour dans ce beau pays.

Nos prières furent exaucées. Le lendemain en milieu de journée, un employé de l'ambassade me tendit mon passeport avec ces cinq mots magiques :

— Bon séjour en France, mademoiselle.

Je ne sais comment j'ai réussi à me retenir de l'embrasser en hurlant ma joie. Je récupérai mes papiers, le gratifiai d'un large sourire, le remerciai et sortis de l'ambassade comme une voleuse.

Arrivée dans la rue, je sautai en l'air trois fois de suite en criant à tue-tête.

— Je vais en France !!! Je vais en France !!! Je vais en France !!!

Je brûlais d'envie d'annoncer la nouvelle à mes parents, mais l'idée de leur faire la surprise en me présentant devant eux en chair et en os me parut meilleure.

Je courus à la gare et pris un billet pour Changchun où je n'étais pas retournée depuis deux ans. Après huit heures de train, j'allai me présenter à l'appartement familial. J'eus beaucoup de mal à contenir mon excitation en attendant devant la porte. Je trépignais d'impatience, ce voyage en train m'avait fait arriver tard à Changchun, et je mourais d'envie d'embrasser mes parents.

Au bout de deux ou trois minutes, n'ayant toujours pas de réponse, je frappai à nouveau, plus énergiquement.

— Qui est là ?!

— C'est moi, Fei !

— Quelle Fei ?!

Je ne reconnus pas la voix grave de mon père.

— Papa ? C'est moi, Fei !

La porte s'ouvrit sur un homme d'une cinquantaine d'années en pyjama qui me regarda d'un air ahuri.

— Vous cherchez qui ?

— Mais, où sont mes parents ?

— Quels parents ?

— La famille Xu ! Mes parents ! On habite ici depuis dix ans.

— Ben, plus depuis la semaine dernière. J'ai acheté l'appartement. Bonne nuit.

L'homme referma la porte, la lumière du couloir s'éteignit.

Je restai figée dans le noir, le souffle coupé. À tâtons je trouvai l'interrupteur et, chancelante, je pris appui sur le mur du couloir pour ne pas tomber. Je luttai contre la fourmilière qui avait élu domicile dans mon estomac, et, recouvrant mon souffle je composai à la hâte le numéro de portable de mon frère.

— Frère !

— Quoi ? Tu l'as eu ?!

— Oui !

— C'est génial ! Tu vas fêter ça avec Kuang Fei ?

— Frère ! où sont les parents ? Je suis à Changchun pour leur faire la surprise, mais il y a des gens chez nous !

— Fei, ils ont vendu l'appartement.

— Pourquoi tu ne m'as rien dit ?!

— Ils ne voulaient pas que tu le saches parce que tu aurais pu ne pas être d'accord.

— Mais ils sont complètement fous !?

— Petite sœur, calme-toi. C'est leur choix. Ils ont estimé qu'ils devaient te donner cette chance.

— Ils sont où ?! Et toi ?

— Quoi moi ?

— Tu habites où maintenant ?

— Avec des copains, je partage un appartement. Ça tombe bien, j'en avais marre d'être encore à la maison.

Mon frère me retrouva dans le quartier de mon ancien lycée, où papa avait loué un logement pour être à proximité de son travail. Il me conduisit à leur immeuble en tentant de me calmer.

C'est ma mère qui ouvrit la porte de leur nouvel appartement, une chambre de quinze mètres carrés où mes parents avaient casé comme ils avaient pu leur mobilier, et toutes leurs affaires empilées dans des cartons. Je me jetai dans ses bras.

— Maman ! Vous n'auriez pas dû…

Je fondis en larmes, incapable de prononcer une parole de plus. Mon père se tenait derrière elle, droit comme un I dans la lumière glacée du néon.

— Ça va, ne pleure pas. Ton père et moi, on n'a pas besoin de deux pièces. Ça nous suffit bien puisque ton frère n'est plus avec nous. Et puis ici, il y a de l'eau chaude pendant l'hiver, et c'est gratuit.

Quand je pris les mains de ma mère, je remarquai qu'elle ne portait plus son alliance.

— Maman ! ta bague de mariage, elle est où ?!

— C'est juste de l'or, Fei. On l'a vendue parce qu'il manquait trois mille yuans pour… Ce n'est rien, un jour tu auras de l'argent et tu m'achèteras une plus belle bague, ma fille.

À cet instant, ma mère éclata en sanglots. Autour de nous, mon frère et mon père se tenaient debout, gênés, ne sachant comment faire cesser nos pleurs. Papa réagit d'un coup. Sa voix forte et grave s'éleva.

— Arrêtez toutes les deux ! On n'est quand même pas à la rue !

Je relevai la tête pour l'observer, et constater qu'entre ses doigts noueux qui menaçaient de réduire en charpie la cigarette qu'il pinçait nerveusement son alliance avait elle aussi disparu. Ses mâchoires étaient crispées, son regard avait du mal à se poser sur nous, et semblait chercher de l'aide en s'appuyant sur chaque objet de la pièce.

— Rien qu'avec le salaire de ta mère, on peut payer le loyer de cette chambre, et avec le mien on a plus qu'assez pour manger ! Tu as eu ton visa, c'est ça le principal. Maintenant, tu peux aller en France. Ne t'inquiète pas pour nous, vas-y, Fei !

Il avait prononcé ces mots, légèrement agacé. Il était tendu à se rompre. Quand nous eûmes séché nos larmes, maman et moi, papa se radoucit et m'expliqua qu'ils avaient mûrement réfléchi avec Feng également, c'était tout ce qu'ils pouvaient faire pour moi. Leur avenir était derrière eux, alors que le mien était prometteur, encore plus si j'allais en France. Ils avaient confiance.

— C'est à toi de jouer, maintenant, dit-il d'un ton définitif.

Ce fut tout. Maman et Feng me félicitèrent, et l'atmosphère dans la petite pièce se réchauffa un peu. J'appris que Feng avait participé en donnant toutes ses économies et j'en fus terriblement touchée. Car il était toujours ouvrier chez FAW et n'avait pas un gros salaire.

Cette nuit-là, couchée sur un matelas au pied du lit de mes parents, je ressassai tous les événements de ces derniers jours sans réussir à trouver le sommeil. Je savais que l'appartement qu'ils avaient vendu représentait quinze années de leur travail, et que leurs alliances étaient les seuls cadeaux de mariage que grand-mère leur avait offerts en prenant l'or de ses derniers bijoux. Pour mon père, c'était ce qu'il possédait de plus précieux.

Le grincement de ses dents dans son sommeil me serra le cœur. Me revinrent en mémoire les soirées, à table, durant lesquelles nous avions droit, Feng et moi, à ses sermons sur l'importance du savoir. En vendant l'appartement, mon père avait fait bien plus que nous certifier qu'ils étaient capables de vendre leurs os pour payer nos études. Mes parents avaient liquidé sans hésiter tout ce qu'ils possédaient pour me permettre de sortir de Chine, et cela sans être certains que je puisse y parvenir. À vingt-trois ans, je savais déjà qu'il était facile de faire des promesses, mais, au final, peu de gens honoraient leur parole. Je pris conscience que mes parents étaient les plus riches du monde. Car, s'ils m'ont appris une chose, c'est que la richesse se mesure à ce que l'on donne.

Je profitai des trois jours que je passai à Changchun pour voir mes amies du cercle magique. On se retrouva au restaurant et elles me prièrent de leur raconter mes aventures de ces deux dernières années. Je dus leur livrer tous les détails, telle une exploratrice revenant d'un long séjour dans une terre lointaine. Je retrouvai la même ambiance que lorsque nous étions ensemble à l'école, mais nous étions devenues des jeunes femmes à présent. Zhi Hong vendait des logiciels dans un centre commercial, Dan Dan travaillait comme secrétaire à la Bourse du travail de Changchun, et Xue Rui était employée au centre des impôts. De nous quatre, c'était Dan Dan qui, la première, allait se marier – avec un jeune militaire.

Je m'en retournai à Shanghai pour préparer mon départ. J'avais un mois avant de m'envoler pour la France.

J'en profitai pour organiser un dîner d'adieu avec mes collègues de Berstorp, passer un peu de temps avec mon ami Jim qui me parla encore de Paris pendant de longues soirées. Je liquidai le peu d'affaires que je possédais, et surfai sur Internet à la recherche de renseignements qui m'aideraient à mon arrivée à Paris. Ce nom résonnait dans mon esprit, je ne parvenais toujours pas à imaginer que je m'y trouverais quelques jours plus tard.

Paris, Paris, Paris… Ma bouche s'ouvrait sur un large sourire quand je prononçais ce nom. Il était synonyme de découverte et d'espoir, mais aussi d'un grand saut dans l'inconnu.

J'écoutai William, et entrepris de voyager léger. Je ne suivis pas les conseils des étudiants chinois postés sur Internet qui recommandaient d'emporter des vêtements pour les quatre saisons, un *rice-cooker*, des adaptateurs pour les ordinateurs, et des livres de grammaire français-chinois.

Dans ma petite valise rouge, je ne mis que l'essentiel, pas plus de dix kilos. Quelques livres, quelques vêtements, les photos de ma famille et mon journal. J'avais pris l'habitude depuis l'adolescence de noter mes impressions, des réflexions sur mon quotidien, et, depuis mon départ de la maison, ce journal intime avait pris parfois des tournures de carnet de voyage. Je n'ai jamais été nostalgique, j'ai toujours regardé devant moi. Mais, en feuilletant ces pages où j'avais noté des bribes de ma courte existence, je mesurai qu'à vingt-trois ans j'avais traversé la Chine du nord au sud, rencontré beaucoup de gens, vécu de nombreuses expériences, mais je n'étais jamais sortie de mon pays. En France, tout serait différent, les gens, la nourriture, l'air, les paysages, les villes. J'étais habituée à l'éloignement de mes parents, mais la distance serait cette fois-ci sans commune mesure. J'allais, seule, à l'autre bout du monde.

Passé ces moments d'appréhension qui émaillèrent les derniers jours de préparatifs, mon enthousiasme fut le plus fort. J'entendais la voix de mon père, et, si j'avais du mal à entrevoir quel pouvait être mon avenir en France, je sentais confusément que désormais plus rien ne serait comme avant.

Je réservai une chambre d'étudiant à vingt euros la nuit, et plaçai tout mon argent en coupures de cinq cents euros dans une pochette cousue à l'intérieur de mon pantalon. Ainsi parée, je m'envolai vers la plus grande aventure de ma vie.

25.

Petite Fleur, assis en tailleur dans le fauteuil en face de moi, tel un bouddha, me fixe de ses petits yeux brillants. Je me tais, et l'observe à mon tour. Il ne bouge pas et paraît toujours aussi réel. J'attends que mon silence le réveille, mais rien ne se passe.

— J'ai mes valises à faire pour Paris. Tu m'as dit que je pourrais…

Le petit cochon saute sans bruit du fauteuil et s'éloigne en trottinant vers la cuisine. Chacune de ses apparitions ou de ses disparitions me rappelle que je suis en sursis. Évoquer mon passé me permet cependant de dessiner les contours d'une existence sur laquelle je ne m'étais jamais penchée, la fuite du temps n'existe pas pour les jeunes gens. La petite fille de la forêt, l'adolescente de Changchun et ses doutes, la jeune fille dans le tourbillon de Shenzhen, la femme d'affaires de Shanghai, l'immigrée chinoise à Paris, sont une seule et même personne. Sans doute faut-il arrêter le sablier, comme aujourd'hui avec Petite Fleur, et scruter à la loupe le tas de sable qui s'est écoulé depuis mon arrivée dans ce camp forestier, pour découvrir un sens à tout cela, s'il doit y en avoir un. Ces dernières années ne se sont construites qu'autour de mes rêves. Ils sont ma sève, mourir ne me fait pas peur, mais ne plus rêver est pis que la mort.

Pour l'heure, je reviens avec joie à la réalité. Une réalité toute simple et salvatrice. Faire ma valise. C'est devenu un rite ces dernières années.

Je prends le vol de nuit. Il me faut l'équipement adéquat : vêtements souples, chaussons de sport, un masque de crème réparateur contre la déshydratation, un bandeau pour les yeux, un coussin gonflable, un collant de contention, des somnifères, un casque anti-bruit avec un adaptateur pour le brancher sur la prise du système audio de l'avion, un bon livre et c'est à peu près tout.

À plusieurs reprises, des bruits dans l'appartement me font sursauter, je crains une réapparition subite du petit cochon. Mais ce ne sont que les craquements ordinaires de ce vieil immeuble, Petite Fleur semble tenir ses promesses. Soudain mon cœur palpite furieusement, alerté par la sonnerie de mon téléphone portable. C'est Feng. J'hésite, mais ne trouve pas le courage de décrocher : je ne peux ni avouer à mon frère que je viens de passer des heures à parler avec un cochon, ni lui mentir.

Je fais un tour rapide dans l'appartement pour vérifier que tout est en ordre. En traversant le salon, j'aperçois par la baie vitrée Shanghai plongeant dans le crépuscule. Le ciel s'embrase de millions de néons, les tours s'illuminent, la nuit qui s'annonce se colore de teintes orangées ou vertes. Je fais coulisser le grand panneau de verre, tire les voilages et les doubles rideaux, quand la sonnerie de mon portable retentit à nouveau. Mes doigts se crispent sur l'étoffe, un bref coup d'œil sur l'écran m'indique que c'est ma mère qui appelle. Je n'ai pas la force de répondre. Ils croiront que je suis déjà dans l'avion. Je crains qu'ils ne s'inquiètent, mais je ne saurais jamais trouver les mots pour les rassurer. Il me reste deux bonnes heures avant de prendre un taxi pour l'aéroport international. Je redoute une nouvelle apparition de Petite Fleur. À l'extérieur, peut-être ai-je une chance de ne pas le voir se matérialiser ? J'ai besoin de répit, d'un retour à la normalité, de voir des gens qui marchent, discutent entre eux, mangent, lisent leur journal, conduisent, rentrent chez eux, vivent.

Je quitte mon appartement pour une ultime promenade. En partant, je salue la petite couturière dans sa boutique du coin de ma cour, sa présence me rassure, tant elle semble immuable, inscrite dans mon paysage avec certitude. Toute à son travail, elle m'octroie un sourire et un léger mouvement de tête. Ce salut, même minimaliste, m'apaise. Il me semble que c'est la première humaine que je vois depuis des jours.

Des dizaines de vélos et de scooters électriques slaloment entre les voitures, certains transportent des montagnes de paquets qui menacent parfois l'équilibre des engins. Ils roulent par grappes, le silence des moteurs électriques rompu par d'affreux grincements de freins. Je déteste ce bruit.

En ce début de soirée, il est bon de marcher sous les frondaisons des platanes. Les rues de mon quartier situé dans l'ancienne concession française sont assez calmes malgré le ballet incessant des deux-roues. Cette zone est bien préservée, et très prisée des riches Chinois comme des Occidentaux. Les rues y sont bordées de grands arbres, les maisons basses, les villas et les hôtels particuliers sont l'héritage d'un âge d'or où Shanghai signifiait pour le reste du monde une ville prospère, turbulente et peuplée d'aventuriers. Dans les années 1930, ma rue s'appelait la rue Bourgeat. Les Chinois l'ont rebaptisée Chang Le Lu, « la rue du Bonheur éternel ». J'ai lu quelque part que dans la concession vivaient cinq cent mille personnes, l'équivalent de la population de Lyon à l'époque. J'imagine parfois cette période fastueuse, où au pied de mon immeuble devait grouiller une population bigarrée. Les Français, en administrateurs consciencieux, avaient installé l'éclairage électrique public, et l'on pouvait se déplacer grâce aux transports en commun, tramway et bus faisaient la fierté de ces Gaulois expatriés. Tout était mis en œuvre pour exposer le génie, la culture et le raffinement français, à la face des autres Occidentaux de la concession internationale qui jalousaient ce havre de paix et de bien-être. Je me demande parfois si les Français ne sont pas encore plus fiers que les Chinois.

Je décide d'aller vers un des restaurants proches de chez moi où je me rends fréquemment pour grignoter avant de partir. Depuis que je voyage beaucoup, à chacun de mes séjours en Chine je profite jusqu'au dernier moment de la nourriture chinoise. J'ai toujours du mal avec les plats que proposent les restaurants asiatiques en France. La première fois que j'ai mangé « chinois » à Paris, j'ai cru que c'était une blague. La majorité des restaurants chinois en France fait une cuisine élaborée pour ne pas heurter le palais occidental.

Sur le chemin, je me retourne pour m'assurer de ne pas être suivie par Petite Fleur. Pas de trace de cochon. Je respire un peu mieux malgré la moiteur de l'air. À deux cents mètres de chez moi, je remarque qu'un caviste a ouvert récemment. J'y pénètre par curiosité. Depuis quelque temps à Shanghai, en plus de la bonne odeur de croissant, l'on trouve de plus en plus de caves à vin, qui ne ressemblent pas toutes à des boutiques de luxe Gucci ou Prada. Celle-ci propose un choix classique mais assez varié de vins français, et abordables, au milieu d'une décoration sobre. Certes, la plupart valent un sixième du salaire d'une serveuse à Shanghai, mais, pour un amateur chinois de vin qui a les moyens, c'est peu. Le vin français commence à être connu et apprécié en Chine. On en trouve même dans quelques supermarchés. Je retiens le nom de cette boutique et repère quelques bouteilles à offrir à de futurs clients.

Au kiosque au bout de ma rue, j'achète la presse locale, puis rejoins et franchis les portes du restaurant. Je sais que la nourriture y est de qualité. Le seul inconvénient, c'est l'écran vidéo qui diffuse en boucle des clips et des émissions censées être drôles. Il est désormais quasi impossible d'éviter les écrans vidéo et la télévision dans les espaces publics. En général, je m'en tiens éloignée autant que possible. À mon arrivée à Shanghai en 2002, il n'y avait pas d'écrans partout comme aujourd'hui où l'on en trouve jusque dans les taxis. La ville s'est considérablement transformée, au point que je ne reconnais plus le quartier où était située ma petite chambre cinq ans plus tôt. Les anciennes maisons y sont cernées par d'immenses tours ultramodernes.

J'avale quelques raviolis accompagnés d'un thé au lait et aux perles noires, des pattes de poulet, un potage de poisson au gingembre. L'addition est de cinquante-huit yuans, environ six euros.

Je parcours mes journaux, puis, ayant épuisé tout mon temps libre avant mon départ pour l'aéroport, je rentre chez moi, le temps d'emporter ma valise rouge à toute allure, celle que William m'a offerte, fermer la porte, et me précipiter dans la rue pour prendre un taxi.

Quarante-cinq minutes plus tard, j'arrive à l'aéroport international. Le hall ressemble à une gigantesque vague de métal argenté. Il s'étale sur des kilomètres.

Il est presque minuit quand j'embarque. Je m'installe confortablement sur le siège le plus proche de la travée, en me réjouissant de ne pas avoir de passagers à côté de moi.

L'avion décolle, et, lorsque je me tourne vers la place côté hublot, je sursaute.

— Petite Fleur !

— Surprise ?

Affolée, je me tourne vers les autres passagers qui sont déjà rivés à l'écran vidéo encastré dans le dossier du siège devant eux. Écouteurs sur les oreilles, les voyageurs ne font aucun cas de ma soudaine nervosité. Une hôtesse se penche vers moi.

— Un problème, mademoiselle ?

— Je... Non. Je veux bien un verre d'eau !

— Nous allons passer dans quelques minutes avec des rafraîchissements. Je vous prie de patienter.

Je me tourne et lui désigne la place où se trouve Petite Fleur qui admire à cet instant par le hublot le scintillement des lumières de Shanghai.

— Vous ne voyez pas le... ?

— Oh ! vous avez de la chance, l'avion est complet et vous êtes une des rares à avoir une place vide.

L'hôtesse s'en va, appelée pour une affaire d'écouteurs défectueux, et me laisse avec mon petit passager clandestin invisible.

— Je ne suis pas un clandestin.

— Mais tu es un petit cochon installé sur le fauteuil d'un avion de ligne qui vole vers Paris.

— Je veux entendre la suite.

— Je veux savoir pourquoi.

— Tu peux bien continuer à me raconter la suite comme tu le ferais en discutant avec un voyageur... Pour passer le temps.

— Justement. Combien me reste-t-il ? Pourquoi me hantes-tu ?

— Qu'as-tu à perdre ?

— La raison ! C'est la sensation que j'ai en ce moment à force de parler à un cochon imaginaire. Je veux savoir ce que j'ai, Petite Fleur !

— Mais moi aussi je veux savoir. Le meilleur moyen de le découvrir, c'est de continuer ton récit. Il nous reste une dizaine d'heures de vol avant d'arriver à Paris, tu as tout ton temps.

— Votre verre d'eau, mademoiselle.

Je me tourne vers le visage souriant de l'hôtesse, la remercie et saisis le gobelet d'eau, le buvant d'un trait. Il y a cinq ans, je faisais le même voyage pour la première fois...

26.

Quand je pénétrai dans l'avion, mon cœur battait à tout rompre. Je saluai l'hôtesse d'un large sourire et me dirigeai vers la place qu'elle me désigna à l'arrière de l'appareil. À l'embarquement, j'avais pu négocier un siège près du hublot, mais une jeune Chinoise l'occupait. Elle me le céda en s'excusant et m'aida à soulever ma petite valise rouge pour la ranger dans le porte-bagages au-dessus de nos têtes.

— C'est malin ça, elle est juste à la bonne taille. La mienne est trois fois plus grosse, je rapporte des tas de trucs pour mes copains chinois à Paris. Je m'appelle Hua, et toi ?

— Fei.

— Tu es étudiante ?

Quand elle sut que j'allais en France pour la première fois et que je n'y connaissais personne, elle insista pour m'aider. Nous bavardâmes pendant tout le vol et je la bombardai de questions. Hua s'amusa de mon enthousiasme débordant, elle était en France depuis deux ans et paraissait très à l'aise avec les usages. Elle ne chercha pas à casser mon rêve, malgré une petite tendance à la critique à l'égard des Français, une manie, disait-elle, que l'on attrapait rapidement à leur contact.

— Ils sont râleurs, mais c'est un jeu, en fait ils aiment ça, dit-elle en plaisantant.

Elle aussi était amoureuse de Paris. Je lui racontai la première phrase que j'avais apprise en français, et les mises en garde de notre prof, elle pouffa de rire, et me certifia que les garçons en France n'étaient pas si terribles, même si les filles chinoises avaient beaucoup de succès auprès d'eux.

— Moi, je les regarde droit dans les yeux, comme ça, sans sourire, et ça les calme tout de suite, dit-elle en me montrant son visage le plus dur avant d'éclater de rire.

Hua était jolie, et très gaie. Elle avait aussi un regard doux avec ses grands yeux en amande, mais qui pouvait devenir glacial quand elle le voulait. Je ne doutai pas que les garçons français fussent tenus en respect avec une telle arme. Hua me parla des deux quartiers chinois du XIIIᵉ arrondissement et de Belleville, où l'on pouvait trouver de la nourriture presque comme au pays, du problème du logement, qui était la question cruciale de tout étudiant chinois à Paris. D'ailleurs, elle estima que la chambre que j'avais réservée était trop chère.

— Il y a un lit momentanément disponible dans le petit appartement que je partage avec d'autres Chinois. Tu peux en profiter quelques jours, si tu veux. Je vais me renseigner pour trouver une colocation possible parmi les étudiants chinois que je connais.

À notre atterrissage à Roissy, nous prîmes le RER, un train de banlieue qui relie l'aéroport international au cœur de Paris. Ni la fatigue du vol ni le décalage horaire ne parvinrent à émousser mon enthousiasme. Je fus fascinée d'emblée par les visages des voyageurs qui m'entouraient et se distinguaient tous les uns des autres. En Chine, la foule offrait une multitude de têtes brunes et de visages clairs. Je n'avais jamais été en présence d'autant de physionomies si différentes ! Tous les voyageurs avaient une particularité, une apparence originale. J'eus la sensation d'être au milieu d'un échantillon de toutes les races de la planète. Blonds, roux, bruns, Noirs, Blancs, métis, Asiatiques, Africains, Occidentaux, un fabuleux cocktail d'êtres humains se côtoyaient dans un même espace, le plus naturellement du monde. Ce qui me conforta dans l'idée que ce pays ne pouvait être qu'une grande nation où il faisait bon vivre, puisque l'on venait du bout de la Terre pour en fouler le sol, et j'étais heureuse d'y inaugurer mon statut d'étrangère.

Le train plongea sous terre et me conduisit dans les entrailles de la ville, comme si elle souhaitait ménager ses effets, me faisant découvrir son cœur avant de me livrer son âme. Je tenais à passer cette première journée seule, et à découvrir la ville guidée par mon seul instinct. Hua s'en amusa, et me confia un petit plan de Paris en y pointant les lieux qui, selon elle, méritaient d'être visités pour cette mémorable première fois. Puis elle me fixa rendez-vous pour le soir même en me griffonnant une adresse dans le XIV⁰ arrondissement et me quitta à la station « Tchâdelett ».

— « Châtelet », rectifia-t-elle. C'est au cœur de Paris, tu verras. À ce soir !

Après un bon quart d'heure d'errance dans les couloirs interminables du métro, je découvris l'escalier qui me conduisit sur le terre-plein central, où j'accédai à la lumière du jour.

C'est sur cette place que Paris dévoila pour moi son visage. Je fus frappée de stupeur en découvrant ce paysage que je ne connaissais qu'en photo et qui tournoyait autour de moi. Les leçons de notre prof de l'Alliance française affluèrent d'un coup, et je me remémorai la séance diapo qui nous montra les rues et les monuments de la capitale. Je fis quelques pas pour apercevoir la perspective d'un boulevard que j'identifiai comme étant celui de Sébastopol, puis, me retournant, je découvris comme dans un conte magique le pont au Change et la Seine. Je m'y précipitai en traînant ma petite valise rouge, traversai le quai, et m'arrêtai au milieu du pont, submergée par une vague d'émotions si forte que je ne pus faire un pas de plus. L'harmonie, l'équilibre, l'incroyable beauté de ce paysage de pierre me saisit avec une telle force que je dus m'appuyer au parapet pour éviter que mes jambes ne se dérobent sous moi.

De la rive gauche, je reconnus la Conciergerie, le sommet de Notre-Dame qui apparaissait au-dessus des toits de l'île de la Cité, et, en me retournant, j'aperçus le Pont-Neuf, la façade du Louvre, et … la tour Eiffel ! Pas d'erreur, j'étais bien dans la ville de mes rêves.

Partout où mon regard se portait, je ne voyais qu'un Paris étincelant. Ce que je découvrais en posant mes pieds de Chinoise dans cette ville mythique était au-delà de toutes mes espérances.

Après l'architecture, la beauté des Parisiennes et leur élégante décontraction à la terrasse des cafés, ce furent les boulangeries et les pâtisseries qui m'étonnèrent le plus. Quand je parvins dans le quartier Montorgueil et ses rues piétonnes, je fus frappée par la profusion et l'immense variété des gâteaux, chocolats et viennoiseries exposés dans les vitrines.

Même dans mes rêves les plus fous, je n'aurais pu imaginer une telle richesse étalée devant mes yeux.

Je craquai pour un éclair au chocolat qui soudainement me ramena à la réalité. Les deux euros trente que je dus payer pour ce délicieux gâteau correspondaient à deux bols de nouilles en Chine, autrement dit, deux repas complets ! Ce bref calcul freina mon ardeur et ma gourmandise, un temps, puis, rapidement, je me laissai aller à m'asseoir à la terrasse des cafés, et à commander tout ce qui me faisait plaisir.

Entendre parler français autour de moi était un ravissement. Si j'étais loin de tout comprendre, j'essayais autant que je pouvais d'utiliser mon vocabulaire, mais la plupart du temps l'on tenait à me parler anglais, même quand je m'efforçais de prononcer et de formuler au mieux mes demandes. Je constatai que les Français s'exprimaient souvent dans un très mauvais anglais et que, moins ils avaient de vocabulaire, plus ils parlaient fort. En dehors de ce curieux phénomène, j'eus droit à beaucoup de sourires et d'amabilité quand je demandai mon chemin. Et aucun garçon « insistant » ne vint troubler cette première journée, que je passai comme au paradis. Traînant ma valise, j'arpentais le centre de Paris, attirée à tous les coins de rue par l'apparition d'une nouvelle merveille.

Épuisée, je parvins le soir à retrouver Hua qui m'accueillit dans un petit deux-pièces du XIVe arrondissement qu'elle partageait avec quatre autres étudiants. Je m'endormis dans une chambre exiguë, en compagnie de Hua et de deux autres garçons répartis sur deux lits métalliques superposés, les mêmes que ceux dans lesquels nous dormions Feng et moi, dans notre premier appartement à Changchun.

Les images de la journée tournoyaient dans ma tête, le parfum de Paris m'avait enivrée, je me sentais pleine d'espoir, et, quand la fatigue du voyage eut raison de mon excitation, je sombrai dans un profond sommeil qui me fit oublier le confort spartiate de ce minuscule dortoir.

Le lendemain, tard en fin de matinée, ce fut Song, l'un des deux garçons colocataires de Hua, qui me réveilla. Il tint à partager son déjeuner avec moi, et me tendit généreusement la moitié de son sandwich turc. Song m'apprit qu'il n'était pas très fort pour les langues, et peinait à apprendre le français. Ce qui était problématique pour rester en France.

— Tu vois, Fei, ce qui est difficile ici, c'est que si l'on ne parvient pas à parler bien le français, on ne peut pas aller à l'université, et si l'on y est pas inscrit, on ne peut pas avoir son statut d'étudiant. Et donc pas de visa. Moi, je livre des pizzas pour survivre en attendant d'améliorer la langue dans un institut privé.

— Je sais. L'agent en Chine qui m'a obtenu mon visa de trois mois, grâce à une promesse d'accueil d'une université de Nantes, me l'a bien dit. La fac admet les étudiants étrangers sous réserve qu'ils aient un niveau suffisant en français.

— Si tu veux un visa d'un an, il faut que tu t'inscrives dans un institut privé d'apprentissage du français reconnu par l'État, et ça te donne droit au statut d'étudiant.

— C'est cher ?

— Pour obtenir le statut, il te faut une inscription de huit mois minimum, c'est mille huit cents à deux mille euros. Mais c'est beaucoup moins que les trois mille que te demandent l'Alliance française ou la Sorbonne !

Le deuxième jour de mon arrivée, je ressentis que l'euphorie de la découverte faisait place à une autre réalité, plus dure et beaucoup moins romantique.

Ma moitié de sandwich avalée, Song m'indiqua l'adresse d'une Chinoise, amie d'une amie, qui éventuellement partagerait son studio qui se situait en dehors de Paris. J'acceptai la proposition, sentant que c'était une aubaine de trouver un logement si rapidement, et me rendis dans une banlieue proche portant un très joli nom : Les Lilas.

Lorsque j'émergeai du terminus de la ligne 11 du métro à « Mairie des Lilas », je dus faire encore un bon quart d'heure de marche avant de trouver l'adresse indiquée par Song. Durant ce trajet dans les petites rues aux immeubles bas, je constatai que le joli nom de cette banlieue ne correspondait pas vraiment à son aspect. Si les habitants donnaient une belle couleur africaine à l'endroit, les rues n'avaient pas le même charme que dans le quartier du Marais où j'avais déambulé la veille.

Je m'arrêtai devant un grand portail de fer qui fermait l'entrée d'une cour, où une vingtaine de petits logements s'empilaient sur trois étages d'un bâtiment en U aux façades décrépites. Tous étaient occupés par des Chinois, étudiants pour la plupart, comme me l'apprit Wen, la jeune femme avec qui Song m'avait mise en contact. Elle me proposa de partager ses dix-huit mètres carrés.

J'acceptai de lui verser deux cents euros par mois pour loger chez elle, c'était énorme comparé aux cinquante-cinq euros que je payais à Shanghai pour ma petite chambre, mais j'étais soulagée d'avoir trouvé un toit deux jours après mon arrivée en France. Wen paraissait aimable, et nous bavardâmes pour faire connaissance. Elle avait trente-sept ans, et vivait en France depuis cinq ans. Elle travaillait dans une boutique de vêtements dans le centre de Paris, près de la porte Saint-Denis où étaient installés les grossistes chinois, et envoyait tout son argent à un mari resté au pays. J'aperçus, posée sur une petite commode, une photo d'elle qui devait dater de son arrivée en France et découvris combien elle avait été jolie. Cinq ans de privations à tous les niveaux, et de mauvaise alimentation, lui avaient fait prendre une dizaine de kilos. Son aspect physique passait après sa volonté d'économiser chaque centime. Étonnée par ce choix, je la questionnai sur l'intérêt de mener une telle vie.

— J'envoie tout à mon mari, je suis responsable de ma famille au pays. Tu sais, l'année dernière, avec l'argent que je lui ai envoyé, il a pu s'offrir une BMW ! me dit-elle avec fierté.

— Mais tu n'as pas peur qu'il chasse les jeunes filles avec une voiture comme ça ? dis-je en riant.

— Hum... parfois j'y pense, mais c'est pour la famille, j'espère qu'il pourra venir un jour me rejoindre. C'est le chemin que j'ai choisi, c'est comme ça. Je fais ce que j'ai à faire.

Wen avait été étudiante, puis elle avait lâché l'apprentissage du français qu'elle parlait très mal. Elle était animée d'une volonté farouche d'apprendre, et, les soirs suivants, je la vis réviser du vocabulaire d'anglais. Elle m'avoua que si elle arrivait à parler quelques mots de cette langue, quand elle rentrerait en Chine, elle pourrait toujours essayer de s'en servir pour trouver un travail mieux payé. Je ne contredis pas son point de vue, elle était dans le vrai, mais je m'abstins de lui faire remarquer que les efforts qu'elle avait à faire pour avoir un niveau suffisant étaient démesurés. Car aussi bien en français qu'en anglais sa prononciation était épouvantable, et son vocabulaire assez pauvre. En observant Wen, je pus me rendre compte à quel point nous étions inégaux face à l'apprentissage de la langue, et combien je me sentais privilégiée d'y avoir de la facilité.

Comme mes études de comptabilité à l'université de Nantes n'avaient été qu'un prétexte pour obtenir mon visa de sortie, il me restait tout à faire pour rester à Paris au-delà des trois mois que l'ambassade à Pékin m'avait généreusement octroyés.

Grâce aux indications de Hua, je pus trouver dans le XIVe arrondissement de Paris un centre de formation linguistique spécialisé dans l'apprentissage du français aux jeunes Chinois. Je m'acquittai des droits d'inscription qui me coûtèrent mille huit cents euros et franchis ainsi la première étape pour l'obtention de mon visa d'un an. Les deux autres conditions à réunir étaient de pouvoir fournir un certificat d'hébergement, et d'être titulaire d'un compte en banque. Wen ne pouvait pas me faire cette attestation, et je dus payer cent cinquante euros à un Chinois qui accepta de me donner le précieux document accompagné d'une photocopie d'EDF et d'une quittance de loyer.

Munie de ces pièces, j'ouvris un compte dans une banque française à proximité de l'institut. Ce fut ma première expérience avec un banquier français qui essaya de me parler dans un « franglais » très approximatif, et profita de mon ignorance pour me vendre une assurance. C'est Song, que j'invitai à mon tour à dîner chez un petit traiteur du quartier, qui me révéla l'arnaque. Cette assurance était complètement inutile dans mon cas.

Au bout de quinze jours, je fis un premier bilan. La vie à Paris ne se présentait pas vraiment comme je l'avais imaginée. Mon budget avait été sévèrement amputé par toutes les dépenses administratives, mon logement, et mes frais de scolarité, et il ne me restait que cinq mille cinq cents euros en poche. En imitant le mode de vie de Wen, je pouvais espérer rester six à huit mois, mais après...

Depuis mon arrivée, j'avais pu téléphoner deux fois à mes parents pour les rassurer, et réalisé un achat qui me parut essentiel, un téléphone portable au prix attractif d'un euro ! Certes, j'étais désormais joignable à tout moment, mais j'avais signé un abonnement de deux ans, comme me le fit remarquer Wen.

— Il n'y a pas que les Chinois qui savent faire du commerce, Fei. La France a beau être un pays accueillant, on te plume comme partout ailleurs. Regarde ton banquier, et maintenant ton abonnement télépho-nique...

Le premier numéro que je composai sur mon beau portable tout neuf, avec une carte discount pour l'Asie, fut celui de l'appartement de mes parents.

— Un euro vingt le bol de riz ?! rugit mon père à l'autre bout du fil. Mais ils sont fous !

— Papa, tout est comme ça ici.

— Mais Fei, j'achète cinq kilos de riz avec ça !

— Je sais. Il faut que je fasse attention pour tout. Si je dépense dix euros par jour, je m'en sors.

— Attends, ça fait cent yuans ?!

— Allô ? Papa ?

— ...

— Non, c'est Feng, Sœur. Elles sont comment les filles à Paris ?

— Frère ! Elles sont très jolies. Je parle de toi à toutes celles que je rencontre, et elles veulent toutes sortir avec toi !

— C'est vrai ? Elles aiment les garçons chinois ?

— Non.

— Ah bon ?!

— Les garçons chinois vivent comme des moines ici. Les filles chinoises préfèrent les Français, et les filles françaises ne sont pas très attirées par les Asiatiques, j'ai l'impression. Enfin, c'est ce que dit Song, un copain qui est là depuis deux ans.

— Allô, Fei ? Ton père me dit que le riz est au prix de l'or là-bas, c'est vrai ? Tu as assez à manger ?

— Mais oui, maman. Je vais très bien. C'est cher, mais j'arrive à manger très bien.

— Si tu as besoin d'argent, tu le dis, on t'en envoie !

J'entendis la grosse voix de mon père qui éclatait de rire, et reprenait ma mère en lui signalant que ce qu'on pourrait m'envoyer ne servirait pas à grand-chose. Je l'imaginais très bien à cet instant-là, se dandinant d'un pied sur l'autre, se frottant la tête, la cigarette coincée entre les dents. Je crus déceler dans le ton de sa voix l'impuissance et la peur tout à la fois. Sans doute venait-il de prendre conscience que sa fille était partie bien trop loin pour qu'il puisse lui venir en aide en cas de problème, et cela le rendait extrêmement nerveux.

Je rassurai ma famille comme je pus, essayai de décrire à mes parents la beauté de Paris, et combien j'étais heureuse d'être là, puis je les tranquillisai en leur indiquant que dorénavant ils pouvaient m'appeler quand ils le voulaient. En raccrochant, je pris conscience que j'étais au Forum des halles, un samedi après-midi, au centre de Paris, avec la foule des Parisiens qui déambulait autour de moi. Changchun était loin, très loin, et il fallait désormais m'accrocher à ce rêve, sans qu'il tourne au cauchemar.

Je commençai les cours le lundi suivant dans ce modeste immeuble moderne qui abritait l'institut. C'était un petit établissement qui accueillait une centaine d'élèves. C'est du moins le nombre d'étudiants que je relevai à mon arrivée. Les professeurs, français comme chinois, m'apparurent beaucoup moins motivés que ceux de l'Alliance française de Shanghai. Peu m'importait, car l'urgence était d'apprendre la langue au plus vite si je voulais avoir une chance de faire quelque chose dans ce pays. La secrétaire franco-chinoise me remit une carte d'étudiante en m'expliquant tous les avantages qu'elle pouvait m'offrir, et j'en tombai des nues. J'avais des réductions pour les transports, les entrées dans les musées, la gratuité pour les bibliothèques, un vrai sésame.

Je choisis de placer les vingt heures de cours par semaine le matin. J'avais ainsi tous mes après-midi de libres pour me consacrer à l'exploration de Paris, de ses monuments et de ses musées.

L'un de ceux qui m'impressionnèrent le plus fut cette étrange construction faite d'un amas de tuyaux géants peints de toutes les couleurs. Le centre Georges-Pompidou, lorsque j'y pénétrai pour la première fois, me fit l'effet d'un grand vaisseau à voyager dans le temps qui se serait échoué dans le Paris du XIXᵉ siècle. J'en frémis d'excitation comme un petit poisson avide de savoir, nageant dans un océan de culture. Des vagues immenses de livres, de sons et d'images me submergèrent, et longtemps je voyageai au gré des courants sans pouvoir me fixer sur un auteur, un sujet, tant me semblaient infinis les trésors que cet énorme navire renfermait dans ses flancs. Mais, ce qui me fascinait bien plus encore, c'était la mise à disposition de toute cette culture. Ici, pour l'étudiante que j'étais, tout était pratiquement gratuit et sans aucune restriction. Tout était offert à celui qui avait le désir d'apprendre, le savoir était à la portée de tous. En Chine, les études étaient chères pour les jeunes issus des familles pauvres comme moi. Je me remémorai les phrases que mon père nous assenait le soir à Feng et à moi, après l'école, et je mesurai toute ma chance. Mes parents n'avaient pas vendu leurs os pour nous envoyer à l'université, mais ils avaient liquidé leur appartement du jour au lendemain pour me permettre de vivre cette expérience, je leur en étais extrêmement reconnaissante.

Lors de mes pérégrinations dans la ville, j'entrai dans une petite église de quartier où se déroulait une messe. Je trouvai ces lieux de culte d'une grande beauté et m'y réfugiai parfois pour en goûter le calme, la paix au milieu du tumulte de la cité. Cet après-midi-là j'assistai à l'office religieux et, comme les chrétiens, je m'acquittai de deux euros quand le prêtre passa parmi ses fidèles.

Devoir faire cette offrande me surprit un peu, mais, par respect pour ce culte qui n'était pas le mien, j'y consentis tout de même. Ce qui m'apparut encore plus curieux, c'est ce biscuit affreusement sec et sans goût que le prêtre déposa sur ma langue comme sur celle de tous les paroissiens qui faisaient la queue, et tiraient la langue à tour de rôle dès qu'ils arrivaient devant lui. On aurait dit des petits oiseaux venant chercher la becquée, et c'est cela qui m'amusa et me poussa à me glisser à leur suite. Cependant, seul le prêtre but une lampée de vin, et moi, prise d'une terrible soif après cet aperçu du culte catholique, je me réfugiai dans un café pour me désaltérer, persuadée que les églises n'avaient définitivement d'attrait pour moi que leur aspect architectural. J'étais ravie de cette expérience, mais quelque peu décontenancée par ce rituel très éloigné de ma culture et de ma sensibilité. La mise en scène, le décor et les accessoires revêtaient pour moi une telle étrangeté que je n'avais pu le relier à sa dimension divine.

Au bout de quelques semaines, les cours à l'institut devinrent moins intéressants, et beaucoup d'étudiants avaient déserté les salles de classe. Les professeurs ne préparaient pas leurs cours, nous faisaient rabâcher les mêmes textes pendant des jours. En sortant de cours un matin, j'en discutai avec deux autres jeunes Chinoises, frustrées comme moi de ne pas faire plus rapidement de progrès en français.

— C'est une arnaque pour les étudiants qui cherchent un visa, c'est tout, dit l'une.

— Tu as vu le cours de ce matin ? C'est la troisième semaine qu'on travaille sur ce poème de Baudelaire. J'en rêve la nuit du vaste oiseau des mers, prisonnier de ses ailes de géant ! dit l'autre en riant.

— C'est vrai, dis-je, j'ai l'impression d'en apprendre plus quand je me balade dans Paris, en écoutant les gens ou en regardant la télé de ma colocatrice.

— Moi, j'en apprends plus avec les garçons ! dit la première qui était assez jolie.

J'étais de leur avis. Et je commençai à manquer régulièrement les cours du matin.

Je pris le parti d'ignorer les mises en garde de Benoît, notre professeur à l'Alliance française de Shanghai, et de fait, j'eus l'occasion de faire la connaissance d'un nombre considérable de garçons. Je pus me rendre compte de l'attirance de la gente masculine pour les jeunes Asiatiques en promenade solitaire à Paris. Il suffisait que je m'arrête en pleine rue et regarde un plan pour qu'un homme survienne et propose de m'indiquer le bon chemin ou, mieux, de m'accompagner jusqu'à destination. En route, ils n'étaient pas longs à m'inviter à boire un café, et parfois à déjeuner ou à dîner. Si leurs manières étaient le plus souvent correctes, il m'arriva à plusieurs reprises d'être choquée par une attitude étrange, absolument pas usitée en Chine, voire honteuse dans mon pays.

Par exemple, après avoir accepté un rendez-vous au restaurant, ou à boire un verre, quand venait le moment de payer l'addition, souvent l'homme me proposait le plus aimablement du monde de partager la note. J'en étais sidérée. Aucun Chinois ne se serait abaissé à une telle pratique, vraiment humiliante. C'est ce que j'expliquai un jour à un homme qui m'avait proposé de prendre un verre à la terrasse d'un café « pour faire connaissance ». Il me répondit le plus naturellement du monde qu'en France les femmes étaient libérées, considérées comme égales à l'homme, et que, par conséquent, cette forme de galanterie machiste était tombée en désuétude. J'en pris acte, et pus souvent vérifier que cette personne disait vrai. Les paroles de Jim me revinrent en mémoire et j'en déduisis que, sur le plan humain, être une femme à Paris était peut-être un sort plus enviable que de subir le machisme asiatique au pays, mais qu'économiquement c'était beaucoup moins intéressant.

Il s'était écoulé trois mois depuis mon arrivée à Paris. Et le régime que je m'imposais pour respecter mon petit budget devenait de plus en plus contraignant. Avoir dix euros par jour à dépenser quand on visite Paris, c'est éminemment frustrant. Ça représentait un pain au chocolat le matin, une portion de riz et une part d'un plat cuisiné chez un traiteur chinois, et après les frais de transport il me restait deux euros pour mon dîner. Mon statut d'étudiante ne me permettait pas de travailler, comment, dans ces conditions, pouvais-je profiter de tout ce que cette ville magnifique pouvait m'offrir ?

Certes j'avais obtenu mon visa d'un an, mais si c'était pour vivre de cette manière je n'en voyais pas l'intérêt.

Nous étions en 2003, à la veille de Noël, quand, passant devant une brasserie à l'heure du déjeuner, je fus attirée par le menu sur une ardoise avec entrée, plat et dessert pour quinze euros. Je me dis qu'après tout je pouvais bien faire une entorse à la règle et m'offrir ce petit extra, surtout en période de fête.

Je poussai la porte du restaurant et fus accueillie par une délicieuse odeur de bœuf bourguignon que le garçon me proposa en plat du jour à peine m'étais-je installée.

— Vous m'en direz des nouvelles, la petite demoiselle ! Je vous sers un p'tit verre de rouge avec ça ?

— Du vin ?

— Bah ! un bon bourguignon sans un verre de rouge, c'est comme une jolie fille à qui il manque un œil, non ?! On a du graves en vin du mois, un régal. Alors ?

Je ne compris pas tout ce qu'il me dit. Je me demandai pourquoi il associait une fille borgne avec un plat de viande, et pour quelle raison ce vin était si grave que ça, mais je reconnus que le tout conjugué était excellent. Non seulement le goût de ce vin avec ce plat typiquement français était un mariage extraordinaire, mais, quand il me proposa de le goûter avec une assiette de fromages, je découvris des saveurs qui me transportèrent. Le fromage, pour un Asiatique, c'est une chose à peine comestible, absolument indigeste et aux antipodes de ses habitudes alimentaires, mais étaient-ce l'ambiance de ce bistro ou les effets du vin rouge, je fus immédiatement conquise par cet aliment exotique. Je sortis de l'endroit trois heures plus tard, après avoir accepté deux verres de plus offerts par le garçon qui me bombarda de questions sur la Chine, mes yeux pétillaient, mes joues étaient écarlates, et je ne voyais pas comment désormais je pouvais passer à côté de la découverte de ce Paris-là. La seule chose qui pouvait m'en empêcher était l'argent. Certes, le menu à quinze euros s'était soldé par une note à vingt-trois, mais quel moment avais-je passé ! J'avais appris une multitude de choses, typiquement françaises, comme ce qui composait ce plat de bœuf bourguignon, d'où il venait, et ce vin de graves, pourquoi l'appelait-on ainsi. J'avais fait de l'histoire, de la géographie, ce garçon de café en quelques heures m'en avait plus appris que les trois mois passés à l'institut.

Je choisis de marcher longuement cet après-midi-là, afin de réfléchir à mon avenir à Paris. Arrivée aux Lilas, j'avais pris ma décision.

Je trouvai une semaine plus tard une chambre à louer au métro Glacière pour trois cents euros par mois, et m'installai dans l'appartement d'une dame d'une soixantaine d'années qui y vivait seule. La chambre était confortable, claire et joliment meublée, rien de comparable avec le studio que je partageais avec Wen ou le deux-pièces de Hua. Ma logeuse était une femme discrète, qui ne recevait personne, son téléphone ne sonnait jamais, et elle semblait enfermée dans une étrange solitude qu'elle comblait en prenant des cours d'arabe. Nous nous retrouvâmes parfois au moment des repas, mais nos échanges ne furent que polis, jamais très chaleureux.

J'avais décidé d'apprendre le français en m'immergeant dans la vie parisienne, et, à partir de janvier 2004, je ne fréquentais plus vraiment l'institut, mais allais tous les jours au cinéma grâce à une carte d'abonnement qui me donnait un accès illimité aux salles.

Je renonçai à suivre mon programme quotidien à dix euros et, sans aller dépenser tout mon argent de façon compulsive, je me permettais de fréquenter les petits restaurants, les terrasses des cafés, et d'acheter des livres, ainsi que quelques vêtements. Mes dépenses augmentèrent sensiblement, mais mon plaisir augmenta proportionnellement. Quant à l'apprentissage de la langue, je n'étais pas encore bilingue, mais je fis des progrès considérables qui me permirent de tenir des conversations dignes de ce nom.

C'est à l'approche du printemps 2004 que je rencontrai un vieux monsieur qui se disait antiquaire, chez un traiteur chinois du XVIᵉ arrondissement. Son désir de parler avec moi coïncida avec mon envie de converser en français, et nous bavardâmes bien deux heures d'affilée. À l'issue de notre conversation où je lui exposai les détails de mon séjour à Paris, il me proposa un curieux marché, mais qui eut l'immense avantage de me faire économiser trois cents euros par mois. Je ne pus renoncer à une telle aubaine, et acceptai de venir loger chez lui, où j'occuperais une chambre indépendante dans son grand appartement, contre ma simple présence, et ma bonne volonté pour agrémenter ses soirées solitaires en bavardant avec lui.

Je pris congé de ma logeuse et m'installai la semaine suivante dans un appartement bourgeois, véritable musée où les objets et les meubles de toutes les époques se côtoyaient dans une harmonie singulière. J'eus la sensation de me trouver dans un film français en noir et blanc. Le vieux monsieur était très poli et respectueux avec moi, il était très grand, élégant, toujours habillé avec soin, il parlait un français qui me parut impeccable et nos conversations étaient très agréables et enrichirent mon vocabulaire.

N'ayant plus de loyer à payer, je me sentis délivrée d'un poids qui m'incita à profiter davantage de la vie parisienne.

Je n'avais pas encore pu me rendre compte de ce qu'était Paris la nuit, j'entrepris donc d'explorer les quartiers de la capitale dans lesquels une foule hétéroclite peuplait les bars, les boîtes et les cabarets après vingt heures. J'avais connu cette ambiance électrique à Shenzhen où la jeunesse faisait la fête tous les jours de la semaine jusqu'au petit matin, et je pus constater que, dans les quartiers d'Oberkampf ou de Bastille, on s'adonnait aux mêmes plaisirs. Les jeunes gens buvaient, draguaient, fumaient et dansaient à peu de différences près sur les mêmes musiques. Je ne trouvais pas de grande originalité dans ces divertissements, à part les rencontres, mais les garçons qui m'approchaient ne voyaient en moi qu'une jeune Asiatique qui pouvait pimenter leurs soirées d'un soupçon d'exotisme.

Entre deux soirées où j'essayais d'être fidèle au contrat passé avec mon logeur en lui tenant compagnie, j'écumais les endroits de Paris où l'on s'amusait, et où, à une ou deux reprises, je pus entraîner Hua.

Un soir, dans un bar chic du XVIIe, elle me confia que ces virées nocturnes n'étaient pas trop dans son état d'esprit du moment, car elle avait décidé de rentrer en Chine.

— C'est trop dur ici. Je n'arrive pas à apprendre le français comme je voudrais, je sens que je perds mon temps à Paris. On m'a proposé un boulot bien payé à Canton – enfin pour la Chine – dans l'import-export. Je pars dans deux semaines.

— Tu n'es pas triste de quitter Paris ?

— Paris si… mais pas mon appartement pourri du XIVe, me dit-elle en riant. Fais attention, Fei. Pour les gens comme nous, les conditions de vie peuvent vite tourner au cauchemar.

— Je sais. Mes économies s'évaporent à une vitesse folle en ce moment. Mais je n'arrive pas à me résoudre à vivre sans profiter de cette ville que j'aime de plus en plus.

— Toi, tu apprends vite. Après six mois, tu parles mieux français que moi qui suis à Paris depuis presque trois ans. Mais que vas-tu faire quand tu n'auras plus d'argent ?

— Je ne sais pas. Je me suis toujours débrouillée.

— Si tu veux rester ici, il faut que tu trouves un travail, Fei… Ou un mari.

— Tu plaisantes ?!

— Oui ! Enfin… pour le mari.

— Mais je ne peux pas travailler, je n'ai pas le droit avec mon visa d'étudiante.

— C'est bien ça le problème. Si tu veux vraiment rentabiliser ton voyage en France, il faut faire une école, une université, avoir un diplôme reconnu.

— Oui, mais je n'ai pas les moyens de me payer des cours de français à la Sorbonne, Hua.

— Réfléchis, Fei. Ce serait dommage que quelqu'un comme toi soit obligé de renoncer à cause de l'argent.

Les paroles de Hua m'accompagnèrent les jours suivants, provoquant une profonde réflexion sur ce que je devais faire comme choix pour rester en France. L'été approchait, nous étions début mai, et le printemps à Paris était certainement plus beau que n'importe où ailleurs sur la Terre.

Toutes les semaines, je parlais avec mes parents, leur donnais de mes nouvelles, mais ma vie à Paris était tellement loin de leurs préoccupations que j'avais de plus en plus de mal à partager mes impressions avec eux.

Je reçus un e-mail de William à la même période. Nous avions continué à nous écrire régulièrement, je lui faisais part de mon expérience parisienne, et lui me parlait de son livre, et des nombreux voyages qu'il continuait à faire pour collecter sa documentation. Dans son e-mail, il me confia qu'il souhaitait faire une pause, et m'invitait à la partager à la Jamaïque pendant une quinzaine de jours.

Cette invitation me toucha mais, comme je ne tenais pas à ce qu'il sache ce qu'était ma vie à Paris, et n'acceptais pas qu'il paie ce voyage, je refusai son invitation en prétextant devoir réviser des examens.

Puis ce fut Jim, avec qui j'eus une longue conversation au téléphone. Mon ogre de Shanghai était très heureux de me savoir à Paris, mais je lui confiai que je commençais à m'inquiéter pour mon avenir.

— Fei, quand j'ai émigré au Canada, tu crois que c'était facile ? Je n'avais pas un sou, et en plus, je ne parlais pas la langue. Non. Toi tu as du talent, tu vas réussir à Paris, j'en suis sûr. Il faut que tu t'accroches, l'argent ça vient quand il faut…

— Jim, c'est mes parents qui ont payé la note, et elle est très élevée pour leurs modestes moyens. Aujourd'hui, c'est à moi de trouver la solution.

— Il faut que tu travailles, Fei. Moi j'ai fait la plonge dans les restaurants à mon arrivée au Canada.

— Je ne peux pas, je n'en ai pas le droit.

— Le droit ?! (Il éclata d'un énorme rire.) Mais ce n'est pas une question de droit, c'est une question de survie !

— Jim, je n'ai jamais rien fait d'illégal. Qu'est-ce qui va m'arriver si je travaille illégalement en France ?

— Et qu'est-ce qui va t'arriver si tu ne travailles pas ?

Sa logique était imparable. Il avait raison, je devais cesser de m'aveugler, et m'atteler au problème très rapidement, car il me restait quatre mois avant la fin de mon visa, et moins de mille euros en poche.

C'est avec ces idées en tête que je rentrai un samedi soir par le dernier métro, dans le bel appartement bourgeois du XVIᵉ où m'attendait mon vieil antiquaire. Quand j'ouvris la porte, je le vis assis dans son fauteuil au milieu du salon.

— Vous ne dormez pas ?

— Non. Tu n'étais pas là ce soir, dit-il d'un air sombre.

— Non... Je suis sortie.

— Je t'ai attendue.

— J'avais envie de voir du monde.

— Tu es ici parce que tu dois me tenir compagnie. Et tu sors un soir sur deux. Je ne veux pas.

— J'ai le droit de sortir quand je veux, monsieur, je suis libre, non ?

— Non. Tu ne sors que si je t'en donne la permission.

— Ce n'est pas possible.

— Alors tu dois partir.

— Mais ce n'est pas juste. Je reste souvent avec vous. Parfois on ne discute même pas, et on regarde la télé, des choses qui ne m'intéressent pas.

— Tu restes si tu m'obéis. Sinon tu pars.

— Quand ?

— Demain.

— Alors à demain, monsieur. Bonne nuit.

Il ne répondit pas. Je m'enfermai dans ma chambre, en colère après ce vieil homme qui avait décidé de régler ma vie en fonction de ses désirs. Je ne pouvais pas accepter une chose pareille, malgré les conséquences dramatiques que cela allait produire sur mon quotidien.

Le lendemain, je franchis le seuil de son appartement avec ma petite valise rouge, nous nous fîmes des adieux rapides et froids, et je me retrouvai dans la rue avec une grosse boule au creux de l'estomac.

Je m'étais retrouvée dans des situations difficiles en Chine, mais je pris conscience qu'à l'étranger les difficultés étaient bien plus grandes.

Je réussis à joindre Wen, qui accepta de m'héberger pour un soir ou deux, mais elle ne m'accorda pas plus. Elle avait été déçue que je quitte son logement du jour au lendemain, et m'en gardait grief. J'y déposai mes affaires, et m'en retournai vers Paris pour y déambuler par les rues chaudes de Montmartre durant ce long dimanche ensoleillé.

Le soir tomba lentement sur la ville, et, assise sur un banc au pied de la grande église blanche, je pus une nouvelle fois en admirer la beauté. Comment pouvais-je quitter un si bel endroit, à peine arrivée ? Je n'avais fait qu'un premier pas vers elle, un pas gigantesque bien sûr, mais je sentis que je n'étais qu'au début d'une histoire d'amour avec cette ville et qu'elle avait beaucoup plus à m'offrir.

27.

La fraîcheur de la nuit me tira de mes rêveries, et je descendis vers la place des Abbesses pour y dîner. Ce soir-là, je ne parvenais pas à me résoudre à rentrer aux Lilas. J'avais en tête une multitude de réflexions, essayant de combiner toutes les possibilités qui me permettraient de rester à Paris, car, j'en étais persuadée, c'était là qu'il me fallait être, et nulle part ailleurs.

Quand je songeai enfin à regagner le studio de Wen, je constatai que j'avais laissé passer l'heure du dernier métro. J'avais entendu parler d'un bus de nuit, mais je ne savais pas où se situait l'arrêt et je dus me renseigner auprès d'un passant. À Pigalle, et à deux heures du matin, une jeune Chinoise qui demande son chemin est une proie facile pour cette faune un peu bizarre qui traîne dans le quartier. Je pris donc mon temps et repérai un homme d'une cinquantaine d'années qui venait vers moi, l'air honnête et avenant. Quand il arriva à ma hauteur, je l'arrêtai en me plaçant sur sa trajectoire.

— Bonsoir, monsieur, je cherche le bus pour aller aux Lilas.

— Mais qu'est-ce que fait une jeune Chinoise en pleine nuit dans les parages ? C'est dangereux par ici, vous ne vous rendez pas compte.

— Je ne sais pas. Je voudrais rentrer chez moi, c'est au métro Mairie des Lilas.

— Ce n'est pas la porte à côté, mademoiselle. Je vais vous y emmener.

Je fus surprise par le ton qu'il prit avec moi, mais rassurée par sa grosse voix qui me grondait comme une petite fille. Je le suivis jusqu'à sa voiture et, sur le trajet, nous fîmes connaissance. Me sentant en confiance, je lui fis part de mes problèmes de logement, et, après m'avoir observée de la tête aux pieds, il me confia qu'il pourrait éventuellement m'héberger, car sa fille était partie, il avait une chambre de libre chez lui. Il me laissa son adresse et me proposa de réfléchir à sa proposition. Pour lui rien ne pressait, c'était à moi de voir. Si je pouvais lui donner deux cents euros par mois, c'était tout ce qu'il exigeait. Il me déposa devant chez Wen, et disparut dans la nuit.

En m'endormant cette nuit-là, je crus que Paris m'avait envoyé cet homme providentiel comme le signe qu'il fallait que je reste.

Le lendemain, je quittai le petit studio de Wen aux Lilas, et traversai Paris d'est en ouest jusqu'à Levallois pour m'installer chez Gérard, mon nouveau logeur.

Ce quadragénaire divorcé au caractère ombrageux m'accueillit dans sa maison en m'imposant des règles de vie commune très strictes. Sa grande générosité et sa gentillesse pouvaient basculer d'une seconde à l'autre dans des colères et des attitudes assez butées, de sorte que je filai doux, dès les premières semaines de notre cohabitation.

Mais, si j'avais à nouveau un toit, le problème restait entier. Début juillet 2004, je n'avais plus que quelques centaines d'euros en poche.

J'avais profité d'un séjour exceptionnel et enrichi mon français, mais la perspective d'un retour dans mon pays sans aucune certitude de pouvoir rentabiliser ce que j'avais appris me donnait le vertige. Qu'allais-je donc pouvoir raconter à mes parents ? Que j'avais fait du tourisme en France comme une jeune Chinoise riche ? Ils avaient vendu leur maison et tout ce qu'ils possédaient pour me permettre de réaliser mon rêve, et maintenant, comment pouvais-je leur annoncer que je rentrais avec une maîtrise plus qu'imparfaite du français et de merveilleux souvenirs ?

Je m'étais souvent entretenue avec eux au téléphone. Ils ne m'avaient jamais posé de questions. Papa avait changé d'attitude, il n'allait plus chercher des cigarettes en plein milieu de la conversation, et maman ne s'inquiétait que de savoir si je mangeais à ma faim. Ils étaient si éloignés de tout ce que je découvrais chaque jour qu'il m'était impossible de leur faire partager ce que je vivais. Comment leur expliquer ce que l'on ressent quand on est assise à la terrasse d'un café, qu'on entre dans une pâtisserie, ou qu'on savoure un bon plat dans une vieille brasserie parisienne, après avoir parcouru les galeries sans fin du palais du Louvre ? Comment leur décrire l'atmosphère si particulière de cette ville qui paraît avoir été inventée pour le plaisir ? Ma vie à Paris était à des années-lumière de la leur.

En outre, il me faudrait au moins dix ans de travail et de privations pour rembourser mes parents.

C'est dans cette humeur sombre que je téléphonai à Gérard pour lui faire part de mon désir de lui parler le soir même de l'hypothèse sérieuse de mon prochain départ.

Contrairement à moi, Gérard était dans un bon jour. Il ne me laissa pas le temps de lui dire quoi que ce soit, et m'invita à partager un bon dîner à la maison. La cuisine était son violon d'Ingres, et, ce soir-là, il se surpassa.

Comme Gérard était dans de bonnes dispositions, je me laissai aller à quelques confidences, et lui confiai que j'étais arrivée au bout de mes réserves financières, et que désormais planait au-dessus de ma tête la menace d'un retour forcé en Chine. La nouvelle ne l'étonna pas. Jouer les touristes à Paris était plus que ruineux. Je poursuivis en lui décrivant ce que ma famille avait fait pour moi, et craquai devant lui. Mes parents me manquaient, mais, plus que cela, je me sentais coupable d'avoir dépensé tout leur argent de manière inutile. Car comment pouvais-je les rembourser, et faire en sorte que ce voyage ne se résume pas à un fiasco total pour mes parents et moi-même ? Gérard laissa s'installer un long silence, puis me demanda :

— Tu es prête, Fei ?

Je séchai mes larmes et, étonnée par sa question, je l'observai en redoutant une de ses poussées de colère où la Terre entière en prenait pour son grade.

— Prête à quoi ?

— À faire ce qu'il faut pour tirer parti de ce voyage, me dit-il d'un ton très calme.

— Oui.

— Bien, et tu sais ce que tu vas devoir faire ?

— ... Non !

— M'écouter.

Je restai interdite. Gérard m'exposa son point de vue, et me proposa sa stratégie.

Son plan était simple. Il me fallait travailler, gagner de l'argent et m'inscrire dans une école qui dispensait un enseignement de qualité. Mon français était encore trop aléatoire. Je ne devais retourner en Chine qu'en maîtrisant suffisamment la langue. Gérard m'assura que je pourrais rester autant que je voudrais chez lui, mais à la seule condition de suivre ses conseils. Il ne me ferait pas payer de loyer tant que je serais sans emploi, et veillerait à ce que mon alimentation soit saine. Il fallait manger bio ! Quant au travail, la communauté chinoise de Paris était suffisamment importante pour que je puisse certainement y trouver un emploi. Il me conseilla d'aller prospecter dans les boutiques des quartiers chinois.

— C'est illégal, je...

— Quoi ?! Tu vis en plein rêve, Fei ! dit-il, en colère. Il faut te réveiller ! Tu n'as pas le choix. Tu travailles, tu ramènes de l'argent, avec cet argent tu t'inscris aux cours de l'Alliance française. Tu m'as bien dit que cela te donnait la possibilité de travailler légalement à mi-temps ?

— Oui. Si je suis inscrite à l'Alliance... Mais c'est trois mille euros.

— Eh bien, tu les gagnes vite, tu t'inscris, et on ne parle plus de légal ou de pas légal. Tu apprends le français, et tu rentres en Chine avec un beau certificat et une bonne maîtrise de la langue.

Il me tendit la main.

— Marché conclu ?

— Je ne sais pas... C'est si gentil, je ne...

Sa voix se fit plus ferme, et j'y décelai une pointe d'agacement.

— Marché conclu ?! renchérit-il.

— Marché conclu.

Je lui serrai la main pour sceller notre accord, soulagée et touchée par sa proposition. Gérard était imprévisible, mais c'était son cœur qui l'emportait toujours. Pour l'occasion, il déboucha une bouteille de champagne et nous portâmes un toast à mon futur.

— Si tu retournes en Chine après-demain, à qui vais-je faire goûter ma cuisine ? Maintenant que j'ai un cobaye à la maison, tu vas devoir subir mes expériences culinaires, jeune fille ! Mais surtout, m'écouter !

Après avoir réglé mon avenir, Gérard me questionna longuement sur ce que j'avais appris du mode de vie des Français, de leur histoire, et de leur culture. Nous étions d'accord pour admettre qu'entre nos deux peuples pourtant si éloignés l'un de l'autre il existait plus de similitudes et de points communs que les adeptes des idées reçues ne le croyaient. Je lui fis la remarque que, souvent, les gens que je rencontrais me confiaient que la Chine leur faisait peur.

— Ils pensent que les Chinois vont les dévorer tout crus, Gérard. Ce n'est pas vrai ! Je ne comprends pas pourquoi les gens disent ça en France. Les Chinois n'ont jamais mangé personne. Ils veulent la paix et faire du commerce, c'est tout.

— Les gens ont peur de ce qu'ils ne connaissent pas, Fei. Les Français te disent que les Chinois ont une culture millénaire, qu'ils ont inventé la poudre ou la boussole, mais ça s'arrête là. Les auteurs chinois, les poètes, les peintres, personne ne les connaît en Occident, ou une petite catégorie d'intellectuels passionnés. Le Français moyen a entendu parler de Confucius, puis de Mao, entre les deux, c'est le désert de Gobi.

— Je sais. Si j'avais un désir plus fort que tous les autres, ce serait de faire connaître la culture de mon pays. Je suis sûre que, si on se connaissait mieux, tout le monde y gagnerait.

— Et tu voulais rentrer chez toi sans y avoir travaillé ?!

Le lendemain, un dimanche, Gérard tint à ce que je l'accompagne au marché aux puces de Saint-Ouen. C'était, affirmait-il, un endroit que je devais impérativement connaître si je voulais percevoir et comprendre les finesses de la culture française. Il avait raison. Tous ces objets, ces meubles aux formes diverses me fascinèrent. Gérard se fit un plaisir de m'apprendre leur origine ou de me décrire avec force détails leurs fonctions, et de me guider dans le dédale des rues de ce village d'antiquaires et de brocanteurs. Je découvris chez ce personnage plus proche de l'ours que de l'intellectuel raffiné une érudition impressionnante. Il était heureux de me faire partager sa passion, et d'avoir à sa disposition une oreille aussi attentive que la mienne. Mon antiquaire du XVIe n'avait jamais pris la peine de me parler de ces trésors, mais Gérard combla cette lacune.

À la suite de cette visite, je compris que, pour connaître la France, il ne me fallait pas seulement visiter les musées, ou bavarder avec les garçons, mais qu'il était nécessaire de découvrir l'intimité de la culture en

310

m'intéressant à ses objets, leur singularité et leur histoire. Dès lors, les puces de Saint-Ouen devinrent le cadre d'une balade dominicale régulière.

Gérard installa dans la cuisine un tableau noir, et m'encouragea à noter chaque mot de vocabulaire qui m'était étranger, afin qu'il puisse m'en expliquer le sens. Le soir, à table, le moment du repas était l'occasion d'évoquer ma journée et les nouveautés que j'avais apprises. Ce moment n'était pas sans me rappeler les repas en famille, lorsque mon frère et moi devions raconter par le menu notre journée aux parents, et écouter sans cesse le même discours de mon père sur la nécessité d'apprendre et la valeur du savoir.

Je suivis les conseils de Gérard à la lettre et me mis en quête d'un travail dans les boutiques du quartier chinois.

Je trouvais mon premier emploi quelques jours plus tard, en faisant du porte-à-porte, dans un magasin de vêtements du Xᵉ arrondissement. Mon travail consistait à vendre ou à ranger les vêtements, à aller chercher les enfants de la patronne à l'école et à leur apprendre l'anglais. Mme C., une Chinoise d'une trentaine d'années, était heureuse d'avoir pu se faire une place en France. Elle et son mari avaient été sans papiers pendant des années, et ils avaient dû travailler quatorze heures par jour dans les ateliers de confection ou les restaurants chinois pour économiser et monter leur propre affaire. Ils possédaient plusieurs boutiques, et avaient de beaux enfants, désormais leur priorité. Ils voulaient que leur fils et leur fille fassent les meilleures études possible, rêvant pour eux d'un avenir radieux dans leur pays d'accueil.

Ce premier boulot me fit connaître la communauté chinoise de Paris que je n'avais pas vraiment rencontrée depuis mon arrivée. Je découvris qu'ils étaient originaires à quatre-vingt-dix pour cent d'une région de la Chine du Sud-Est, d'une petite ville nommée Wenzhou. Pour eux, comme je venais de la Mandchourie, j'étais un peu exotique, ce que les Blancs étaient loin de discerner. Pour bon nombre de Français, les Asiatiques sont tous des Chinois, alors, à plus forte raison, ils ne font pas la différence entre une Mandchoue et une fille originaire de Wenzhou. Je me rendis vite compte que la communauté chinoise de Paris fonctionnait en circuit fermé. Un puissant et très efficace système d'entraide permettait aux nouveaux arrivants de s'installer sans passer par les circuits classiques du financement. La plupart du temps, c'était au sein même des familles que se situait cet arrangement.

Mon travail dans la boutique de Mme C. me rapporta neuf cents euros le premier mois. J'étais tellement fière et heureuse d'avoir gagné cet argent que j'invitai Gérard et un de ses amis dans un très bon restaurant thaï que j'avais repéré dans le quartier chinois de Belleville.

Il était convenu avec Mme C. que je sois nourrie le midi. Je devais faire cuire le riz juste avant le repas dans un petit réduit situé à l'étage, au-dessus du magasin. Notre déjeuner était composé des restes de son repas de la veille que nous faisions réchauffer dans un micro-ondes. Quand l'odeur de cuisson du riz parvenait à mes narines, j'en avais l'eau à la bouche. J'étais obligée d'attendre la pause décrétée par Mme C., et n'avais pas les moyens de grignoter pour couper cette faim qui me vrillait l'estomac. Si je voulais gagner la somme nécessaire pour payer mes cours à l'Alliance française, je ne devais pas dépenser un centime de trop. La faim, je ne l'avais pas ressentie depuis mon enfance, quand mes grands-parents nous « oubliaient », mon frère et moi. Et éprouver cette sensation physique de manque, ici, à Paris, était comme une humiliation.

Je dus quitter ce boulot le mois suivant, car Mme C. prétexta que la crise se faisait sentir de plus en plus dans le secteur de l'habillement, et que par conséquent elle n'avait plus les moyens de payer une employée. Je compris très vite les limites de ces boulots « au noir », comme disait Gérard, qui permettaient aux employeurs d'avoir de la main-d'œuvre pas chère et corvéable à merci.

Consciente désormais du peu de valeur que je pouvais représenter sur le marché du travail dans la communauté asiatique, je changeai de secteur d'activité, et recherchai un emploi du côté des traiteurs. Chez eux, j'en étais sûre, la crise n'empêcherait pas les Parisiens de manger chinois. Je laissai de côté les petits bouis-bouis du quartier asiatique, et allai prospecter chez les traiteurs situés dans les quartiers un peu huppés de la capitale, proches de Levallois où je logeais. Ce que j'avais pressenti se révéla exact, et je trouvai un travail de vendeuse dans une jolie boutique de traiteur asiatique du XVIᵉ où l'on me proposa mille deux cents euros par mois. Cependant, si le salaire était plus élevé que chez Mme C., je devais travailler six jours sur sept, et pas moins de dix heures par jour. Au bout de deux mois, mes jambes enflèrent tellement que je crus qu'elles allaient éclater.

— Ta grand-mère avait la même maladie, et ton père c'est pareil. Les veines gonflent dans ses jambes, et ça le fait terriblement souffrir, me dit ma mère un jour au téléphone.

— Qu'est-ce que je peux faire, maman ?

— Il faut faire des bains de pieds, et des massages. Mais il ne faut pas que tu portes de poids, Fei.

— Tu dis au patron que tu ne peux pas porter des choses lourdes !

C'était mon père qui criait ses conseils derrière ma mère.

— Tu devrais chercher un autre travail, Fei.

— Maman, en France, le travail ce n'est pas comme en Chine. À Shanghai ou à Shenzhen tu quittes un emploi le soir et le lendemain tu en trouves un autre.

Ici, c'est plus dur. Pour le moment, je n'ai pas assez de qualifications pour faire autre chose que serveuse ou… vendeuse.

— Ma fille, tu avais un bon travail en Chine, tu gagnais bien ta vie, pourquoi tu as choisi d'aller en France ?

— Maman, je vais m'en sortir, ne t'inquiète pas. C'est juste provisoire.

— Fei, tu parles chinois et anglais, et un peu de français, tu dois pouvoir trouver le même métier que tu faisais en Chine, non ?

— Oui, papa. Je vais chercher.

— Fais attention à tes jambes. Tu n'en as que deux, et elles doivent te porter encore longtemps.

Cela faisait un bon moment que je n'avais pas entendu mon père me parler comme ça. Si le ton de sa voix était plus calme, c'est qu'il était empreint d'inquiétude.

Heureusement, le soir, quand je rentrais à Levallois, Gérard était toujours là pour prendre soin de moi. Il me préparait un peu de soupe, et passait son temps à râler contre ces exploiteurs qui profitaient de ma situation.

Je quittai mon travail chez ce traiteur après trois mois, et, avec l'argent que j'avais gagné, je pus m'inscrire à l'Alliance française. J'obtins un nouveau visa d'une année, mon statut d'étudiante et le droit de travailler légalement vingt heures par semaine.

Tout était rentré dans l'ordre, mais je devais maintenant trouver un travail légal qui me permettrait de survivre tout en poursuivant mes études de français.

C'est dans les annonces d'un journal franco-chinois édité pour la communauté asiatique que je dégottai l'emploi suivant dans le domaine que je préférais, la traduction. La société d'import-export qui me recruta me demandait de traduire et de m'entretenir avec les commerciaux en anglais et en mandarin. La seule ombre au tableau, c'étaient les horaires, calés sur les horaires chinois.

Je quittais Levallois vers vingt et une heures trente et me rendais dans le XIe arrondissement pour travailler une grande partie de la nuit, jusqu'au premier métro, vers cinq heures trente. Et le salaire n'était pas mirobolant.

— Cinq cents euros ?! s'exclama Gérard, furieux, le premier soir avant que je parte pour le bureau.

— Le patron m'a promis une prime.

— Ah ben il peut ! C'est scandaleux ! C'est de l'esclavage, Fei. Tu travailles quasiment quarante heures par semaine pour ce salaire de misère. Mais c'est illégal !

— Non, c'est légal, je suis déclarée…

— Tu es déclarée vingt heures par semaine, c'est une arnaque.

— Gérard, c'est ce que j'ai trouvé de mieux pour me permettre de suivre mes cours et d'avoir un peu d'argent.

— Je sais, et c'est bien ce qui me scandalise.

Mon logeur, qui s'était peu à peu transformé en mentor, me surveillait comme le lait sur le feu, et supportait très mal le traitement que je subissais. Il ne comprenait pas pourquoi j'avais accepté de telles conditions, et j'eus beau lui expliquer, rien n'y fit. Il me traita d'idiote et se mura dans un silence obstiné jusqu'à ce que je franchisse la porte de l'appartement pour me rendre au travail.

Les événements qui suivirent lui donnèrent raison. Bientôt éprouvé par ces horaires de nuit cumulés avec mes cours de français le jour, mon corps donna des signes de fatigue et tira la sonnette d'alarme. Je me réveillai vers midi, après une nuit éprouvante, avec une joue qui avait doublé de volume.

Le dentiste qui intervint en urgence m'expliqua que l'abcès était dû à une mauvaise alimentation durant l'enfance, mais surtout à des soins dentaires très mal exécutés en Chine. Le diagnostic fut terrible. Les interventions à réaliser étaient énormes, comme la note à régler : trois mille euros ! J'étais démoralisée. Je n'avais plus le choix, tout l'argent que j'allais gagner désormais passerait en couronnes et céramiques – un vrai gouffre financier. Je compris que, dans ce beau pays qui possède le meilleur système de santé du monde, faire soigner ses dents était tout de même un luxe.

L'après-midi même, en sortant de chez le dentiste, alors que je cherchais un travail mieux rémunéré pour faire face à cet imprévu, je tombai sur une annonce passée dans *Fusac*, un journal pour les étudiants anglo-saxons de Paris. Une société de marketing sur Internet recherchait une opératrice en télémarketing parlant anglais, le salaire était correct et les horaires me convenaient. J'imprimai à la hâte mon curriculum vitae et filai au rendez-vous, bourrée de calmants avec mon visage déformé. Malgré ma rapidité à répondre à l'annonce, j'arrivai deux heures trop tard, comme me le fit remarquer la secrétaire qui recevait les candidats. Une jeune étudiante anglaise venait juste d'être recrutée.

Alors que je m'apprêtais à quitter les lieux, la secrétaire reçut un appel de son supérieur et me demanda de patienter.

— Pourquoi ?

— Je ne sais pas, je crois que les patrons veulent vous voir. Mais ils doivent s'entretenir entre eux avant. Ils m'ont dit que ça ne serait pas long. Vous... Vous avez mal ?

— Non cha va. Enfin cha commenche à che réveiller...

Cette situation m'en rappela une autre, lorsque j'arrivai à Shanghai et me présentai chez Berstorp. Entre la douleur qui commençait à poindre, et la gêne extrême de me présenter à un entretien d'embauche défigurée, je parvins un peu à sourire de moi-même, en me demandant si Jeremy et Gary français voudraient bien parier sur moi.

Au bout d'un quart d'heure, c'est un des associés, un dénommé Christophe, qui vint me trouver. Ce trentenaire dynamique et plutôt décontracté m'expliqua qu'ils avaient créé leur société, avec Bernard, son associé, quelques années auparavant, et qu'ils étaient en pleine expansion.

Christophe me fit entrer dans son bureau.

— Mademoiselle, je suis désolé, mais nous ne pouvons pas vous prendre au poste de télémarketing que nous proposions. Par contre, en lisant votre CV, nous avons vu que vous aviez travaillé dans le domaine de la chimie, à Shanghai, c'est bien ça ?

— Oui, ch'est cha. Chez Bershtorp, dis-je, la bouche encore anesthésiée.

— Nous les connaissons. C'est une entreprise suédoise dirigée par un Suédois d'origine chinoise ?

— Oui, Gary W. J'ai une lettre de recommandachion chi vous voulez.

— Très bien, très très bien, enchaîna Christophe. Vous parlez donc le mandarin, l'anglais, et le français à ce que j'entends même si... Vous souffrez ?

— Cha va, merchi. Je prends encore des cours à l'Allianche franchaige, pour améliorer mon franchais.

— Et vous avez travaillé dans la pétrochimie... Voilà, mademoiselle, nous développons un projet avec la Chine, mais notre collaboratrice chinoise doit nous quitter dans trois semaines, et nous n'avons trouvé personne pour la remplacer. Vous correspondez en tous points au profil du collaborateur que nous recherchons pour ce poste. Êtes-vous libre immédiatement ?

— Oui.

— Quand pouvez-vous venir nous rejoindre pour commencer une formation chez nous ?

— Immédiatement. Demain ?

— Je... Je ne crois pas. Vu l'état de votre joue, je vous conseille avant tout de vous soigner et de revenir nous voir. On va vous préparer un contrat tout de suite, un CDD de trois mois à mi-temps pour commencer, vu votre statut d'étudiante, et après nous aviserons. Notre collaboratrice chinoise assurera le relais. Nous sommes très heureux de vous accueillir chez Global Chem, mademoiselle...

— Liv...

J'hésitai une seconde avant de prononcer mon nom d'emprunt occidental. Il était temps d'abandonner les Iko et les Livia pour utiliser mon vrai prénom. Fei était facile à retenir pour les Français, et j'eus envie pour la première fois que l'on reconnaisse ma vraie identité.

— Fei. Ch'est mon prénom usuel. Ge Fei, mon prénom compogé. Mon nom de famille ch'est Xu. Je suis Xu Ge Fei.

— Moi c'est Christophe. Enchanté et bienvenue, Fei.

J'avais choisi pour la première fois d'utiliser mon vrai prénom chinois dans le travail. Et le comble, c'est que c'était à l'étranger.

Quand je quittai les bureaux de la société deux heures plus tard, dans la rue, je fus saisie par une violente douleur. Les joues en feu, j'aurais voulu plonger ma tête dans une bassine d'eau glacée ou prier une brute épaisse de m'assommer avec un gourdin pour ne plus subir ce supplice.

La proposition de ces deux jeunes patrons m'avait tellement surprise que j'en avais été comme anesthésiée. Mais, maintenant, mon contrat en main sur le trottoir, la douleur se réveillait, atroce. Je fis l'impasse sur les économies, et attrapai un taxi qui me conduisit en urgence chez mon dentiste.

Il m'administra un calmant, et grâce à mon contrat tout frais, je pus négocier un arrangement et des facilités de paiement pour le grand chantier de rénovation de ma dentition.

En sortant du cabinet dentaire, je téléphonai à mes parents pour leur annoncer la bonne nouvelle.

— Maman, je te jure, un travail comme chez Berstorp, mais en mieux. Je vais être responsable du projet pour la Chine. C'est incroyable, j'ai eu une chance folle !

— Ma petite fille ! Je suis heureuse.

— Mais c'est légal ?

C'était la voix de mon père qui résonnait dans la petite chambre.

— Oui, maman. Dis à papa que c'est tout ce qu'il y a de plus légal. J'ai bien négocié mon salaire, je vais pouvoir payer mes frais de dentiste.

— Qu'est-ce qu'elles ont tes dents ? (Mon père avait saisi le téléphone.) Tu veux qu'on t'envoie de l'argent ?

— Non, papa. J'ai un salaire. Tout va bien.

— Bon, ça va. Tu sais, ton frère va partir en Allemagne.

— En Allemagne ?!

— Oui, c'est un programme d'échange entre les constructeurs automobiles allemands et l'usine FAW. Mais c'est cher.

— Combien ?

— Quatorze mille euros.

Mon père m'apprit ce jour-là qu'ils avaient emprunté à tous leurs amis, la famille, et réuni leurs dernières économies pour permettre à Feng de partir à l'étranger. Mon frère devait lui aussi avoir sa chance. La FAW envoyait des ouvriers chinois dans les ateliers d'une firme en Allemagne, *via* un agent qui prenait très cher. Mais, disait-on, au retour au pays, après trois ans de formation, les Chinois avaient beaucoup plus de chances de trouver un travail bien rémunéré. De plus, s'ils parvenaient à parler la langue, les nombreuses entreprises allemandes installées en Chine étaient demandeuses de ce type de main-d'œuvre.

Mes parents avaient calculé qu'en n'achetant rien pendant cinq ans et en vivant uniquement sur le petit salaire de ma mère pour la nourriture et le loyer ils pouvaient y arriver. Mon père utiliserait l'intégralité de ses émoluments, deux cent cinquante euros, pour rembourser l'entourage. Une folie. Mes parents s'apprêtaient à vivre dans la misère pendant cinq longues années pour que mon frère et moi soyons traités sur un pied d'égalité. Si je n'avais pas eu ces dépenses dentaires, j'aurais pu leur envoyer une partie de mon salaire pour les aider, mais, pendant quelques mois, ce serait impossible.

Feng me raconta plus tard qu'ils avaient liquidé tous leurs biens pour réunir la somme exigée par l'agent de la FAW, comme les appareils photo, les bijoux en or que grand-père avait donnés à Feng, les assurances retraite, les plats anciens, tout ce qui était monnayable. Quand ils eurent tout vendu, ils avaient réuni quatre mille euros, mais il en restait encore dix mille à trouver. Beaucoup de ceux qui avaient promis d'aider un jour mes parents ne répondirent pas à l'appel. La date de clôture des inscriptions au programme d'échange se rapprochait et mes parents ne savaient plus comment emprunter de l'argent. Un jour où Feng se désespérait de partir, mon père lui dit ceci :

— Si un ami nous aide, il ne faudra jamais oublier sa gentillesse. S'il ne nous aide pas, c'est juste aussi. Il ne faut pas lui en vouloir.

Ils finirent par rassembler sept mille euros supplémentaires. Ma mère avait inscrit sur un petit cahier :

« Deuxième tante du côté père : 30 000 yuans.
Li Jian : 20 000 yuans.
M. Lu : 10 000 yuans.
Mme Hui : 10 000 yuans. »

Il leur restait trois jours avant la date fatidique. Mon père avait fait le tour de toutes ses connaissances, et ne voyait plus à qui emprunter cet argent. C'est ma mère qui se rappela les Cao, un couple qu'ils avaient connu au camp forestier. Mais cela faisait plus de dix-huit ans qu'ils n'avaient plus de nouvelles d'eux. Quand maman était venue me voir à Shanghai, elle les avait cherchés en vain, car l'adresse qu'on lui avait donnée n'était plus bonne. Par chance, quinze jours auparavant, une connaissance lui avait fait passer la nouvelle.

— Mais ça fait tellement longtemps qu'on n'a plus de contact avec eux ! s'interposa mon père.

— Oui, mais nous étions de très bons amis à cette époque. Mme Cao avait partagé ma chambre pendant les mois d'hiver. C'était ma meilleure copine.

Mes parents réussirent à joindre les Cao par téléphone, et en quelques minutes le problème fut réglé. Leurs amis leur firent un virement de trente mille yuans trois heures plus tard.

Mon père nous dit qu'après ce geste généreux des Cao nous devions les considérer, mon frère et moi, comme nos bienfaiteurs, et nous en souvenir jusqu'à notre mort.

C'est ainsi que mon frère partit pour l'Allemagne, afin d'y passer quatre ans dans un petit village près de Hambourg. Ce qu'il ne savait pas en s'envolant pour l'Europe, c'est qu'il serait le seul Chinois de la région, et que, dans cet endroit isolé en pleine campagne, il passerait le plus clair de son temps à réparer des voitures dans un garage, qu'il serait logé sur place dans une petite chambre et devrait payer un loyer au propriétaire de son entreprise. Il ne savait pas qu'avec son salaire de misère, à peine quatre cents euros, il ne pourrait manger que du chou et du porc – lui qui déteste ça –, et que sa vie se résumerait à manger, dormir, travailler et envoyer le peu d'économies qu'il parviendrait à réaliser sur ses émoluments à mes parents. En un mot, ce serait le bagne pour lui, mais, pour les intermédiaires qui avaient mis au point cet échange sous le prétexte de former de jeunes techniciens chinois, l'affaire serait juteuse.

Désormais, les enfants de la famille Xu étaient en Europe, et si mes parents en tiraient une grande fierté, ils payaient le prix fort. Et le pire était encore à venir.

28.

En novembre 2004, quand je débutai chez Global Chem, je n'avais pas très bien compris ce que signifiait être chef de projet. Après un mois passé aux côtés de ma collègue chinoise, je pris conscience que ce n'était pas le travail d'un individu, mais de trois que je devais assumer.

Je passai les premières semaines à œuvrer d'arrache-pied pour me mettre à niveau, traiter les affaires en cours et me faire définitivement embaucher dans la société, mais j'étais constamment submergée par la quantité colossale de travail. J'en vins à redéfinir les tâches qui m'avaient été confiées et pris rendez-vous avec mes patrons.

— J'ai listé et décrit les missions que vous m'avez données à ce poste et le temps qu'il faut pour les exécuter correctement. Il y a trois jobs différents. Un qui nécessite d'être chinois, et les deux autres qui peuvent être faits par n'importe qui. J'ai besoin de savoir ce que je dois traiter en priorité, laisser ou faire transiter à quelqu'un. En résumé, je fais le travail de trois personnes et je n'y arrive pas, désolée.

Bernard et Christophe échangèrent un bref coup d'œil, il y eut un court silence et je sentis que mes deux patrons étaient un peu gênés.

— Je vois. Je ne comprenais pas pourquoi notre collègue tenait tant à partir. Maintenant, c'est clair. En revanche je ne m'explique pas pourquoi elle ne nous a rien dit, s'interrogea Christophe.

— Parce que nous, les Chinois, nous avons du mal à prononcer « je ne peux pas ». On préfère ne rien dire et faire le plus que l'on peut jusqu'au moment où on craque, et où l'on quitte le travail pour ne pas perdre la face, lui répondis-je.

— OK. Ça, il faut être chinois pour le savoir, d'où l'importance de ta présence parmi nous, Fei. On va embaucher quelqu'un, te décharger d'une partie du travail en l'affectant à un autre poste, et tu pourras te concentrer sur le projet chinois, c'est ta priorité.

À la suite de cette mise au point, mes journées se terminaient à dix-neuf heures, à l'instar des autres employés, au lieu de s'étirer comme auparavant en de longues soirées solitaires où je hantais les bureaux jusqu'au dernier métro.

Grâce à mon nouveau salaire, je pus louer un petit studio dans le XVIIe arrondissement, près du parc Monceau, que j'aménageai avec l'aide de Gérard. La petite étudiante chinoise, insouciante et fauchée, s'effaça devant la jeune cadre investie dans son travail. Et mon nomadisme aléatoire s'arrêta au 15, rue Léon-Jost, dans dix-sept mètres carrés bien à moi. Je devins du jour au lendemain une Parisienne, avec son boulot, son métro et son dodo.

Je continuai à prendre des cours de français à l'Alliance française, mais c'est en parlant sans cesse avec les employés de Global Chem que je fis des progrès rapides et considérables.

Malgré la lourde facture que je devais payer chaque mois pour mes soins dentaires, je parvins à envoyer un peu d'argent à mes parents, et à inviter mon frère à me rendre visite à Paris. J'en rêvais depuis que je le savais en Allemagne. Cette proximité était l'occasion idéale pour se voir et lui faire découvrir la ville dont j'étais tombée amoureuse. Feng m'avait prévenue qu'il allait avoir ses premiers congés, et il redoutait de les passer à se morfondre dans sa petite chambre au-dessus du garage. Je ne dus pas faire beaucoup d'efforts pour le persuader de venir me voir, et lui envoyai un billet d'avion pour Paris.

— Frère ! Tu es à Paris ! lui dis-je en l'accueillant à l'aéroport.

— Les petits Xu débarquent en France, dit-il en riant.

Pendant plusieurs jours, Feng visita la capitale, livré à lui-même le plus souvent, car je travaillais. Le soir, nous nous retrouvions à mon studio où il me montrait les endroits qu'il avait vus et photographiés sur son téléphone portable. Nous partageâmes mon petit appartement pendant un peu plus d'une semaine, et cette cohabitation nous amusa beaucoup. Je n'avais pas vécu de tels moments depuis mon départ pour Dalian. Dès que j'avais un peu de temps, j'adorais lui faire visiter Paris et l'emmener dans les bons petits restaurants que j'avais découverts depuis mon arrivée.

Gérard tint absolument à nous inviter dans une grande brasserie parisienne pour un « gueuleton » de fruits de mer, et fêter la venue de Feng à Paris. Durant la soirée, les yeux de mon frère pétillaient d'excitation. Il était émerveillé par le raffinement du décor et l'excellence de la nourriture, et ne cessait de vouloir remercier Gérard pour cet instant magique.

Feng fut surpris de découvrir que j'étais devenue une adepte des produits bio, et que même ma lessive, qu'il trouvait affreusement chère, affichait ce label. Il avait pris l'habitude de vivre en dépensant le moins possible depuis tant d'années qu'il lui était difficile d'admettre mes choix, beaucoup trop bourgeois à son goût.

Il me trouva changée, et s'amusa de constater que sa petite sœur était devenue une vraie Parisienne. Il me fit part de son aventure allemande, et je compris que mon sort était mille fois plus enviable que le sien. La perspective de passer quatre années dans ce coin perdu où il n'avait de contact avec personne en dehors des ouvriers de l'atelier ne l'enchantait guère. Feng n'était pas de nature à déprimer, mais je sentis que cette situation lui pesait. Les parents s'étaient sacrifiés une fois de plus pour lui offrir une chance de se faire une situation, donc, par respect, il fallait qu'il aille jusqu'au bout. Il me confia qu'il avait bon espoir d'obtenir un poste intéressant dès son retour, c'était ce qui le faisait tenir. Quant à l'apprentissage de l'allemand, il en était à peu près au même résultat qu'avec les cours de japonais de grand-père. Il connaissait quelques mots, parvenait à formuler cinq ou six phrases basiques, mais guère plus. J'eus droit à ses fameux coups de poing dans les épaules lorsqu'il jouait au frère jaloux de mes talents pour les langues, et que je me moquais de lui.

J'avais l'habitude d'appeler mes parents toutes les semaines, et, en présence de Feng, cette conversation téléphonique promettait d'être amusante, car ils n'étaient pas au courant de son voyage en France. Nous nous faisions une joie de leur faire la surprise. Cependant, depuis l'arrivée de mon frère, nous avions tenté à plusieurs reprises d'appeler à la maison, sans succès. C'est la veille du départ de Feng que mon père répondit finalement au téléphone.

— Papa ! Tu décroches enfin ?!

— Oui, tu vas bien ?

— Oui, très bien même. Mais pourquoi vous ne répondez pas quand j'appelle le soir ? Ça fait dix jours que j'essaie de vous joindre ! Tu ne devineras jamais avec qui je suis !

— En fait… Fei, ta mère est à l'hôpital…

— Quoi ?! Qu'est-ce qu'elle a ? Pourquoi tu ne m'as rien dit ?!

À mes côtés, Feng entendit la conversation et se rapprocha du combiné.

— Qu'est-ce qu'elle a, papa ?! dit-il en criant.

— Feng ? C'est toi ?... Maman est tombée par terre, elle a eu un accident cérébral.

Je restai figée, glacée de stupeur. Mon frère saisit le téléphone.

— Est-ce que c'est grave ? Elle est vivante, papa ?!

— Oui, elle est vivante. Ça fait dix jours que c'est arrivé, là elle va un peu mieux.

Je repris le téléphone des mains de Feng.

— Où est-elle tombée ? Pourquoi tu ne m'as rien dit ?!

— C'est elle qui ne voulait pas que je vous prévienne. Elle ne voulait pas vous inquiéter. Elle a pris un deuxième boulot pour rembourser les dettes plus vite, elle faisait des ménages le soir et les week-ends à l'école après le travail à l'usine. Elle est tombée un soir, à cause d'un coup de fatigue.

Je croisai le regard de Feng et y décelai la même détresse, l'impuissance et la culpabilité d'être ici, à Paris, loin de notre mère, sans pouvoir l'aider.

Je savais que ma mère n'avait pas d'assurance maladie, ni de mutuelle. Cela voulait dire qu'il fallait payer très cher les frais d'hospitalisation.

— Tu as encore de l'argent ?! demandai-je à mon père en criant dans le téléphone, car sa voix se faisait de plus en plus lointaine.

— Oui... Enfin, on a dépensé tout l'argent qu'on avait mis de côté pour rembourser nos dettes, mais les médicaments pour le cerveau sont très chers...

— Attends papa, je vais t'envoyer de l'argent ! Combien te faut-il ?

— L'hôpital et les soins coûtent mille deux cents yuans par jour. Mais, dans deux semaines, elle pourra sortir d'ici. Il nous manque cinq mille ou six mille yuans, si toi tu les as...

Une journée d'hôpital représentait le salaire mensuel de ma mère. Je fondis en larmes en m'accrochant aux épaules de mon frère, qui craqua à son tour. Nous étions perdus, redevenus des enfants qui pleurent leur mère souffrante, épouvantés à l'idée qu'elle disparaisse ou qu'elle reste définitivement paralysée.

Je me ressaisis et filai à la banque pour y retirer sept cents euros et les envoyer à mon père en urgence. Cela faisait sept mille yuans, et suffirait jusqu'à sa sortie de l'hôpital.

Mon frère reprit le train le lendemain, après m'avoir laissé quelques dizaines d'euros qu'il me demanda d'envoyer aux parents, et, pendant les mois qui suivirent, nous épargnâmes chaque centime pour les soins de ma mère. Plus de sorties, plus d'extras et de dépenses inutiles, je me contentais du minimum.

Mon frère, après avoir soustrait son loyer de cent soixante-dix euros de son salaire de quatre cents, en gardait quatre-vingts et faisait parvenir le reste à mon père.

Ma mère sortit enfin de l'hôpital, mais resta six mois sans pouvoir bouger ou très peu. Mon père s'occupait d'elle tous les jours, la faisait manger, la lavait et la massait pour que son corps ne souffre pas trop de son immobilité. Au bout du sixième mois de convalescence, elle parvint à s'asseoir toute seule. Mais elle sut que dorénavant elle ne recouvrerait plus la mobilité des membres de la partie gauche de son corps. Grâce à l'autre moitié valide, et à une rééducation acharnée, maman put réapprendre à marcher, à manger et à parler.

Loin d'elle pendant ces longs mois, je prenais de ses nouvelles quotidiennement, mais je souffrais de ne pouvoir me rendre à ses côtés, faute d'argent pour le voyage.

Nos conversations, quand elle recouvra progressivement l'usage de la parole, m'étaient très douloureuses. J'entendais sa voix qui péniblement tentait de former des mots, j'imaginais son visage déformé par la maladie. Sa volonté de me cacher son désarroi en tentant de paraître légère me brisait le cœur.

D'autant que je me sentais coupable et responsable de son état. C'était à cause de mes rêves de voyage que ma mère avait sacrifié sa santé et frôlé la mort. Alors que je jouais les touristes dans l'insouciance la plus totale à Paris, mes parents se tuaient à la tâche et se privaient de tout pour mon avenir.

C'est Global Chem qui me donna la possibilité d'aider mes parents. Après mes trois mois d'essai, je fus embauchée pour une période plus longue, et, en 2006, mon travail sur l'implantation d'une succursale en Chine arriva à son terme. Le projet chinois était achevé et Christophe et Bernard devaient prendre une décision pour la suite. Ils considérèrent qu'il était temps d'installer leur société à Pékin, et me demandèrent de leur faire un exposé de ce que je croyais être la meilleure solution. Quand j'eus fini ma démonstration, Christophe enchaîna :

— On ne peut pas risquer de laisser des données sensibles à un collaborateur chinois en qui l'on n'aurait pas suffisamment confiance. L'autre problème, c'est qu'il nous faut quelqu'un qui connaisse très bien le fonctionnement de la société ici en France, dit-il.

— On est désolés, Fei, mais ton travail de chef de projet chez Global Chem est terminé. On ne va pas pouvoir te garder, ajouta Bernard.

— Je m'en doutais, répondis-je.

— En revanche, comme tu vas être virée, tu es disponible pour être directrice de notre filiale en Chine, ajouta Christophe.

— Qu... quoi ?!

— Fei, tu connais le dossier sur le bout des doigts, tu as eu le temps de nous connaître, et nous aussi. Tu es la bonne personne pour ce job, on est d'accord tous les deux, n'est-ce pas Christophe ?

— Affirmatif.

— Combien ?

— Quoi ?! dirent-ils en même temps.

— Mon salaire, c'est combien ?

Ils éclatèrent de rire et, quand nous eûmes achevé les négociations concernant mes nouvelles fonctions, ils se félicitèrent d'avoir pris cette décision de me propulser directrice générale pour la Chine. J'obtins le triple de mon salaire initial, un appartement de fonction à Pékin, et six allers et retours par an entre les deux pays.

— Si tu négocies comme ça avec nos futurs clients en Chine, on n'a pas à s'inquiéter, dit Bernard.

— Moi j'ai une petite inquiétude, tempéra Christophe. Tu n'as que vingt-six ans, tu es une femme, tu crois que les hommes chinois vont bien te considérer dans ce métier d'hommes ?

— Je sais, il faut que je fasse disparaître la jeune femme chinoise derrière la directrice générale de l'entreprise française. Ça, ce sera le plus dur.

On fêta dignement ma promotion au bureau avec le traditionnel champagne, et je démarrai sans trop y croire une nouvelle carrière dans la pétrochimie. Bernard et Christophe s'étaient comportés avec beaucoup d'humanité et de sympathie avec moi. Je leur devais beaucoup. Cette promotion me rendait heureuse, mais pas seulement par satisfaction personnelle. Pour la première fois, grâce à ce nouveau travail, j'allais pouvoir aider mes parents. J'en étais fière et comblée.

Quand je revis maman pour la première fois après son accident, je fus bouleversée. Ma mère si alerte, si vive, si gaie, cette belle femme que j'avais toujours connue avec sa longue chevelure brune, n'était plus que l'ombre d'elle-même, son corps était devenu une cage et son visage un masque que les expressions familières semblaient avoir déserté. Elle avait coupé ses cheveux très court, ne parvenait à se tenir debout qu'avec l'aide d'une canne, et son bras gauche paraissait amorphe, sans vie. Seuls ses yeux s'allumèrent quand je pénétrai dans la chambre où elle m'attendait, assise sagement sur son lit, comme une enfant. Je me ruai sur elle pour l'enlacer et nous pleurâmes ainsi, l'une contre l'autre, sans pouvoir dire un mot. Derrière nous, pendant nos effusions, mon père se tint dans l'encadrement de la porte et ne broncha pas. Puis, discrètement, il se retira dans la cuisine pour préparer quelques fruits, comme il avait coutume de faire quand il recevait un invité à la maison. Je ressentis un chagrin énorme en découvrant ma mère dans cet état, et une culpabilité encore plus grande. J'étais persuadée d'être responsable de son infirmité. Je ne pus m'ôter de l'esprit que, si je n'avais pas manifesté mon désir de partir en France, mes parents ne se seraient pas sacrifiés et tués à la tâche pour rembourser leurs dettes. Ma mère n'aurait pas pris ce deuxième travail qui l'avait épuisée et avait provoqué cet accident cérébral. Sans mes rêves de voyage, elle aurait pu continuer à danser le samedi soir avec mon père dans le jardin des Jeunes Communistes de Changchun. Mes parents eurent beau essayer de me persuader du contraire, je n'en crus rien, et j'en reste convaincue encore aujourd'hui.

Je pus enfin les voir régulièrement, car, à chacun de mes voyages, j'en profitai pour leur rendre visite à Changchun. Avec mon salaire, je remboursai leurs dettes rapidement et, en août 2006, je leur rachetai un petit appartement de deux pièces. Je ne m'étais jamais sentie si légère. J'eus la sensation que je pouvais enfin m'envoler, et que je m'étais déchargée de tout le poids que cette existence à crédit m'avait fait subir. Les choses changèrent à ce moment-là dans la famille.

Mon père, quand nous croisions ses collègues du lycée, était fier de les saluer et de leur expliquer ce que je faisais en France. Il le fut encore plus quand un jour un de ses supérieurs au travail voulut me rencontrer. Il avait un fils qui sortait d'une grande école et me pria de faire quelque chose pour lui. Je ne promis rien, mais le seul fait qu'un des directeurs de l'école demande à mon père de lui rendre service l'avait ravi.

Feng, lui, n'eut pas ma chance et ne bénéficia pas d'une promotion inattendue de la part de ses employeurs allemands. Il rentra en Chine un an avant la fin de son contrat, n'y tenant plus. Mais son épopée germanique lui permit tout de même, comme il l'avait espéré, de trouver un bon emploi dans la mécanique à Shanghai. Au final, il gagnait cinq fois plus que lorsqu'il était parti, le double du salaire de mon père.

Je sentis qu'indirectement le bien-être de notre famille était désormais sous ma responsabilité. Je devais veiller à ce qu'ils ne manquent de rien, qu'ils soient bien soignés sans se soucier du lendemain.

Lorsque mes déplacements en Chine me menaient à Shanghai, je ne manquais pas de visiter les Cao, nos « bienfaiteurs », comme disait papa. Ils étaient devenus ma deuxième famille. Leur gentillesse et leur bonté me réchauffaient le cœur chaque fois que je les voyais. Ma mère, quand elle eut recouvré l'usage de la parole, put s'entretenir souvent au téléphone avec sa copine. Mme Cao et maman renouèrent leur amitié d'antan.

J'habitais entre Paris et Pékin et, le reste du temps, je voyageais partout dans le monde, là où il y avait des clients à rencontrer. Je vivais une grande partie de mon rêve, ravie de découvrir de nouveaux pays. Je me sentais très privilégiée. Occuper un poste comme le mien sans avoir jamais mis les pieds dans une université, c'était rarissime. Je rencontrais beaucoup de gens dans le métier et pendant mes voyages, mais avoir une vie amoureuse dans ces conditions n'était pas des plus évidents ! J'avais connu des garçons en Chine ou en France, mais jamais rien de sérieux. Les phrases que j'entendais le plus souvent, étaient : « Ah ! tu es là ? » et « Tu pars quand ? » J'étais devenue un vrai courant d'air.

Mais ma vie amoureuse n'était pas seulement chamboulée par ces incessants allers et retours, une autre chose m'empêchait de me fixer ou d'avoir une relation suivie avec un garçon. C'était William.

Depuis mon arrivée en France, nous étions toujours restés en contact. Par e-mail, ou au téléphone, j'avais fréquemment de ses nouvelles, et il était venu me rendre visite à plusieurs reprises à Paris, comme à Pékin également. William était désormais une sorte de héros lointain. Lorsque nous nous voyions, c'était toujours un plaisir, et ses visites finissaient par laisser une trace indélébile qui atteignait progressivement mon cœur, sans que j'y prenne garde, ou que j'y accorde trop d'importance.

William prônait une liberté totale dans notre relation, il ne souhaitait aucun engagement ni de ma part ni de la sienne, ce n'était pas dans ses convictions. Cet amant imprévisible débarquait à l'improviste dans mon quotidien, et repartait comme il était venu. Bien des fois, j'avais secrètement désiré avoir une relation plus approfondie. Mais il vivait aux États-Unis entre New York et Honolulu, et moi entre Paris et Pékin. Il avait vingt-quatre ans de plus que moi, il avait divorcé trois fois, la raison me ramenait irrémédiablement à considérer notre relation comme une aventure. Nous passions de très bons moments, c'était tout.

Son esprit, en revanche, m'inspirait toujours. Je n'avais pas rencontré d'homme capable de tant m'éblouir. Et, à chacun de nos rendez-vous, je m'imprégnais de la chaleur de son âme, et la gardais précieusement en attendant nos retrouvailles. Dans ces conditions, il m'était impossible d'avoir une relation avec un autre homme, tant William était présent en moi, et ce malgré notre vie en pointillé.

Deux jours avant Noël 2007, je reçus un appel de lui après une période d'absence et de silence, car il était occupé à l'écriture de son prochain roman, et je ne m'étais pas autorisée à le déranger.

29.

— Sais-tu combien de fois j'ai loué une chambre d'hôtel sous prétexte de travailler, alors qu'en fait je voulais juste voir une fille ?

— Non, je ne sais pas.

— Une fois. Et c'était pour toi.

— Tu étais donc vraiment venu pour moi ?

— Oui.

— Depuis notre première rencontre, je me suis toujours demandé si tu tenais à moi comme... comme je tiens à toi, William.

— Viens me voir, dit-il.

— Où es-tu ?

— Honolulu, à Hawaï, Fei. Viens me voir.

— Quand ?

— Maintenant.

— Je travaille, William. J'ai des rendez-vous toute la semaine prochaine...

— C'est une très mauvaise excuse.

— William !

Il avait raison. Pour lui, il n'y avait que ce que je voulais ou ne voulais pas. Et à la question de savoir si je voulais retrouver William à Honolulu, la réponse était un gigantesque « oui » ! Il me fallait seulement prévenir Bernard et Christophe et annuler une kyrielle de rendez-vous, ils ne me vireraient pas pour cela. Tout ça était possible, mais dire à Gérard que je ne passerais pas les fêtes avec lui comme prévu serait le plus diffi-cile. Il mettrait des semaines à me le pardonner. Restait encore à trouver un billet d'avion pour Hono-lulu l'avant-veille de Noël, mais mon désir de retrouver William à l'autre bout de la Terre fut plus fort que tout.

— OK, William, je fêterai Noël avec toi à Honolulu après-demain.

— Génial, Fei ! Ce voyage va changer ta vie, tu vas voir, ici c'est le paradis.

— Oui, je vais te retrouver au paradis, William.

— Fei… Je suis très touché que tu fasses ça pour moi.

— …

— Tu sais, la plupart des gens ont peur de moi.

— Pourquoi ?

— Je peux parler devant cinq mille personnes, mais sans voir un humain. Ils voient l'écrivain riche et célèbre, pas l'homme. Dans le monde entier, tu es la seule per-sonne avec qui je pourrais imaginer avoir une vraie relation de longue durée. On va parler de ça quand tu seras là. En venant me voir, tu me montres ta volonté, je te montrerai la mienne.

Sitôt après avoir raccroché, je cherchai un billet pour Honolulu. Ce fut hors de prix et tout simplement un miracle d'en trouver un.

Christophe et Bernard me souhaitèrent bon voyage et me pardonnèrent cette escapade délirante ; *a contra-rio*, Gérard piqua une colère comme il savait les concocter. Pour lui, j'étais définitivement folle, tout ça pour un homme deux fois plus âgé que moi… Et surtout, j'allais manquer ce somptueux repas qu'il s'apprêtait à me cuisiner.

Il était deux heures de l'après-midi quand mon voyage à l'autre bout de la Terre organisé dans l'urgence fut finalement bouclé. Je descendis de chez moi, encore enivrée du bonheur de m'être lancée à corps perdu dans cette aventure, et marchai jusqu'à la place des Ternes. Là, je poussai la lourde porte vitrée d'une grande brasserie et m'installai pour déguster un plateau de fruits de mer. Après quelques verres d'un délicieux sancerre blanc, je souriais comme une idiote et pleurais à chaudes larmes en dégustant mes huîtres. En regardant autour de moi, je me demandais si les gens étaient aussi heureux que moi. Cette belle femme vêtue de noir qui passait dans la rue avait-elle connu un bonheur comme le mien ?

Moi, dans deux jours, je serais avec l'homme dont je m'étais interdit de tomber amoureuse, et qui venait de me déclarer son amour et m'invitait à le rejoindre dans le plus bel endroit de la planète.

— *Something wrong*, mademoiselle ? vint me demander un vieux maître d'hôtel, inquiet de me voir pleurer sans discontinuer.

— *No...* Rien, monsieur... Les huîtres sont tellement bonnes, lui dis-je un peu gênée.

Quelques instants plus tard, il revint avec un tas de cartes postales du restaurant, et se pencha vers moi en affichant son plus beau sourire.

— Mademoiselle, si nos huîtres parviennent à vous mettre dans cet état, vous seriez trop aimable d'écrire à toutes vos connaissances afin de leur recommander cet établissement.

Le lendemain, un périple insensé commençait.

Tout d'abord, on me refusa le transit par Londres, car je n'avais pas de visa pour l'Angleterre. Je dus échanger mon billet et en acheter un autre qui me faisait passer par Washington DC. Fort heureusement, Global Chem m'avait obtenu un visa de travail pour les États-Unis où nous avions une succursale, mais je n'y étais pas encore allée. L'employée de la compagnie prit toute la mesure de mon désarroi. Touchée par mon histoire, elle fit des miracles, mais toutes mes économies y passèrent. Elle ne put trouver qu'une place en classe affaires pour un vol Paris-Washington-San

Francisco-Honolulu, qui me coûta plus de cinq mille euros, l'équivalent de trois ans du salaire de ma mère...

— Si c'est pour un voyage d'amour..., dit-elle quand elle finit par me trouver le vol.

— Oui. C'est pour retrouver mon copain, dis-je en souriant.

— J'espère qu'il le mérite.

— Moi, je le sais.

En quittant le comptoir de la compagnie, l'employée me confia à l'un de ses collègues qui me conduisit dans la salle d'attente des classes business.

— Mademoiselle ? dit-elle à mi-voix en me retenant par le bras. Si vous y pensez, à votre retour, ça me ferait plaisir que vous me racontiez votre séjour.

Puis elle regagna sa place pour s'occuper de la file des voyageurs qui s'était allongée pendant qu'elle sauvait mon voyage.

Quand je me retrouvai dans la salle d'attente pour passagers en classe business, au milieu de tout ce luxe, je compris que j'étais folle. Une fois dans l'avion, devant tous les avantages, dont une nourriture délicieuse et un service impeccable, je pensai à mon relevé de compte désormais négatif. La vie était bien étrange et les apparences étaient trompeuses. Quel voyageur dans cette cabine aurait pu se douter d'une telle chose : je voyageai en première classe et j'étais fauchée comme les blés.

Après sept heures trente de vol, je me présentai au poste de douane de l'aéroport de Washington.

— Vous êtes chinoise ?

— Oui.

— Vous êtes célibataire ?

— Oui.

— C'est la première fois que vous voyagez aux États-Unis ?

— Oui.

— Et vous avez un aller simple.

— Eh… oui.

— Veuillez me suivre.

Un homme en uniforme, chauve, ayant une vague ressemblance avec Bruce Willis, me fit entrer dans une pièce comme celles que l'on voit dans les films américains. Un bureau neutre et gris, à l'image de ce quinquagénaire beaucoup moins charmant que la star hollywoodienne. Il voulait que je lui explique pourquoi je n'avais qu'un billet aller. Je lui répondis que je ne connaissais pas la date de mon retour et que j'allais en discuter avec mon copain.

— Votre copain, il est américain ?

— Oui.

— Depuis combien de temps le connaissez-vous ?

C'est là que j'ai commencé à m'énerver, juste au moment où son collègue qui ressemblait à Gary Oldman est entré dans le bureau.

— Attendez, vous croyez que je vais rester ici et me marier avec un Américain pour ne plus jamais retourner en Chine ?

Avant que les deux hommes aient pu ouvrir la bouche, je continuai sur ma lancée, ma voix montant d'un ton sans que j'y prenne garde.

— Vous croyez que tout le monde veut vivre ici ?! J'ai vingt-sept ans, je suis directrice d'une société française en Chine, je réside à Paris et je suis très heureuse là-bas ! Pourquoi voulez-vous que je me marie en Amérique ?! Je gagne bien ma vie en France, et je préfère la France de toute façon !

Les deux officiers se sont regardés, et Gary Oldman m'a demandé :

— Combien vous gagnez par an ?

Il entendit ma réponse et prit un air goguenard.

— Je gagne plus que vous.

— Normal, vous êtes deux fois plus âgé que moi. Et puis, vous pouvez gagner le triple, je m'en contrefiche. Maintenant je dois rejoindre mon copain qui m'attend.

Ils m'ont laissée partir en ricanant. Moi, je ne les ai pas trouvés drôles.

À Washington, je repérai un vol pour San Francisco qui me permettait de gagner huit heures. Je le pris et, à mon atterrissage, toujours excitée à l'idée de faire la surprise à William en arrivant quelques heures plus tôt, je courus pour m'enregistrer sur le prochain vol pour Honolulu. Mais, après avoir subi les contrôles sanitaires draconiens en raison de l'épidémie de sras, au moment de passer dans la zone d'embarquement, je m'étais tellement précipitée dans la crainte de rater cet avion que je ne pus mettre la main sur mon passeport. Je dus ressortir de la zone de contrôle sanitaire, et courir au comptoir de la compagnie. Soulagée, je retrouvai mon portefeuille et tous mes papiers posés où je les avais laissés, mais je dus reprendre ma course en sens inverse, et il ne s'était pas passé plus de quelques minutes quand je me présentai à nouveau à l'embarquement. Là, une femme m'arrêta avec un dédain impérial et me somma de repasser tout le contrôle sanitaire. Je ne pus rien négocier, et l'embarquement était imminent. Je me pliai aux exigences du cerbère de l'aéroport et me présentai à nouveau devant elle. Elle me força à vider le contenu de mon sac et écarta tous les parfums, cosmétiques, tous mes meilleurs produits qui m'accompagnaient pour que je sois la plus belle pour William.

— Vous ne pouvez pas embarquer avec ça. Il faut que les produits soient rangés dans un sac plastique.

— Très bien, donnez-m'en un.

— Nous n'en avons pas.

— Je peux en acheter un ?

— Nous n'en vendons pas.

— Où puis-je en acheter dans l'aéroport ?

— Il n'y en a pas, il faut ressortir.

— Mais je vais rater mon avion !

— Si vous voulez embarquer, il faut respecter les consignes et abandonner vos produits.

Le ciel devait certainement s'acharner contre moi, et éprouver mon désir de retrouver William pour m'imposer toutes ces embûches. Le cœur serré, je regardai mon Chanel N° 5 et tout ce que j'avais pu acheter de chic durant les trois dernières années partir à la poubelle. Quand je pus enfin franchir les barrières de la zone d'embarquement, je courus à la porte de l'avion, et fus arrêtée net par une charmante hôtesse.

— Désolée, mademoiselle, l'embarquement vient de se terminer. La porte est fermée, je ne peux pas vous laisser passer.

J'insistai, mais il n'y eut rien à faire. Désespérée, je courus en sens inverse pour tenter de récupérer mes produits de beauté confisqués par cette affreuse employée de la sécurité.

— La poubelle est partie il y a cinq minutes.

— Et où est-elle ?

— Je ne sais pas. Mais vous ne pouvez pas récupérer vos affaires dans la poubelle de l'aéroport.

— Mais… pourquoi ? C'est un sac plastique où il n'y a que des produits comme les miens, je l'ai vu tout à l'heure à côté de vous…

— C'est la loi, trancha-t-elle.

Elle m'écarta pour s'occuper des autres voyageurs. J'étais humiliée, fatiguée et commençais à ressentir les effets du décalage horaire. Je traînai ma petite valise rouge vers les banquettes à proximité, et m'effondrai en larmes.

Je venais de rater mon avion, j'étais fauchée, on m'avait confisqué pour plus de cinq cents euros de produits cosmétiques, et je devais encore attendre des heures avant de retrouver l'homme que j'aimais.

Un couple d'Américains d'une soixantaine d'années s'arrêta à ma hauteur.

— Mais pourquoi êtes-vous si triste, mademoiselle ? Qu'est-ce qui vous fait pleurer comme ça ?

Je les ai regardés, puis leur ai désigné les employés de la sécurité en continuant à pleurer.

— Ils... Ils n'ont pas de cœur ! Ils ne sont pas humains ! Ils m'ont pris mes produits de beauté, ils m'empêchent de les récupérer, et ils m'ont fait rater mon avion.

Le couple s'est assis à mes côtés, l'homme et la femme étaient très doux et sincèrement désolés de me voir dans cet état.

— C'est terrible de rater un avion pour Honolulu, mais, la bonne nouvelle, c'est que nous sommes dans l'aéroport international de San Francisco et qu'on peut vous racheter tout ce que vous avez perdu ici.

Mes larmes se sont subitement arrêtées de couler devant une telle gentillesse. Ces retraités avec leurs cheveux d'une blancheur immaculée m'apparurent comme deux anges qui se seraient penchés sur mes petits malheurs.

— Non, c'est gentil, leur répondis-je. Mais, si vous voulez, je peux vous inviter à boire un café.

Je passai trois heures avec eux à leur parler de mon travail, de mes parents, de mon histoire avec William, qu'ils connaissaient pour avoir vu son roman porté à l'écran récemment. L'homme me dit que ce garçon avait beaucoup de chance d'avoir une copine comme moi, et il tint à m'offrir une casquette rose avec inscrit dessus « *I love San Francisco* » en souvenir de notre rencontre. Puis nous nous séparâmes comme si je connaissais ces gens depuis toujours.

— Vous êtes folle, mademoiselle, me dit affectueusement le mari.

— Et c'est pour cela qu'on vous adore, s'empressa d'ajouter la femme.

Mes anges disparurent, mais leur générosité contrebalança la dureté ou le mépris dont j'avais fait l'objet de la part des agents de l'aéroport, simplement parce que j'étais chinoise, jeune et célibataire.

Après vingt-six heures de voyage, j'atterris à l'aéroport d'Honolulu sans avoir pu fermer l'œil. À ma descente de l'avion, le parfum des hibiscus m'envahit, et j'en fus ivre au point de tituber légèrement. Quand j'aperçus William, je retrouvai instantanément toute mon énergie, lâchai mes bagages et lui sautai au cou.

Je ne lui racontai rien de ce que j'avais enduré pendant le voyage, et lui dis dans le creux de l'oreille :

— Me voilà avec toi au paradis.

La nuit tombait sur Honolulu, William me conduisit jusqu'à l'appartement qu'il occupait au douzième étage d'un building qui faisait face à la baie de Waikiki. Les senteurs nocturnes, le bruit des vagues, l'épuisement du voyage et la joie de serrer William dans mes bras m'alanguirent. Comme j'admirais la lune qui s'élevait dans le ciel mauve, il me prit par la main et m'entraîna dehors.

— Viens, tu vas voir, c'est encore plus beau de la plage.

Quelques minutes plus tard, je plongeai dans les vagues qui brillaient dans la nuit. Le sable fut notre premier lit d'amour sous les étoiles.

Le lendemain, alors que nous nous promenions sur la plage de Waikiki, je m'arrêtai d'un coup, frappée par une image surgie du passé. Je me retournai pour observer cette montagne face à l'océan, et l'ondulation de sa ligne de crête me fit savoir avec certitude que cet endroit de rêve, cette plage sur laquelle je marchais était bien la même que sur ma tasse à Changchun. Depuis le soir où ma mère me l'avait achetée sur le chemin du retour de l'école, un peu plus de dix ans s'étaient écoulés. Soudain, ce raccourci dans le temps et dans l'espace me donna le vertige. J'aurais tant aimé que ma mère soit là ! J'aurais tant voulu lui montrer cet endroit afin qu'elle sache qu'il existait. Je n'en dis rien à William, craignant d'être un peu ridicule avec mes souvenirs de petite fille pauvre.

Les jours suivants, je passai mes matinées à apprendre le surf sous la houlette de Frank, un beau et jeune prof, ami de William, pendant que ce dernier se pliait aux exigences de son métier. Mon père m'avait appris à nager dans le lac de Changchun, j'avais fait de la danse à Shanghai, mais, malgré tout, sur ma planche, j'avais plus l'air d'un canard maladroit que d'une surfeuse !

Tous les matins, William écrivait de six heures à midi. Cet horaire régissait nos journées, c'était ainsi, et immuable.

En revanche, les après-midi, nous les passions à visiter l'île, à flâner et laisser libre cours à nos désirs.

William me présenta à ses amis lors de quelques soirées, des New-Yorkais en vacances à Hawaï, habitués à ce coin de paradis. Beaucoup s'étonnèrent que je n'aie pas appris leur langue à Columbia ou à UCLA, et ne comprirent pas toujours comment il était possible d'apprendre l'américain en écoutant des chansons à la radio. Mais, s'ils se montraient en général sincèrement sympathiques à mon égard, je sentis que mon monde et le leur ne relevaient pas de la même logique. J'eus l'impression que, pour ces intellectuels ou ces politiciens fort éloignés de mon parcours d'autodidacte, je faisais figure de curiosité charmante qui devait correspondre à l'esprit créatif et libre de leur ami écrivain. Peu m'importait après tout, car, ce qui comptait à chaque seconde de ce séjour, c'était d'être auprès d'un homme qui m'aimait et que j'aimais sans conditions.

Vers la fin du séjour, nous fûmes invités au mariage de la fille d'un vieil ami de William, un riche Américain qui n'avait lésiné sur aucun moyen pour fêter dignement cet événement. La jeune femme avait vingt-deux ans, son père avait réservé le plus bel hôtel de l'île et le meilleur groupe de musique hawaïenne.

Le lendemain nous prîmes place avec six autres personnes dans une limousine ultra-longue et immaculée.

C'était la première fois que j'entrais dans ce genre de voiture, avec un bar rempli de champagne ! David, un ami de William, était accompagné de sa splendide copine japonaise habillée en Prada qui n'avait aucune envie de parler. Deux Canadiennes cousines du marié bavardaient entre elles en vidant méthodiquement le bar. Elles nous apprirent que la future belle-mère de leur cousin préparait le mariage depuis quatre ans, et qu'elle avait perdu trente kilos pour paraître le plus à son avantage possible à cette occasion.

William essaya d'orienter la conversation sur la Chine, mais Shanghai était beaucoup trop loin pour ce petit monde qui avait des préoccupations différentes.

Je me tournai vers les autres passagers, une jeune femme métisse américano-hawaïenne accompagnée de sa petite fille. Après dix minutes de discussion, elle m'informa que dans la langue hawaïenne les mots « mari » et « épouse » n'existaient pas.

— Nous avons appris ces mots avec l'arrivée des missionnaires blancs. Avant cela, personne ne connaissait la notion de mariage, me dit-elle avant un sourire d'une éclatante blancheur.

— Mais comment présentez-vous votre « homme », alors ?

— Nous… Nous ne l'appelons pas « mon homme », parce qu'il ne nous appartient pas. Nous l'appelons par son prénom, ou bien simplement « homme ».

— Et votre enfant, alors ? lui demandai-je.

— Dans notre culture, elle n'est pas *mon* enfant… Elle est l'enfant de tout le monde, de la communauté. Elle est simplement *une* enfant.

— Donc les femmes et les hommes sont libres de choisir de vivre avec qui ils veulent ? Et la jalousie ?

— Il n'y a pas la notion de *s'appartenir*. Ça n'existe pas, la jalousie.

Pendant toute la durée du voyage ces mots résonnèrent dans ma tête. Le monde que je connaissais jusqu'à présent était borné par la possession : *ma* maison, *mon* mari, *mes* enfants et tout ce que *j'ai*...

Lorsque j'étais arrivée à Paris, j'avais été très étonnée par la façon de parler des Français. Un jour, un homme, en me faisant visiter le quartier où il habitait, m'avait désigné chaque endroit comme s'il lui appartenait : voici *ma* boulangerie, *ma* banque, *mon* café... J'avais été très surprise de constater qu'en France un simple employé pouvait posséder plusieurs commerces... et une banque !

Les Occidentaux avaient apporté leur civilisation aux autochtones d'Hawaï, ces bons sauvages, en leur faisant cadeau du meilleur comme du pire. Ici, les différences n'avaient enrichi qu'un seul peuple, et laissé à l'autre l'obligation de s'adapter. Tout à coup, cette voiture luxueuse qui nous emportait en traversant des paysages sublimes m'apparut comme un vaisseau à la dérive. En écoutant les paroles de cette femme, j'eus la sensation que les Hawaïens étaient les plus civilisés.

Au bout de deux heures, nous arrivâmes dans cet endroit superbe que le père de la mariée avait réservé, un hôtel au lobby entièrement ouvert où flottaient les senteurs de tiaré mêlées à la brise marine. On nous conduisit dans la salle de cérémonie, où nous attendait un orchestre traditionnel. Une jeune Hawaïenne extrêmement belle dansa le hula, cette danse traditionnelle d'Hawaï qui imite l'ondulation de la mer, puis les musiciens jouèrent *Over the Rainbow*. La musique s'acheva pour accueillir le couple des futurs époux accompagné de quatre petits enfants qui maintenaient la longue traîne de la mariée. Tout, dans ses moindres détails, semblait orchestré pour composer l'image du bonheur.

Les paroles du prêtre s'élevèrent dans la salle émue, et je sentis soudain la grande main de William qui prenait la mienne.

Quand les mariés échangèrent les anneaux, la mise en scène, la décoration, la lumière, les parfums, le bonheur des convives, tout me sembla parfait en cet instant... sauf le sens du mariage. Comment peut-on promettre que l'amour que l'on se porte durera toute une vie alors que la vie est en mouvement en permanence, et que s'il y a quelque chose qui ne change pas, c'est bien le changement ?

Je ne fis pas part de mes réflexions à William, et me jurai de faire à l'homme que j'aimais une seule promesse, celle d'être amoureuse de lui non pas pour ce qu'il représentait ou ce qu'il possèdait, mais pour ce qu'il était. Quant à mon mariage, s'il avait lieu un jour, je le voyais comme une petite fête intime avec mes parents et mon frère, et quelques amis. Je ne m'imaginais pas au centre d'un mariage « parfait » comme celui-ci. Je voulais une relation où un plus un égale trois, où l'amour nous rendrait plus forts et plus grands, où il nous inspirerait le courage au lieu de la sécurité, la compréhension au lieu de la jalousie, et la générosité au lieu de la possession. Mes réflexions s'achevèrent par la pression de la main de William sur la mienne qui me ramena à la réalité. Comme s'il avait entendu mes pensées. Son regard bref et son sourire auraient pu me le laisser croire.

Durant la soirée, lorsque j'observais William parlant avec les invités, je le trouvais beau, élégant, j'étais conquise par tout son être et l'acceptais. Sans crier gare, un flot d'images de nos scènes d'amour me submergea, et j'en rougis, confuse à l'idée que l'assemblée s'en aperçoive.

Ces quelques jours passés ensemble me transformèrent. Oubliée, la jeune cadre dynamique, la femme d'affaires, je prenais plaisir à discuter des achats de nourriture avec sa gouvernante, à organiser des dîners et des sorties avec l'aide de sa secrétaire, une ex-miss Hawaï qui m'obligeait à des efforts de tous les instants pour paraître la plus belle et la plus exotique à ses yeux – et la barre était démesurément haut.

Quelle femme étais-je devenue pour sourire alors que je rangeais ses sous-vêtements dans l'armoire ? Je n'avais qu'une idée en tête, et qui finissait par m'enivrer, celle de lui plaire à tout prix, et qu'il soit fier de m'avoir à ses côtés. Je voulais faire tout ce qu'il faisait, et lui montrer que j'étais capable de le suivre n'importe où. Ce qui m'amena à sauter en parachute, un des sports favoris de William. Quand, à quinze mille pieds, le moniteur me précipita dans le vide, je sus qu'il était trop tard pour regretter, et, passé le moment de stupeur et d'effroi, je pus me rendre compte combien j'étais folle de cet homme et à quel point notre Terre était belle.

Lors d'une de nos dernières soirées sur l'île, un jeune homme, intrigué par le célèbre écrivain et sa jeune amie chinoise, nous demanda où nous habitions. Nous échangeâmes un regard, William et moi, et c'est lui qui fit la réponse la plus sommaire qui soit.

— Elle habite à Paris et Shanghai, et moi à New York et Honolulu.

— Wow, c'est… génial ! s'exclama-t-il.

C'est à partir de ce jour-là que j'ai commencé à faire le tour du monde comme une abeille folle.

30.

Cette année-là, je fis sept fois le tour du globe. Ces voyages incessants où chaque étape ne me permettait pas de rester plus d'un mois au même endroit finirent par me lasser, et me plongèrent dans un état curieux auquel je n'avais jamais été confrontée.

Il y a un mois, dans la solitude glacée de mon bureau de Global Chem à Pékin, je fus saisie par un violent accès d'ennui. C'est du moins la sensation que j'éprouvai et qui me troubla au point de m'inquiéter sérieusement, car tout allait bien dans ma vie, et je n'avais aucune raison de déprimer. J'avais appris en France ce qu'était une dépression nerveuse, les collègues de Global Chem ou même Gérard parlaient souvent de ces docteurs « pour la tête », comme dit maman. Je recherchai donc dans les pages jaunes un psy dans la capitale chinoise, sachant que j'avais quatre-vingt-dix-neuf pour cent de chances de faire chou blanc. Cette discipline n'étant pas du tout dans l'esprit chinois.

À ma grande surprise, j'en trouvai un, sans doute le seul psychanalyste de Pékin, voire de la Chine entière. Un peu par jeu, mais aussi pour chasser ce vague à l'âme qui n'était pas dans mes habitudes, je décidai de prendre rendez-vous.

C'est le psychanalyste lui-même qui me répondit au téléphone et me donna l'adresse de son cabinet… dans un hôtel !

348

— Pourquoi un hôtel ? demandai-je.

— Eh bien, parce que c'est là que j'ai mon bureau, pour le confort du patient.

Cela me parut étrange, mais ma curiosité fut plus forte que mon appréhension, et je me présentai au rendez-vous, une heure et demie plus tard.

Le taxi me déposa devant un hôtel pas très luxueux, dont la réception se limitait à un petit comptoir tenu par un employé qui m'indiqua la chambre 304.

Arrivée dans le long couloir sombre du troisième étage, je frappai au numéro en question. Un homme d'une cinquantaine d'années ouvrit la porte et me pria d'entrer. Comme sa grande veste informe et ses lunettes lui donnaient l'air lunaire et inoffensif d'un professeur un peu miteux, je pénétrai dans la pièce sans trop d'inquiétude. Le cabinet était assez vaste et meublé sobrement, voire pauvrement, et rien n'indiquait que je me trouvais chez un psychanalyste. Cela dit, à part les films de Woody Allen qui m'en avaient fait découvrir quelques-uns, je n'avais pas la moindre idée de ce à quoi pouvait ressembler un tel endroit.

L'homme aux lunettes me pria de m'asseoir dans un grand canapé qui faisait face à son bureau.

— Quel est votre problème ? me demanda-t-il avec un large sourire.

— Mon problème ?

Je réfléchis quelques instants, puis je lui résumai les grandes lignes de mon existence, lui précisant que tout allait bien à part cette curieuse sensation qu'un espace vide naissait en moi depuis quelque temps, provoquant une sorte de langueur, et que je me demandais qu'elle en était la raison.

Il me laissa parler quelques minutes sans intervenir, mais, pendant mon monologue, le doute s'immisça en moi. Cet homme était-il qualifié pour me comprendre ou même m'analyser ? Tout dans cet endroit, y compris lui-même, me semblait bancal. Les quatre cents yuans de la consultation réveillèrent mon instinct commercial, et une irrépressible envie de changer le décor m'envahit. Je m'arrêtai de parler subitement, et m'employai à observer minutieusement ses vêtements, les objets posés sur son bureau, l'ameublement du cabinet, puis je testai en l'effleurant la qualité du cuir du canapé, et m'y installai confortablement sans prononcer un mot de plus. Mon silence le surprit.

— Qu'y a-t-il, mademoiselle ? Je vous écoute...

— En fait... j'aimerais changer de sujet.

— Bien. De quoi voulez-vous parler ?

— De vous.

— Quoi ?! dit-il en riant, visiblement gêné.

— Mon métier, c'est le marketing et le consulting pour les produits chimiques, en résumé, je fais de la gestion et de la vente. Et, en vous observant, je me dis que vous êtes un très mauvais vendeur, et ne peux pas m'empêcher de vous conseiller.

— Mais me conseiller de vendre quoi ?! dit-il en rapprochant son fauteuil du bureau.

— J'ai constaté quatre erreurs chez vous.

— Ah bon ?! Lesquelles ?

— D'abord, vous avez répondu vous-même au téléphone. Cela signifie que vous n'avez pas de clients et pas d'argent pour vous payer les services d'une secrétaire. Vos patients potentiels vont penser que vous n'avez pas beaucoup de rendez-vous, que vous n'êtes pas très demandé, donc que vous n'êtes pas très bon.

— Oui, je viens de démarrer à Pékin...

— Ça, c'est la première erreur. La deuxième, c'est que vous m'avez donné un rendez-vous une heure et demie après mon appel. Nous ne sommes pas aux urgences, ça montre que vous n'avez rien d'autre à faire, voire que vous désespérez d'avoir un patient.

— Continuez, dit-il en rapprochant une fois de plus son fauteuil du bureau.

— La troisième, c'est que vous avez loué une chambre d'hôtel si vétuste et si sombre que, même si vous n'aviez pas commis les deux premières, celle-ci aurait fait fuir le patient à coup sûr. La quatrième, c'est que j'ai commencé à parler avant même que vous m'ayez demandé mon nom, mon adresse, ma profession ou comment j'avais trouvé les coordonnées de votre cabinet. Pas de dossier préalable ? Votre patient va penser qu'il n'a pas d'importance, et que vous ne comptez pas le revoir.

Le psychanalyste écarta son fauteuil, se leva en silence, l'air profondément soucieux, et vint s'asseoir à côté de moi sur le canapé.

— Je suis le premier psychanalyste enregistré légalement en Chine, ici à Pékin. J'ai fait plus de dix années d'études, et démarre mon activité avec, il est vrai, très peu d'expérience. Ce que vous dites est tout à fait juste, je n'ai pas bien réfléchi sur la manière de constituer une clientèle et de la garder.

Il se leva à nouveau pour m'offrir un verre d'eau, puis saisit son calepin posé sur son bureau et revint s'asseoir en face de moi.

— Que faut-il que je fasse pour m'améliorer ?

J'ai commencé par les vêtements qui lui donnaient des allures de comptable fatigué, les lunettes affreusement épaisses et aux verres fumés qui cachaient son regard, puis j'ai enchaîné avec sa carte de visite, la décoration de son cabinet, son horrible canapé, et lui ai vendu l'idée d'un site Web pour communiquer sur son travail et attirer les clients potentiels.

Il m'écouta attentivement en prenant des notes, et me demanda au bout d'une heure s'il pouvait me contacter en cas de besoin. Il ne voulut pas de mon argent en prétextant que c'était lui qui m'en devait, puis il me raccompagna, me serrant la main, plein de gratitude pour ce que j'avais fait pour lui.

Cette curieuse et unique expérience psychanalytique, à défaut d'éclairer ou de soulager mon mal-être, eut au moins le mérite d'aider cet homme, du moins avais-je la prétention de le croire.

— Quand je pense à ces dernières semaines, Petite Fleur, j'ai l'impression que ce vide que j'ai ressenti et qui m'a conduite chez ce psychanalyste chinois s'est agrandi jusqu'à te donner naissance, il y a deux jours. Tu m'as demandé de ranger ma maison, de te raconter mon chemin, c'est fait. Maintenant, que dois-je faire pour retrouver la paix, ne plus subir ta présence ? Dis-le-moi, je t'en supplie, je suis à bout.

— Tu as rendez-vous avec un médecin bientôt, je te retrouverai là-bas. Regarde, nous atterrissons à Paris.

— Mais...

Disparu. Ce cochon m'épuise, c'est lui qui me fera mourir. L'avion survole Paris, c'est la fin de l'après-midi, je me penche vers le hublot, mais l'hôtesse m'interpelle.

— Mademoiselle, nous allons atterrir, vous voulez bien revenir à votre place et attacher votre ceinture, s'il vous plaît ?

— Bien sûr.

— C'est dommage, j'ai vu que vous n'avez pas voulu profiter de la place libre.

— Si, j'en ai profité, merci.

— Ah...

L'hôtesse s'éloigne, sans chercher davantage d'explications, son sourire commercial planant au-dessus des visages fripés des passagers. Je dois moi aussi avoir une tête affreuse, et je n'aspire qu'à dormir, avoir enfin quelques heures de repos.

Je pense à ma conférence de demain avec Bernard, à mon rapport à écrire pour la firme allemande... et au week-end que j'ai promis de passer avec William, à New York. J'ai peur de lui avouer mes angoisses, et mes craintes d'avoir une maladie grave. Je n'ai pas envie de l'alarmer avec ça. Je vais faire bonne figure avant le verdict de l'examen mardi prochain. J'en tremble, car je ne peux rien cacher à cet homme.

Ces trois jours à Paris passent rapidement, sans que Petite Fleur réapparaisse. À peine me suis-je posée dans mon appartement parisien que déjà je m'envole vers les États-Unis.

À mon arrivée à New York, ce vendredi, le chauffeur de William dans son costume noir impeccable m'attend avec une petite pancarte sur laquelle il a inscrit mon nom. William n'a pas pu venir. Son chauffeur est désespérément muet sur le chemin qui me mène à Rye, la zone de résidences chic en marge de la Grosse Pomme. Il me connaît, pourtant, mais sa profonde admiration pour son « maître » le condamne à une distance respectueuse de tout ce qui touche son patron, comme ces vieux majordomes que l'on ne voit plus que dans les films de Batman. Quand l'être humain disparaît derrière sa fonction, j'en suis toujours troublée, souvent gênée. La route est longue et, après que j'ai téléphoné à William pour lui dire que je suis bien arrivée, la torpeur me gagne, et, bercée par le confort de la limousine, je m'endors.

Je m'éveille quand la voiture pénètre dans le quartier résidentiel de William. Les maisons sont grandes, belles, confortables, je n'aurais jamais imaginé qu'un tel endroit puisse exister, et encore moins d'y être reçue en invitée privilégiée. À chacune de mes visites, j'ai la même impression. Cet endroit ressemble au rêve de tout bon Américain, luxe, calme et sécurité.

Je retrouve William avec joie, malgré mon appréhension, que j'ai un mal fou à dissimuler. Lui – et tout ce qui l'entoure – est comme d'habitude, formidable, étonnant, parfait. De fait, comment pourrais-je lui confier qu'il y a une semaine un petit cochon a surgi dans ma vie sans bouleverser cette belle harmonie ? Nous passons à table, dans son salon où un repas somptueux nous attend. William est calme et chaleureux, mais rien ne lui échappe.

— Qu'est-ce qui ne va pas, Fei ?

— Rien, je suis un peu fatiguée, dis-je, tout de même surprise d'être percée à jour si rapidement.

— De quoi ?

— C'est mon troisième voyage international ce mois-ci et… le décalage me pèse.

— Mais tu adores voyager !

— Oui, mais pas vingt ou trente heures de vol par mois ! Je suis toujours en décalage, et peut-être que je n'ai plus les idées très claires en ce moment.

— Fei, que veux-tu me dire ?

— Tout le monde pense que la vie que nous menons tous les deux, c'est fantastique. Que c'est merveilleux d'avoir quatre maisons aux quatre coins du monde, le problème, c'est qu'à peine arrivée dans l'une je dois repartir vers l'autre. J'ai l'impression de préparer mes bagages éternellement, et de circuler en taxi d'aéroport en aéroport… Je sais que toi aussi tu fais l'effort de venir me voir à Paris, mais organiser notre planning comme ça tout le temps c'est… pénible.

Il ne dit rien. Il m'écoute. Diable, que cet homme sait bien écouter. J'ai la sensation que pas une syllabe ne lui échappe.

— Fei, finit-il par répondre, comment puis-je t'avoir à mes côtés ?

— Ce n'est pas possible. J'ai un travail en France et en Chine.

— Pourquoi as-tu besoin de travailler ? Pour l'argent ?

— Pas seulement. J'ai des responsabilités vis-à-vis de mes parents.

— Ne pense pas à l'argent. Imagine seulement que ce chiffre qui s'affiche sur ton compte bancaire chaque mois soit multiplié par trois, que tu puisses avoir un bureau ici, dans cette maison, et dans l'appartement d'Honolulu, devant la baie, pour écrire ou faire ce qu'il te plaira, et qu'on puisse vivre ensemble sans faire sept fois le tour du monde…

— William …

354

— Écoute, je sais que tu veux être indépendante, mais imagine que l'argent ne m'appartient pas, que c'est du vent qui coule et se dépose sur ton compte, que tu le dépenses comme bon te semble, sans jamais me demander mon avis. Si tu veux rendre visite à tes parents, prends un billet. Tu veux rester deux mois en Chine ? Reste tant que tu veux, c'est ta vie, tu n'as pas besoin d'avoir ma permission. Je peux t'aménager un bureau dans la pièce du rez-de-chaussée qui donne sur le jardin, c'est la plus calme de la maison. Elle est vaste et claire, tu y seras en paix pour travailler. Tu m'as toujours dit que tu voulais écrire un livre, je te présenterai quelques amis éditeurs à New York...

— William ! Je sais quel homme tu es, et ta proposition me touche profondément, mais...

— Rien ne presse, prends ton temps pour y réfléchir.

Ne rien lui dire est un supplice encore plus grand que ce que j'avais imaginé. Sa proposition est au-delà de la générosité et sans doute de l'amour. William est d'une sincérité désarmante. Que cet homme, ce fervent défenseur de sa liberté, me tende la main ainsi, cela représente un vrai engagement. Je dois avouer que j'avais tout à la fois espéré et redouté ce moment. J'en sors laminée et, fort heureusement, nous n'en parlons plus de tout le week-end, qui passe à une allure vertigineuse. Nous allons voir une comédie musicale à Broadway, dînons avec ses amis après une signature où je me tiens dignement à ses côtés, puis enchaînons avec l'expo d'une amie, un club de jazz, des déambulations dans Central Park, et... l'heure de mon retour arrive déjà.

Dans l'avion qui me ramène à Paris, même si rien ne presse, je réfléchis.

Cela fait six ans que nous nous connaissons, William et moi. Parmi les hommes que j'ai croisés dans ma jeune vie, c'est le seul qui existe et reste cher à mes yeux. Je l'admire tant, et sa proposition est tellement généreuse. Qui pourrait se plaindre d'un tel sort ? Certainement pas une petite Chinoise née dans une famille pauvre perdue au fin fond de la Mandchourie. Avec ou sans tumeur au cerveau, ce qui m'arrive ressemble à un conte de fées...

Cependant, j'ai la sensation que ce scénario hollywoodien est à lire entre les lignes. Rien n'est gratuit dans la vie, c'est ce que ma mère, avec son bon sens de paysanne, m'a toujours dit.

Si l'argent apparaît sur mon compte en banque comme par enchantement, c'est en échange de quoi ? Quel rôle aurai-je à jouer ? Et ce rôle, par qui sera-t-il défini et jugé ?

Dans mon contrat de travail, tout est consigné, mes attributions, ma rémunération et mes responsabilités. Mais, lorsqu'on est la femme ou la maîtresse de quelqu'un, est-ce aussi clair et aussi mesurable ?

Vais-je devoir m'occuper de ses affaires personnelles, coordonner avec ses deux secrétaires, son chauffeur, sa femme de ménage, sa gouvernante, ses sorties, ses visites à ses enfants ? Vais-je devoir rester toujours belle et élégante à ses côtés pour lui faire honneur ? Même si je suis sûre qu'il ne me demandera jamais de telles choses, je ne pourrai pas m'y dérober. Les obligations de William seront toujours une priorité dans notre vie, c'est une évidence.

Par le hublot, j'observe le soleil qui rase l'horizon et baigne le ciel dans une féerie de couleurs. William est pareil à ce soleil, il me propose d'être sa Terre, de tourner autour de lui en bénéficiant de ses rayons et de sa chaleur, c'est magnifique, mais que vais-je faire de mon rayonnement à moi ? Comment puis-je grandir si c'est lui le centre de mon monde ? Peut-il y avoir deux soleils dans le même système ?

31.

La salle d'attente est une grande mezzanine ouverte sur un vaste rez-de-chaussée. Une verrière baigne l'espace d'une lumière lactée, des blouses blanches vont et viennent, et, à mes côtés, dans un fauteuil qui doit paraître inoccupé aux autres patients, Petite Fleur semble somnoler, le groin posé entre ses deux pattes. Il était là à ma sortie du scanner, et je me suis assise à côté de lui comme on retrouve un ami venu vous soutenir dans un moment difficile. Une douleur sourde me creuse le plexus solaire, j'ai du mal à respirer dans cet univers aseptisé. Il y a une demi-heure, lorsque mon corps était allongé dans cette machine, j'ai eu la sensation que ma vie s'arrêtait.

J'ai tellement de choses à faire, et je suis si jeune... Je voulais apprendre d'autres langues, l'espagnol, l'italien... Je voulais faire trois enfants avec l'homme que j'aime, avoir deux chiens, un cheval... Que va-t-on lire sur ma pierre tombale, hein ?

« Ici repose Xu Ge Fei, qui a vendu des milliers de tonnes de polymères dans le monde entier, morte à Paris d'une maladie du cerveau. » Qu'ai-je fait pour les autres ? Quelle est ma valeur ajoutée, ma contribution sur cette Terre ? J'ai bien peur qu'elle soit négative... Pourquoi n'ai-je pas commencé par faire un métier que j'aime, au milieu des livres comme Jim ? J'ai tellement travaillé pour survivre, rembourser mes parents, avoir de l'argent, une réussite sociale. À quoi va me servir tout ça si je meurs dans trois mois ? J'ai tellement voulu prouver à tout le monde que j'étais capable de me faire une place au soleil...

— Mademoiselle Xu ?

C'est la voix du médecin. Il paraît encore plus dramatiquement imposant dans l'entrebâillement de la porte.

— Vous voulez bien me suivre, s'il vous plaît ?

Bien sûr que non, je n'ai aucune envie de le suivre, et encore moins d'entendre ce qu'il va me dire.

Voilà, je suis debout, comme un automate, mes jambes me portent à peine dans cette traversée en solitaire de la salle d'attente. Je pénètre dans un petit bureau clair. Le médecin, la cinquantaine, l'air fatigué, m'invite à m'asseoir avec un sourire à peine esquissé. Il soupire en affalant son grand corps dans son fauteuil, les coudes sur le bureau, tenant mon dossier et les feuillets du scanner à la verticale, comme un écran entre nous. Une barre soucieuse est fortement imprimée sur son front large, bossué de vaguelettes charnues. Il ne dit rien, mais se lance dans un concerto de bruits de bouche qui excite mes nerfs.

— Bon bon bon..., dit-il enfin.

— Quoi ? C'est si grave que ça ?

— Hum ?! lâche-t-il en me regardant fixement pour la première fois, comme s'il découvrait ma présence.

— Docteur... Dites-moi combien de temps j'ai encore à vivre, dis-je d'une voix blanche.

Il me regarde comme si j'étais une Martienne, lève ses sourcils très haut, créant un entrelacs compliqué sur son front. Il marque un silence, balance les feuillets devant lui, et bascule son corps vers l'arrière, pour se caler dans son fauteuil, les deux mains à plat sur les accoudoirs.

— Il va falloir être forte...

Mon cœur cesse de battre. Il enchaîne :

— Il va falloir être forte parce que... il vous reste au minimum... disons, vingt mille jours à vivre !

« Et qui sait, si vous dépassez ce cap, ce qui est tout à fait probable pour les gens de votre génération, vous nous ferez une jolie centenaire, mademoiselle. Vous n'avez strictement rien au cerveau, pas la moindre anomalie.

— Mais… mais…

— Ma mémé va très bien merci. Quatre-vingt-trois ans, elle nous enterrera tous, sauf vous bien sûr. Vos visions ? Ce n'est pas de mon ressort. Essayez la médecine chinoise… Je plaisante. Quoique, j'ai des confrères qui s'y mettent, et ont de bons résultats. On a beaucoup à apprendre des Chinois… Si si, vous avez raison.

— Mais je n'ai…

— Par contre je peux vous indiquer l'adresse d'un confrère psy si vous voulez, un type très bien, vous y allez de ma part…

Je ne l'entends déjà plus, sa voix se perd dans le bureau, j'ai la bouche affreusement sèche et beaucoup de mal à calmer les battements de mon cœur. Mon regard se trouble et plonge dans le voilage translucide qui ondule dans le dos du médecin. Derrière le rideau, je vois surgir Petite Fleur qui s'approche en trottinant et vient se coucher à mes pieds.

— Voilà, dit le médecin en finissant d'écrire l'ordonnance qu'il me tend.

Il se lève, fait le tour de son bureau et m'invite à le suivre jusqu'à la porte où il me salue.

— Je ne vous dis pas à bientôt, n'est-ce pas ? Allez, prenez soin de vous, vous savez ce qu'on dit chez nous, « une personne bien portante est un malade qui s'ignore ! » Ahaha. Bon, je plaisante. Passez voir les secrétaires à l'accueil avec l'ordonnance, au revoir.

La porte se referme derrière moi, et je reste plantée au milieu de la salle, perdue, épuisée.

— Mademoiselle ?

— Oui ?

C'est la secrétaire qui me ramène à la réalité et me fait signe de la rejoindre derrière son comptoir.

— Vous payez par carte, chèque ?

— Carte.

Je sors ma carte bancaire et la lui tends en éclatant de rire.

— Qu'est-ce qui vous fait rire ? dit-elle, un peu vexée.

— Non, c'est que j'ai l'impression d'acheter une vie toute neuve !

— Pardon ?

— Je suis vivante !

— Oui… tapez bien le code et appuyez fort sur « Valider », la machine est capricieuse. Voilà. Ça c'est pour vous, tenez. Au revoir, mademoiselle… Monsieur, c'est à vous !

Je sors en riant devant des patients qui me regardent comme si j'étais folle. En poussant la porte du cabinet, je suis saisie par la chaleur de l'été parisien. Je ne suis pas très loin du parc Monceau, *mon* parc, et je suis prise d'une énorme envie de me retrouver dans cette enclave de verdure au plus vite, pour me sentir définitivement vivante. Il me faut saluer mon arbre fétiche, ce platane géant que j'ai baptisé Théodore et qui paraît porter le ciel à bout de bras. J'aime embrasser son tronc immense et reposer ma joue sur son écorce lisse pour sentir vibrer son énergie dans tout mon corps. Je lève les yeux vers le ciel azuré qui se détache entre les immeubles chic du XVIIe arrondissement. Que c'est bon de vivre ! J'ai envie de le crier, je le crie :

— Je suis vivante !

— Hi hi hi… profitez-en bien, mademoiselle, me glisse une vieille dame qui passe en traînant ce qui reste d'un chien emmailloté dans un tricot de laine.

— … Merci. Madame, je vous adore !

— Oui oui, c'est ça. Au revoir, mademoiselle.

— Je ! suis ! vi ! van ! teeee !!

32.

Mon Théodore est là, solidement planté dans le sol du parc Monceau, le feuillage mêlé au ciel, comme la chevelure d'un dieu du commencement des temps. Je cours vers lui et me jette sur son tronc immense.

— Je suis vivante, Théodore, dis-je dans un sanglot.

C'est toute la forêt de mon enfance qui surgit dans cette puissante communion. Auprès de Théodore, je suis une petite fille du nord de la Chine qui joue avec les serpents, et récite des poésies aux bûcherons le dimanche sur les genoux de papa. Je puise ma force de ces racines-là, dans ce village de forestiers, perdu à la frontière coréenne, celles qui m'ont donné des ailes pour m'accompagner jusqu'ici.

Je reprends mon souffle, assise, le dos appuyé contre son écorce, la tête tournée vers le soleil qui joue à cache-cache avec les feuilles, quand me vient cette question dans un éclair de lumière :

Pourquoi Petite Fleur était-il là, si ce n'était pas pour signaler que ma fin était proche ?

Pourquoi m'a-t-il fallu parcourir ce chemin de mémoire, moi qui ne regarde jamais en arrière, et qui ai vingt mille jours à vivre ?

La seule réponse que je vois, c'est que la jeune femme que je suis devenue était en passe d'oublier la petite fille que je suis restée. Est-ce le lot de tous les adultes que de perdre leurs rêves en route ?

Le mien n'était certainement pas de vendre des polymères tout autour de la Terre !

Quel est mon rêve aujourd'hui ? Qu'est-ce que je souhaite faire le plus au monde ?

Ce jour où grand-père m'a appris que je n'étais que de l'eau sur le sable, que je ne serais qu'une fille perdue dès que j'aurais quitté la famille, une fille à qui il était inutile d'apprendre quoi que ce soit. Ce jour-là, grand-père, en plaçant ce livre sur la plus haute étagère de la maison, a mesuré l'exacte distance qu'il me faudrait parcourir avant d'être prête à le récupérer.

Ne m'étais-je pas juré à cet instant-là que je donnerais des livres à toutes les petites filles à qui l'on avait défendu d'apprendre ? Et même si j'étais une fille, n'avais-je pas le devoir de perpétuer la longue tradition familiale des lettrés ? Personne chez les Xu de la dernière génération n'avait embrassé une carrière universitaire, ou ne s'était simplement préoccupé de la question du savoir. Grand-père, à la fin de sa vie, avant de nous quitter en 2005, avait confié à ma cousine Kuang Fei qu'il était fier de ses petits-enfants. Car ma cousine qui s'était installée en Nouvelle-Zélande, mon frère et moi-même étions partis de Chine pour découvrir le monde, mais il restait amer de voir combien les richesses de notre culture ne parvenaient plus à trouver leur place dans l'esprit des Xu, non plus que dans celui de bien des Chinois.

J'ai parcouru une distance incroyable sans me rendre compte que j'étais arrivée dans un endroit merveilleux où je pouvais fabriquer tous les livres que je voulais. N'était-ce pas ça mon rêve le plus profond ? Que je sois une fille, et même chinoise, ne m'empêchera pas de le réaliser, ici, à Paris.

Éditrice. Quelle folie ! Je ne connais rien à ce métier et voilà qu'il me prend ce désir insensé d'éditer des livres, dans un pays comme la France, moi, l'étrangère autodidacte, pour la seule raison que c'est un rêve de petite fille.

Peut-on bouleverser sa vie entière pour cette idée folle ?

C'est vrai, j'ai toujours choisi ce qui m'apparaissait le plus juste et le plus conforme à mes désirs, et je les ai suivis, souvent en désobéissant aux règles. Aujourd'hui, il est limpide que je suis en désaccord total avec ce que je vis. Ce vide que je ressentais ces derniers temps, et qui a fait apparaître Petite Fleur, en est la preuve évidente. Je ne peux plus faire ce métier. Il est temps d'arrêter ces voyages stériles, et de vendre du vent.

J'ai quelques économies, pas beaucoup mais suffisantes au moins pour démarrer. Je peux changer d'appartement, en prendre un plus petit pour dépenser moins, et ne plus voyager comme avant. Ça serait plutôt un bienfait pour le corps et l'esprit…

Et mes parents ?! Je suis responsable d'eux. Avec mon salaire actuel, je sais que je peux m'occuper d'eux en cas de besoin. Si je change de vie, ce sera radicalement différent, et je ne veux pas risquer de ne pas pouvoir les secourir. Mais pourquoi échouerais-je dans ma nouvelle vie ?

Quoi qu'il en soit, je ne ferai rien sans leur accord.

Je saisis mon téléphone et compose le numéro de l'appartement de mes parents. C'est mon père qui décroche.

— Fei ? Qu'est-ce qui se passe ?

— Tout va bien, papa. Je voulais juste te parler d'une décision que je dois prendre, pour avoir ton avis.

— Quelle décision ? Et cette histoire de cochon au fait, qu'est-ce que c'est ?

— Rien, une blague de Feng. Je vais très bien, papa, je ne me suis jamais sentie si bien.

— Bon. Alors je t'écoute.

— Papa, je ne peux plus vendre des programmes de marketing. J'ai perdu le sens de ce que je fais, j'ai l'impression d'être vide. Je ne peux pas rester directrice d'une société seulement pour toucher un gros salaire. Papa, qu'est-ce que j'ai créé en ce monde ? Est-ce qu'il serait différent si je n'avais pas vendu des centaines de millions de tonnes de polymères ?... Je n'en peux plus.

— Mais que vas-tu faire si tu quittes ce poste en or ?

— Je veux... Nous sommes sur une toute petite planète et nous ne sommes pas si différents les uns des autres. Je veux faire connaître la culture chinoise, c'est ce que la Chine a de meilleur, et elle ne nous appartient pas, elle est au monde entier...

— ...

— Papa, tu es là ?

— Oui, je t'écoute.

— Je veux commencer par les livres, traduire et adapter des histoires chinoises et les éditer en France.

— Et ça intéresse les Français, les histoires chinoises ?

— Oui ! Ici tout le monde parle de la Chine comme d'une grande civilisation vieille de cinq mille ans, qui a inventé la poudre, la boussole, et l'imprimerie des siècles avant Gutenberg, mais personne n'est capable de citer un seul poète. Entre Confucius et Mao il n'y a rien pour le Français moyen.

— Mais il lit quoi le Français moyen ? Le journal ? les manhuas ?

— Les manhuas ?! Papa, tu as toujours ta collection de petites bandes dessinées ? Celles avec lesquelles j'ai lu *Notre-Dame de Paris*.

— Bien sûr. J'ai même Tintin en manhua. Il est français Tintin, non ?

— Papa, tu as raison ! Les Français se passionnent pour la bande dessinée, et c'est le moyen le plus simple et le plus populaire pour faire connaître la Chine. Je vais monter une maison d'édition de bandes dessinées chinoises ! Tu es toujours là ?

— Je t'écoute, Fei. Tu crois qu'ils vont aimer nos bandes dessinées, les Français ?

— Je trouverai un moyen de bien les raconter. C'est juste un problème d'adaptation. Mais une fois franchie la barrière de la langue, on se ressemble beaucoup, tu sais. Regarde, nous on lit bien *La Dame aux camélias* ou *Le Comte de Monte-Cristo* ? À nous de leur faire connaître *Au bord de l'eau* ou *Les Trois Royaumes*... Par contre, Papa... Je... Je ne peux le faire que si vous êtes d'accord, maman et toi. Car c'est risqué, et si je ne gagne pas d'argent au début, et si maman tombe encore malade, je ne pourrai pas vous aider comme aujourd'hui.

— ...

— Papa ?

— Ne t'inquiète pas pour nous. Je m'occupe de ta mère. Elle marche et mange toute seule, maintenant. Si tu penses que c'est ce que tu as vraiment envie de faire, alors fais-le, Fei... Toutes ces années tu as toujours choisi seule ton chemin, tu dois continuer. Et si tu perds tout ce que tu as gagné, tu auras toujours un lit et un bol de riz ici, chez nous. Ta mère et moi on te fera à manger, et tu ne mourras jamais de faim...

— Papa !

— ...

— Fei ?

— Maman ?!

— Ton père vient de sortir. Mais je suis d'accord avec lui. Si tu perds ton argent, on t'accueillera ici, et je pourrai t'avoir à côté de moi, comme ça.

— Maman ! je veux réussir, tu sais ?!

— Nous serons toujours là pour toi. Tu sais, ton père et moi, nous sommes trop vieux pour t'aider à choisir ta vie, il n'y a que toi qui puisses le faire, maintenant, alors vas-y, fais des livres, si c'est ce que tu veux.

Je raccroche quelques instants plus tard, la gorge serrée, je n'arriverai jamais à la cheville de mes parents. Je ne sais s'ils sont fous ou sages, ou les deux. Leur vie a été pavée de souffrances, de sacrifices et d'abnégation, et ils me portent toujours à bout de bras, la force qu'ils me transmettent est encore plus immense que celle de Théodore.

Le chemin pour atteindre le livre sur l'étagère paraît long et périlleux, mais il se dessine comme une évidence. Je veux bien être cette eau versée sur le sable, si elle coule et coule encore jusqu'à saturer le sol et faire naître un mince filet, promesse d'une oasis. Le vide dans mon ventre est désormais une pierre, la première de mon modeste édifice, à moi de la rendre précieuse.

Il me reste à dire à l'homme que j'aime ce qu'il va advenir de nous. La lettre que je rédige à l'intention de William cette nuit-là est simple et claire, je sais qu'il comprendra, et c'est sans douleur que je lui explique ma décision de ne pas venir vivre avec lui.

Quand, le lendemain, en pleine réunion avec Bernard, je lui annonce que je quitte Global Chem, j'ai l'impression de l'assommer, tant il s'affaisse dans son fauteuil. Mais mes arguments sont imparables, je n'ai plus la foi dans le consulting en pétrochimie, je jette les gants. Nous convenons d'une date pour nous séparer après avoir cherché et trouvé un remplaçant pour mon poste en Chine, et nous restons bons amis. Bernard, avant d'être un businessman, est un gentleman, cultivé et curieux. Il manifeste d'ailleurs un vif intérêt à l'égard de mon projet qu'il trouve original, et promet de s'y intéresser de près dès qu'il aura pris forme.

C'est Gérard qui ne comprend pas ce brusque changement de cap dans mon existence. Pour lui, abandonner un poste de cadre supérieur, qui me permet de voyager et de toucher un bon salaire en 2008, c'est de la pure bêtise. Je ne parviens pas à lui faire entendre que c'est viscéral et indispensable pour moi. Il me promet des lendemains qui déchantent, et de beaux regrets en perspective.

366

Pour la première fois, je refuse catégoriquement d'écouter ses conseils, même s'ils ont toujours été profitables. Gérard, comme un père à qui je désobéis, ne me le pardonne pas, et reste dans un mutisme borné, persuadé qu'il a raison et que je fais la bêtise de ma vie.

C'est la première fausse note de mon changement de vie. Les autres suivent rapidement, car « il y a loin de la coupe aux lèvres », comme on dit si bien au pays de Montesquieu.

Si la Chine a inventé l'administration, la France, pays des lois, n'a rien à lui envier.

C'est à la chambre de commerce de Paris que j'en vérifie l'esprit, lors d'un rendez-vous avec une conseillère pour les jeunes entrepreneurs. Cette femme entre deux âges est tout d'abord impressionnée par le professionnalisme de mon plan d'affaire. Elle trouve mon étude sérieuse, et mon projet de faire travailler ensemble des auteurs français et des graphistes chinois à la fois original et ambitieux. L'idée lui paraît intéressante, même si elle m'avoue ne rien connaître en la matière.

— Et puis, la Chine est à la mode en ce moment... Mais...

— Il y a un « mais » ?

— Oui. Vous êtes chinoise, me dit-elle d'un air grave, et vous avez un visa de salariée. Avec ce statut de salariée, il est impossible de créer une entreprise.

— Comment ça, impossible ?

— Il faut d'abord faire une demande auprès des services de la préfecture pour obtenir un autre statut, celui de commerçant, qui vous permettra de monter votre affaire. Ensuite, vous pourrez solliciter des aides auprès d'organismes comme l'ANPE, qui aide les chômeurs à créer leur entreprise. Vous voyez, ce n'est pas impossible.

— Juste un peu compliqué.

— Ah ! on n'a rien sans rien, mademoiselle.

Forte de ces recommandations, je file à l'ANPE pour écouter les conseils de la personne habilitée à m'aider à monter ma maison d'édition.

— Bien sûr qu'il y a des aides, mademoiselle, on est en France, me répond une jeune femme rondouillarde et avenante, derrière son bureau. Par exemple, vous pouvez utiliser une partie de la somme totale qui correspond à la durée de votre indemnisation pour démarrer votre affaire, mais...

— Il y a un « mais »?

— Franchement, si j'étais vous... Créer une entreprise en pleine crise, une société d'édition en plus, qui va vous rapporter des clopinettes, moi, je resterais bien tranquillement à la maison à toucher mon chômage en attendant de trouver mieux... Maintenant, si vous voulez absolument devenir patron... Avec tous les tracas que ça rapporte, je vous souhaite bien du plaisir.

En sortant de l'ANPE, ayant bien enregistré le message d'encouragement délivré aux jeunes entrepreneuses idéalistes comme moi, c'est à la banque que je me rends, sachant que j'y suis toujours reçue avec beaucoup d'égards par mon conseiller.

— Ah oui, mais là, mademoiselle, nous on ne peut pas prêter à quelqu'un qui n'a aucun bien immobilier, voyez-vous. Et puis... vous êtes étrangère, vous n'avez pas de carte de résidente, en plus vous êtes au chômage, maintenant, et vos économies, vous vous en êtes rendu compte, ont été bien entamées par vos impôts. Non, je suis désolé, votre compte chez nous n'est plus ce qu'il était. Dans ces conditions, on ne peut pas vous prêter d'argent.

En sortant de l'agence, j'ai du mal à me remettre du coup de massue que mon conseiller m'a asséné sans ménagement. « On est là pour vous aider ! » Les publicités sur les baies vitrées de l'agence m'apparaissent d'un coup comme une gigantesque plaisanterie.

Deux jours plus tard, j'ai rendez-vous à la préfecture de Paris, au service de l'immigration, pour changer de statut. Un agent administratif, la trentaine, me reçoit derrière son petit bureau.

— C'est pour quel motif, mademoiselle ? me demande-t-il.

— Pour créer une entreprise.

— Un restaurant ?

— Euh… non. Une maison d'édition.

— De bouquins ?! dit-il d'un air plus que surpris.

— Oui. Je vais éditer des bandes dessinées chinoises.

— C'est rare ! La plupart du temps, les Chinois font traiteur, ouvrent un restaurant, une boutique de vêtements. Moi, je veux bien enregistrer votre demande, mais…

— Il y a un « mais » ?!

— Ah ! moi, je veux juste vous prévenir. Vous risquez de ne pas obtenir votre changement de statut, et dans ce cas-là…

— Qu'est-ce qui se passe dans ce cas-là ?

— C'est la reconduite à la frontière si vous ne trouvez pas un employeur *illico*, me dit-il en affichant une moue fataliste.

— Écoutez. Je travaille légalement en France depuis cinq ans, j'étais cadre supérieur dans une entreprise française, je paie beaucoup d'impôts comme célibataire, et on me refuse toujours ma carte de résidente. Je ne comprends pas…

— Depuis les dernières directives gouvernementales, c'est comme ça. Vos deux premières années ont été comptabilisées comme du travail temporaire, et pas prises en compte, je n'y peux rien, c'est la loi.

— Mais j'étais dans la même entreprise, j'ai simplement changé de poste et donc de contrat.

— Je sais, mais je n'y peux rien.

— C'est insensé, je veux créer une entreprise, dans un pays que j'adore, et contribuer à y créer des richesses et – j'espère – des emplois, et on me le refuse pour des questions de délai et de visa ?!

— Je suis aussi désolé que vous. Sinon, prenez le risque de changer de statut avec cette demande en bonne et due forme ou... trouvez le moyen d'obtenir un statut de vie privée familiale.

— Quoi ? C'est quoi ce statut de vie privée familiale ?

— Vous avez un petit ami, mademoiselle ? me demande-t-il d'un air faussement complice.

Une fois dans la rue, éprouvée par ce marathon administratif qui relève plus de l'univers de Kafka que du montage d'une entreprise, j'erre dans mon quartier, battant le pavé, désespérée et sentant se fissurer mon beau rêve d'enfance. Serai-je la Perrette chinoise de l'édition ? Adieu manhuas, beaux livres et romans chinois, les ponts entre nos deux cultures s'effondrent comme des châteaux de cartes. Pour la première fois, je sens le découragement me gagner, et j'ai peur de donner raison à Gérard.

Mes déambulations me mènent aux grilles du parc Monceau que je franchis en pressant le pas, impatiente d'aller soumettre mon désarroi à ma divinité sylvestre, mon dieu des platanes, mon Théodore.

Lui, il ne change pas. Immuable, il bruit de toutes ses feuilles comme pour saluer mon arrivée. Je m'effondre contre lui, et me laisse aller à verser quelques larmes aussitôt absorbées par son écorce. Une bourrasque agite ses hautes branches quelques instants plus tard. J'aime à croire que cet arbre m'entend, je me sens tellement seule. Fort heureusement, Théodore comprend le chinois, et je m'épanche en lui racontant mes déboires surréalistes avec l'administration française. Soudain, en plein monologue, à l'abri du regard des promeneurs, dissimulée derrière le tronc de mon protecteur, je baisse les yeux et découvre mon petit compagnon qui avait disparu depuis des semaines.

— Petite Fleur ?!

— Pourquoi tu pleures ?

— Parce que je t'ai écouté, voilà pourquoi je pleure !

— Mais je ne t'ai rien dit, moi !

— Dis donc ! Si tu n'étais pas apparu dans ma vie, comme ça, à l'improviste, je n'en serais pas là !

— Et tu en serais où ?

— Je... Je ne sais pas, mais certainement pas dans cette situation !

— Qu'est-ce qu'elle a, cette situation ?

— Elle a... Elle a que je me retrouve comme une idiote, bloquée par des idioties, dans un monde d'idiots ! Quand ce n'est pas la loi des hommes, c'est la loi de l'argent qui m'empêche d'avancer. Grand-père avait raison, je ne suis que de l'eau sur le sable...

— Petite idiote !

— Mais je ne te permets pas !

Ce petit cochon mérite une bonne correction. Je me détache de Théodore pour lui balancer un coup de pied, mais il s'enfuit et contourne l'arbre. Je le poursuis à vive allure et...

— Oh ! pardon !

Je heurte une racine de Théodore et bouscule un homme qui lâche son livre pour me rattraper avant que je ne m'étale dans l'allée du parc.

— Ça va, mademoiselle ?

— Oui, oui, désolée, dis-je en me redressant.

— C'est à vous ce drôle de petit chien qui a filé par là ?

— Un petit chien ? Non, non. Je n'ai pas de petit chien. Je suis désolée, vous étiez en train de lire ?

— En fait, oui et non... Vous êtes chinoise ?

— Oui.

— Je vous écoutais... Vous parliez à quelqu'un ?

— Je... Non, pas vraiment.

— Ah...

Je l'observe maintenant avec plus d'attention. Il doit avoir dans les quarante ans, une barbe naissante parsemée de poils gris recouvre une bonne partie de son visage. Ces Occidentaux sont tellement poilus pour nous les Asiatiques ! Cela lui donne un air de bûcheron et d'intellectuel à la fois. Ce qui me surprend à première vue, ce sont ses yeux. Ils sont incroyablement vifs. Ils semblent parler.

— Il m'arrive de causer aux arbres également. Faut pas trop le dire, les gardiens du parc sont un peu soupe au lait.

— Soupe au lait ?

— Oui, ils pensent qu'on se fout d'eux, alors que, parler aux arbres, ça n'a jamais dérangé personne. Moi, j'ai pris cette habitude dans l'enfance, dans le Périgord.

— C'est quoi le Périgord ?

— Vous ne connaissez pas cet endroit béni des dieux ?! Même les moines bouddhistes connaissent, ils y ont installé plusieurs communautés, vous devriez y aller. C'est dans le sud-ouest de la France, à l'arrière du coin de la bouche, vous voyez ?

Du bout du doigt sur l'écorce de Théodore, il me dessine le profil imaginaire de la carte de France, où la péninsule bretonne devient un nez, et l'estuaire de la Gironde un sourire timide.

— Et vous ?

— Moi, je suis née dans la tête du poulet.

— Quel poulet ?

— La Chine, ça ressemble à un poulet, non ?

Je trace à mon tour le contour des frontières de mon pays en effleurant l'écorce de l'index.

— Là, c'est la Corée du Nord, et je suis née tout près, dis-je en posant le doigt sur une tache claire.

— Et que vient faire à Paris une jeune Chinoise née à la frontière de la Corée du Nord ?

— Ça, dis-je en désignant le livre qu'il tient dans sa main gauche.

— Quoi, vous êtes écrivain ?

— Non, éditrice… Enfin, bientôt je l'espère. Je veux éditer de la bande dessinée chinoise en France. Mais aussi faire quelque chose pour mes parents à qui je dois tout.

Comme il se tait, son regard est encore plus bavard et me presse de questions. Je ne sais pourquoi, je lui livre toute mon histoire jusqu'à lui parler de Petite Fleur. Si ses yeux parlent, ses oreilles sont incroyablement mignonnes, et sont attentives pendant les plusieurs heures que nous passons sur un banc non loin de Théodore. C'est le sifflet des gardiens qui nous chasse du parc ce soir-là. Nous fuyons en riant de ces Cocotte-Minute humaines, toujours sous pression, tournant sur elles-mêmes et sifflant à tout va. Et nous franchissons les grilles en courant mais dans la main. C'est la main d'un petit garçon qui a alors saisi la mienne et ne l'a plus jamais lâchée.

33.

Deux ans plus tard

Dans le parc des Jeunes Communistes de Changchun, les parents de Fei font leur promenade quotidienne. Le père tient à la main un livre sur la couverture duquel on peut voir un portrait au regard intense et le titre en français : *Les Aventures du juge Bao*. Éditions Fei. Les deux ont une discussion houleuse.

— C'est bien moi qui ai acheté et nourri ce petit cochon pendant des mois, non ?!

— Oui et alors ?! C'est quand même moi qui l'ai vendu et échangé contre une radiocassette avec laquelle Fei a appris l'anglais, etc. Et grâce à moi qu'au bout du compte elle a pu voyager et devenir éditrice ! En plus, toi tu voulais une machine à coudre. Je ne vois pas comment Fei aurait pu apprendre les langues avec une machine à coudre !

— Mais tu as tort de penser ça ! Je suis sûre que notre fille est capable de faire des choses encore plus extraordinaires ! Et que ce n'est pas une vulgaire radio-cassette achetée par un idiot de mari sans cervelle qui est la cause de la réussite de notre Fei...

Alors qu'ils déambulent à pas lents en prolongeant leur discorde de vieux couple, à quelques mètres

derrière eux, personne ne me remarque, fermant la
marche avec ma petite queue en tire-bouchon et mes
grandes oreilles, qui selon certaines mauvaises langues
me donnent un air polisson.

Composé par Nord Compo Multimédia
7, rue de Fives, 59650 Villeneuve-d'Ascq

Cet ouvrage
a été achevé d'imprimer
sur Roto-Page
par l'Imprimerie Floch
à Mayenne en avril 2010

N° d'édition : 1726/01 – N° d'impression : 76570.
Dépôt légal : mai 2010.

Imprimé en France